中国文化
基因的起源

考古学的视角

陈胜前 著

中国人民大学出版社
·北京·

序言

有关思路

我首先想说的是，这不是一部严格论证中国文化基因起源的著作，而是以之为中心的一系列文章的松散集合。当然，尽管组织有些松散，但内在的逻辑还是相对清晰、一致的，那就是文化基因不是从来就有的东西，它是一定演化阶段的产物，跟某些长期存在的因素密切相关。

全书分为四个部分，首先介绍考古学的视角，我是名考古学研究者，这决定了我的出发点与看问题的角度；然后进入正题，讨论文化起源，即从什么时候开始我们才可以谈文化基因；接着讨论中国文化基因最重要的背景关联：农业与文明起源，或者说，就是整个史前农业时代（文明也是农业时代的一个部分）的影响；最后讨论文化基因的形成与传承。这中间还穿插着一些若即若离，但趣味性可能更好的文字。为了能够实现形散而神不散的目的，我以"中国文化基因的起源"来统领全书。不仅因为它是本书所希望探讨的终极目标，也因为它是当代中国文化建设的重要问题。本书从文化整体的形成，到中国文化发展最重要的时代影响，再到中国文化的传承，逻辑上逐渐深入。换个角度来看，是由技术到社会再到精神。这构成本书的线索。

在我个人的写作中，这些看似松散的文字有着特别的分量。"古之学者为己，今之学者为人"。古人出版发表的欲望不像今人这么强烈，写的东西首先是为自己写的，自己认为有价值才会去写作。我们现在因为科研压力、因为生存压力，不得不去写作，写论文、写专著。我也不能免俗，在大学里工作，发表论文和出版专著是硬道理。但是，我有些许自豪的是，本书的文字并不是为了实现什么目的而写的。我写作，仅仅是因为我思考了这些问题，不得不写作。我称之为"排毒养颜"，某种意义上说，这是我写给自己的文字。也许正因为如此，总有一种敝帚自珍之感。也许这些文字并不见得有多么精彩，但我可以保证的是，这些文字都是独立思考所得。可能不见得正确，但是它有自己的价值与生命。

而今这些文字居然组织成了一本书，而且有一个明确的主题，这的确是有点出人意料的。它有内在的统一的逻辑与自己的观点，究其原因，可能与我个人的研究相关，因为我持续在思考这些问题。前人有云："道尚贯通，学贵根柢"。既然能够作为一本书，必须有贯通的思想。就这一点而言，我多少是有一些自信的，虽然过程看起来有点偶然。我从来没有想到过，原来我的思考是有这么一个中心点的。也许以后真的可以就此写一部论证性的著作。现在还只能说是一种理论性的、探索性的思考。

许多时候，我却并不怎么喜欢那些论证性的著作，因为它太严肃了，严肃到有点矫情的程度。这样的书，其实是很少有人读的，读它的人多是为了参考的需要。我喜欢比较平和的讨论与思考，可能这样更加深入。一个人的情绪太强烈，显然不可能理性，不可能公允。最好这样的讨论源于生活，能够接地气，能够让人亲近。偶尔不妨来点幽默或调侃，这是生活本来的面目。简言之，它与论证性的著作是不矛盾的，各有各的生存空间。

我注意到一个有趣的现象，尽管我是在西方接受的学术训练，但是我骨子里却是比较传统的，这可能与我出身中医家庭有一定的关系。中国文化传统中，学者擅长写作随笔性的思考，有不少笔端充满灵性的文字。这是否就是一种"文化基因"呢？我想是的。这是有意无意的存在，在我的文化血脉里，就传承了这样的文化基因。我相信许多读者可能也是如此，无意中的共鸣，可能让我们发现沉淀在思想深处的共同记忆。

当代学术发展日益规范化，这是值得肯定的地方，但是学术规范增强的同时，思想性却受到不小的伤害，这是令人遗憾的事情。曾有人说，爱因斯坦的《广义相对论基础》若是拿到现在来，是不可能有发表的机会的，因为它连起码的图表都没有，它的开头居然从轻松的有关时间与空间的哲学讨论开始，居然没有引用前人研究的成果。然而，就是这么一篇论文，却是诺贝尔奖级别的成果。如今，我们倒是看到许许多多学术规范的论文与著作，可惜我们从中看不到思想的魅力。我之所以看重这本小书，除了敝帚自珍之外，还因为它记录了我的思考。也许它的学术性并不一定那么规范，但它是独立思考的产物，是原创性的工作。

有关意图

为什么要说文化基因呢？按照后现代主义的说法，所有的表述都是带有价值判断的，提及就是某种意义上的肯定——至少承认所谈论话题重要。文化基因是个有趣的话题，中国文化基因则是一个重要的话题。所谓"文化基因"，就是指长期存在的某种文化特性，它由来已久，时不时地出现，它决定一个群体的身份认同，就像自然的基因区分一个物种一样。我们都知道所有现代人类都属于一个物种，在自然基因上区别有限，真正决定当代社会人类群体区分的是文化。而文化是个包罗万象的东西，因此，我们可以把文化中那些长期稳定存在的结构提炼出来，称为文化基因。既然是结构，它就有结构的属性（经典的例子是语法），也就是尽管历史情境各不相同，这些结构仍能保持稳定。文化基因与结构不同的是，它具有独立性，可能会在一个时期出现，在另外一个时期潜伏；还可以有不同的组织形式。也正如自然的基因一样，有发挥重要影响意义的基因，也有大量的"垃圾基因"。就文化基因而言，我们希望发挥那些有积极意义的文化基因的影响，而避免那些有负面意义的文化基因带来的伤害。

在《史前中国的文化基因》一文的开头，我就表达过我对讨论"文化基因"的犹豫，因为这容易予人以口实，每个族群都有自己的文化基因，好像生来就不同似的。不过，这个问题是可以化解的，文化基因是一个族群长期生产生活的产物，它是可以相互学习的东西——它的主要传递机制就是通过学习交流，就像自然基因可以混血一样，它与种族主义存在本质的区别。种族主义者认为不同族群之间存在不可通约的区别，即一个群体在生物或文化上存在别的群体永远不可能拥有的东西。文化基因是可以学习的，而且是可以努力去发现、去创造的。以往的表述中，我们习惯用"优秀的民族文化传统"之类比较大众化的说法。文化基因是个理论，是进化论用于文化分析的产物。理查德·道金斯（《自私的基因》的作者）是主要的倡导者，这一理论影响到当代考古学的研究。考古学是研究文化的，研究物质遗存所代表的文化。这个理论可以帮助考古学家去解释文化的演变与交融，甚至帮助考古学家去解释具体的物质遗存特征的变化。

学术与思想观念都是时代的产物。我们生活在一个新时代，这是一个怎样的时代呢？总体上，就生产方式而言，我把人类历史分为狩猎采集、农业、工商业三个时代。中国是农业时代的宠儿，有超过万年的历史，是世界上主要的农业起源中心，并在此基础上发展出了可能是世界上最为系统的农业文化、绵延时间最长的文明。但是，无论历史多么辉煌，都不能否认中国在农业向工商业时代转型时落后了，这就是我们耳熟能详又不忍回顾的近代史。从鸦片战争开始的一百多年的时间里，中国遭受了前所未有的屈辱。这中间不少仁人志士以生命为代价，寻找出路。经过一代代先贤的努力，而今我们终于看到一个工商业繁荣的中国，我们成功完成了时代转型。尽管也许还不到欢呼胜利的时候，但是新的时代已经来临，一个浴火重生的新的文明正在形成。

回望历史，在世界文明的舞台上，中国文明（或称中华文明、华夏文明）是一个非常显著的存在。一般地说，中国文明有五千年的历史，而近几十年的考古发现，尤其是良渚、石峁、石家河、红山、陶寺以及中原地区一系列的重要遗址，不仅可以确认中国文明的历史超过五千年，而且还发现中国文明的早期渊源更加久远，就像我们在距今 8 000 年前后的裴李岗文化、高庙文化遗存中所看到的。我个人研究的领域是史前考古，侧重于旧石器时代与旧、新石器时代过渡阶段。从旧石器时代考古的角度来看，中国所在区域一直是一片相对独立的文化区域，旧石器文化的面貌与欧亚大陆西侧、非洲有所不同。当然，这里并不否认人群的迁徙与文化交流，但是同样不能否认的是相对独立的发展历史。目前，我们有关旧石器时代对后来中国文化的影响还只是在探索阶段，这种影响无疑是存在的，因为中国这片土地并没有消失过，人类一直在这里生存，文化一直在这里演化，文化基因在形成、变化、消失或传承。为什么中国文明五千多年绵延不绝？为什么中国文明会形成一个超大型的文明？这其中的文化基因又是什么呢？这些都是很值得琢磨的问题。

2020 年是非常特殊的一年，新冠疫情席卷全球，它所造成的影响是全方位的、是非常深远的，以至于《世界是平的》的作者弗里德曼著文提出新冠疫情可能重新定义历史：AC 与 BC（新冠疫情之后与之前）。他的观察力相当敏锐，不过他的解释相当粗糙，把中国与中华文化圈成功应对疫情归因于习惯于严格的社会管理，这种习惯来源于历史上长期遭受重大灾难的挑战。他似乎忘记了西方历史上遭受的灾难，包括瘟疫在内，丝毫不少于中国。肆虐中世纪的黑死病、1918 年的大流感都给西方社会造成了巨大的损失。同属人口众多的国家，印度遭遇的灾难同样不少，但是印度社会并不习惯于严格管理。新冠疫情可能是过去数百年里，西方第一次在应对重大自然灾难的时候，不如中国或中华文明圈。以个人为中心的社会并不是在任何方面都是优越的，个人在群体遇到灾难的时候，为了整体的利益暂时牺牲一下个人利益是必需的。个体与群体本来是辩证的关系，西方将个人绝对化了，将之当成一切的出发点，然而，在重大灾难面前，个人是脆弱的。中国文化应该更多释放个人的限制，西方文化应该更多关注群体，并没有哪个文化绝对优越。不同文化之间本应该相互学习、相互借鉴，而不是如亨廷顿所认为的，文明是冲突的。

就在我写作这篇序言的十月，新冠疫情还在世界蔓延，中国的生产与生活则基本全面恢复，为什么中国的表现如此一枝独秀？道理其实很简单，那就是尊重科学，科学成为每个人都认同的处理危机的方式。近代科学本不是中国土生土长的，但是科学正在成为中国新的文化基因。相反，在近代科学曾经发源的地方，有人在焚烧 5G 发射塔、喝消毒水，社会精英阶层带头反对科学，愚弄民众。文化基因是可以学习的，既可以发扬、创造，当然，也可以遗忘、抛弃。

新冠疫情的影响是巨大的，本来就已经有些疲弱的西方霸权势力又受到了沉重的打击，宛如受到惊吓的人一般，这股保守、狭隘、僵化的力量不断掀起民粹的浪潮，搞起全面围堵中国崛起的闹剧。一时间，形势似乎有点严重，短期之内似乎不可能结束。在这些人的眼里，文化创造只属于某个群体，而中国人是不在其中的，中国人除了模仿，是没有创造力的。这种骨子里充满种族主义的偏见早就老掉牙了，他们还死抱着不放。他们可能忘记了，文化中固然有基因性的东西，但文化是可以学习、可以创造的。任何一个群体搞故步自封，那么他们离落后就没有多远了。在新的形势下，我们进一步深化改革开放，我们进一步走向世界，我们将更加勤于学习，更加大胆创新。我们学习一切优秀的文化成果，不论是其他民族的，还是传统的。因此，新形势下需要我们发掘我们的文化传统，弘扬优秀的文化基因，创造新的文化基因。

2020 年还发生了一件对于中国考古学来说具有重要意义的大事。9 月 28 日中共中央政治局就我国考古最新发现及其意义为题举行第二十三次集体学习，习近平总书记在主持学习时强调，要高度重视考古工作，努力建设中国特色、中国风格、中国气派的考古学，更好认识源远流长、博大精深的中华文明，为弘扬中华传统文化、增强文化自信提供坚强支撑。我非常赞同这个认识。中国有超过千万平方公里的领土与领海，超过二百万年的人类历史，超过五千年的文明，在漫长的历史中与周边地区有长期的文化交流和互动，通过陆上和海上丝绸之路与沿线的国家、民族都有往来。我们不能让中国考古学研究看起来就像是对一个村庄的历史考察，只是展示一些古旧的物品。中国考古工作者有责任有义务去努力认识我们的文化，弘扬我们的文化。

过去一百多年来，我们一直在进行深刻的文化反思，我们似乎觉得自己的历史就是个错误，把现实的所有困难都归因于历史。学习技术、革新制度、批判传统，我们曾经想废弃掉汉字，我们成功抛弃了我们自己的服装。我们可以这样推想，假如我们真正做到了彻底删除我们的历史、我们的文化，我们会生活在一个什么样的世界里？当然，月亮还将悬挂在夜空，但不会再有"但愿人长久，千里共婵娟""海上生明月，天涯共此时"那样的思念；沙漠也只是沙漠，但不会再有"大漠孤烟直，长河落日圆"的优美意境；晚霞、飞鸟都会有，但不会再有"落霞与孤鹜齐飞，秋水共长天一色"的诗情画意。

人生活在自然环境中，离开它人不能生存；但人更生活在文化意义之中，离开它人生将索然无味。人之所以活着，不仅仅只是因为生命，更因为意义，没有意义，我们真的很难坚持活下去。而意义正来自文化，没有文化意义的生活是纯粹动物性的。当然，还有一种可能，即把别人的文化意义当成自己的意义，过圣诞，信上帝，不用筷子吃饭……努力让自己成为一名真正的西方人，但这是徒劳的。中国文化博大精深，西方文化也同样如此，千百年的积累，不是你想认同就能实现的，更让人悲摧的是，别人未必会认同你，别人更不会因为这个而尊重你！

中国文化是我们存在于世的意义的基础，不论我们喜欢或不喜欢。俗话说，子不嫌母丑，狗不嫌家贫。我们的文化就是我们的精神母体，失去她，我们将无所附丽。在这样一个百年未有的大变局中，在这样一个三千年未有的挑战中，在这样一个万年尺度的社会大变迁（从农业社会到工商业社会）中，我们的文化正在转型，正在革新，也正在复兴。

我们需要破除一些迷信，一些对以西方为中心的现代性的迷信。我们并不是要闭关自守，相反要进一步改革开放，既要对外，也要对内。作为一个伟大的文明，我们不能依附于人而存在，我们需要对世界文明有独特的贡献。我们不想取代谁，但绝对不想被谁所取代。的确，在学习西方与批判西方之间保持平衡非常困难。任何学习都必定是有所取舍的，不加甄别、不加选择的学习既不聪明，也不现实（包括对我们的传统也是如此）。邯郸学步式的学习是千古笑谈，希望现实中不要发生这样的事情。

以上是我编写本书的背景与出发点，有人或斥之为民族主义，我不能接受这样的指控。我所希望的是能够弘扬中国文化中美好的部分，希望所有中国人都生活在意义丰富、隽永、美好的环境中，希望中国文化能够历久弥新，能够给世界带来更多样的选择，就像西餐之外还有中餐一样。我尊重每一种文化存在的价值，也不拒绝向任何值得学习的对象学习。但是，如果把另一种文化凌驾于中国文化之上，视我们的（或自己的）文化如寇仇，那是我坚决反对的。

有关主旨

探讨文化基因，考古学可以做什么呢？考古学是一门以物质遗存为研究对象的学科，简言之，就是研究物的学科，尤其是古代社会遗留下来的物。这也就决定了考古学具有两个特殊的长处。一是超长的时间尺度。人类数百万年的历史中，真正有文字记载的历史不过四五千年，文字资料较为系统的历史则更短，也就是说，人类超过 99% 的历史都是考古学研究的范围。于是，从长时段来考察也就成了考古学的长项。正所谓"风物长宜放眼量"，在长时段的考察中，我们更可能看清楚事物本来的面目与发展趋势。二是直接以物为研究对象。物是人类生产生活的直接载体，相比于文字资料，它直接、具体。我常说一句话：垃圾即真理。人们说的话未必真实，但是他们扔掉的垃圾则不会撒谎。从这个角度来说，物质遗存比历史文献还要真实。人们在长期的生产生活中，利用物来实现自己的目的，与此同时，人们会赋予物以文化意义，反过来，人会被物所包含的文化意义所影响。在这样的情境中，人就是物，物就是人，研究物，就是在研究人，考古学由此可以深入到人们的精神领域，而不限于技术与社会层面的考察。

从长时段来考察，可以发现文化基因不是从来就有的，它是在人类文化演变的过程中逐渐形成的。在考察文化的演变中，我发现其发展至少有三个阶段，它与人类能力的成长密切相关。

跟动物相比，人类一项特别突出的能力就是能够制造工具。当代动物学家，尤其是灵长类学家，发现其他动物也有一定的工具制造能力。但人类的能力并不限于制造简单的工具，而是有一整套的技术能力。抽象地说，就是向外求的能力，人能够利用与改造外在世界。当然，这种能力是从石器的发明开始的。当前，考古学已经把人类最早的石器追溯至距今 300 多万年前，从简单的石片、砍砸器开始，发展到两面加工、形制对称的手斧，再到预制台面技术出现，按照规划打制出特定形制的石片，再到可以生产形制标准的石叶、细石器。石器技术越来越复杂，效率也越来越高。

大约在距今 30 万年前后，人类祖先的语言能力有了突破，人类社会交往的能力有了大幅度的提高，也许我们可以把这个转变称为"社会革命"。

再到距今 7 万年前后，人类开始有了艺术品，这又是一个标杆性的发展，它表明人类文化有了精神内涵。从技术，到社会，再到精神，人类文化有了我们现在熟悉的完整面目。

我们说的文化基因主要是精神层面的，所以，当我们说起文化基因的时候，最早可以追溯到旧石器时代晚期（Upper Paleolithic）或非洲的石器时代晚期（Late Stone Age）。当然，这个时候，文化基因还只是雏形，对后世影响有限。对中国文化基因影响最大的是农业起源与文明的形成，也就是整个农业时代，因为农业（包括畜牧、游牧在内）是文明的经济基础。我曾经提出一个观点，中国是农业时代的幸运儿。人类适合驯化的主要动植物都分布在温带地区，这里物种数量虽不如热带丰富，但是种群的规模大，适合驯化，而且因为存在资源的季节性，也迫切需要能够提供储备的农业。把新大陆（人类进入晚，缺少可以驯化的动物）与南半球（非洲、澳洲土壤贫瘠，缺乏相应的物种）排除，就剩下欧亚大陆的温带地区，其中欧洲的温带主要为地中海占据，最后，有利于农业起源的区域只剩下西亚的新月形地带与中国的华北、长江中下游地区。

尽管西亚的农业"软件包"（大麦、小麦、数种豆类、山羊、绵羊、牛等）要好于中国，但是这个软件包存在内在的矛盾，即作物农业与畜牧是矛盾的。中国的优势在于有华北（旱作农业）与长江中下游（稻作农业）两个面积更加广大的农业起源中心，农业的内部结构不存在西亚那样的矛盾。中国与西亚的农业起源都始于1万多年前，对后世影响都很深远。在农业的基础上，两地都在距今五六千年前后形成了文明。以西亚农业为基础的文明，包括埃及文明、古希腊文明、印度河文明都发展中断，而中国文明绵延不绝，其中一个重要的原因就是中国有两大农业起源中心，有更加巨大的缓冲空间。

也正因为面积广大，中国文明的形成就不是一个由单点发生而后向周边扩散的模式，而是群星璀璨，逐渐向中心辐聚，逐渐融合。换句话说，中国文明的起源是多元的，最早的中国文明并没有一个明确的中心，不是我们后来熟悉的以中原为中心的文明模式。距今八千年前后，在华北（包括北方边缘地带）、长江中下游地区形成了一系列的新石器时代文化，围绕这些文化形成了若干个文化区，它们就是后来文明星光闪耀的地方。辽西孕育了红山、江汉孕育了石家河、长三角孕育了良渚、北方边缘孕育了石峁、巴蜀孕育了三星堆……中原反而不那么显眼，但中原地区农业基础更加厚实稳定，在周边文明的实验结束之后，这里崛起了真正长盛不衰的文明。这些早期文明的实验有的侧重宗教礼仪（如红山），有的侧重水生资源利用（如良渚），有的侧重农业生产（如中原），还有的可能侧重商路交换（如石峁）……所以，我认为所谓中国文明起源不是仅仅指某个中心化政权的形成，而是一个体系的形成，这个体系向外与周边更大范围的群体交流互动，向内逐渐形成了"逐鹿中原"的趋势。

一万多年的农业时代，五千多年的文明史，它们给当代中国文化留下了难以抹除的深层结构，尽管经历近现代的革命改造。这些东西就是我们的文化基因，它们嵌入在我们的精神文化中。

如今的中国生产方式已经发生了剧变，中国从一个传统的小农经济已经让位于现代化的工商业；社会结构也发生了重大改变，城市正在取代乡村；相对而言，精神层面的文化有更好的稳定性，不过也遇到了巨大的挑战。历史上，不论朝代更迭，天下分合，中国文化传统的一致性一直得以维系，并未因为存在少数民族政权、分裂割据的局面而有所改变。但是近现代面对西方文化的强势地位，中国文化遭遇到关乎存亡的危机。在不少人的观念里，只要物质富足，国家强大，至于精神文化，那就"顺其自然"吧！实际上，没有精神领域的发展，要实现前两者是不可能的。19世纪初，中国的GDP还是世界第一，但是其精神萎靡、力量羸弱，成了列强争相宰割的肥羊。一百多年后，中国军队跨过鸭绿江，御敌于国门之外，以物质的极度贫困击退了世界上最强大的对手，中国人的风貌为之一新。

我们是谁？是什么东西定义了我们？是我们的文化，尤其是其中的精神内核。当我们试图抛弃它，染黄我们的头发，改变我们的饮食器用，皈依人家的宗教信仰，总之，尽可能地模仿他们，努力地成为他们，但是，我们能够成为他们吗？技术上世界可以统一，文化上应该丰富多彩，我们为什么要放弃自己的文化呢？的确，我们的文化基因中有优秀的部分，也有属于糟粕的东西，更多的恐怕是中性的，在条件适宜的时候，就会发生作用。如果我们简单地将其抛弃，那么面对一些问题的时候，我们就失去了可以立足的基础。

上万年的农业生活给中国人留下了勤劳的美德，五千多年的文明史给中国人留下了文化包容的优点。我注意到，在文化的三个层面中，中国文化向外求的能力并不那么突出，至少比不过西方。我们在向内求方面，也不是特别注重，中国文化的宗教气氛并不浓厚。但是，我们在向社会求这个方面绝对是世界的翘楚，我们在偌大的国土上形成了一个广泛认同的民族。有人说，中国是一个伪装成国家的文明。某种意义上说，这句话是正确的，自古以来，"中国"更多是一种文化上的称谓。这种文化以极其强大的包容能力，把不同背景的人群熔铸成了"中华民族"。这是非常了不起的成就，看看当代的欧洲以及世界其他地区，就会发现我们的这项文化能力确实不同凡响。2020年新冠疫情暴发，中国各个地方相互协助，众志成城，取得了非凡的成绩，其中发挥重要作用的正有我们"天下兴亡匹夫有责"的奉献精神。这些是我们优秀的文化基因，为什么要放弃呢？历史虚无主义会让我们失去我们曾经拥有的美好的东西，让我们失去自信，失去自我，失去存在于世的根本。

为什么要这么说呢？这里需要先回答一个问题，我们的文化基因是如何传承的？许多人会说，是通过一代人与一代人之间传承。泛泛而言，自然没有错。具体又是如何传承的呢？有人会说，言传身教。当然，这是传承的重要方式，但是我们常常忘记了文化最重要的载体——物质世界。

物是生产生活的载体，在漫长的历史上，人不断赋予物以文化意义，一山一水、一草一木都有文化意义，我们就生活在物所承载的文化意义中，为之所熏陶，正所谓"一方水土养一方人"。山水草木尚且如此，更何况人造之物！文化的传承，自然也包括文化基因的传承，都离不开真实的物。一方面需要我们阐释并发扬其意义，另一方面需要我们保护它，遗留下来的古代物质遗存，也称为文化遗产，承载着文化意义。"皮之不存，毛将焉附"，一旦将其破坏殆尽，我们的文化传统将无所依附。研究与保护文化遗产，这正是考古学的职责所在、意义所系。考古学不是一门直接研究社会现实问题的学科，它的着眼点是遥远的过去，好像严重脱离现实，好像是人们茶余饭后的消遣。其实不然，它关乎我们这个时代的文化命脉，是建设当代中国文化的生力军，是我们真正确立文化自信的基础。

写在最后

能在 2020 年完成这本书，我感到一种幸运。尽管我从来没有刻意要赶上这个时刻（这也不是刻意就能实现的），但是冥冥之中似乎有那么一点契合。在学术上，我们通常称之为"时代精神"，时代正在发生深刻的改变，尽管可能还只是一些端倪，我有幸与之邂逅。在现实之中，本书幸运邂逅到人大出版社的同仁，尤其是王琬莹女士。感谢她的鼓励与邀请，感谢人大出版社同仁的厚爱。

目　录

前编　考古学的视角

考古学的思维模式　　　　　　　　　　　3

考古推理的秘密　　　　　　　　　　　　11

物里面有什么?　　　　　　　　　　　　18

长时段的魅力　　　　　　　　　　　　　25

上编　文化起源

史前史的启示：人类如何演化?　　　　　35

回味莫斯特难题：石器之谜　　　　　　　48

跨越欧亚：阿尔泰旧石器时代　　　　　　57

分工与交换的起源　　　　　　　　　　　71

龙泉洞的故事　　　　　　　　　　　　　80

醉酒的考古学家　　　　　　　　　　　　89

通天洞归来：文化现代性的思考　　　　　95

思考精神的起源　　　　　　　　　　　　111

瘟疫的考古学思考　　　　　　　　　　　119

技术、社会与后果　　131

中编　农业与文明起源

回首农业时代　　141

社会性的思考　　152

社会网络的考古　　162

饭局的社会演化　　170

裕民：草原新石器时代的开端　　177

中国史前农业的扩散、交流与竞争　　185

史前经济学的思考：社会冲突与农业起源　　198

社会权力的空间表达　　204

作为体系的中国文明溯源　　212

为什么夏是一个问题？　　218

文化－生态交错带：中国史前文化格局的重要一环　　228

文明起源多元视角下的中国文明起源　　235

下编　文化基因的形成与传承

文化基因何以可能？　　245

大趋势　　253

史前中国的文化基因　　260

中国文化基因的早期根源　　271

文化基因的精神内核　　　　　　　　　　　　　280

作为形式的文化　　　　　　　　　　　　　　287

物质性与物质消费　　　　　　　　　　　　　294

云直播与传统文化传承　　　　　　　　　　　301

穿越时空的旅行　　　　　　　　　　　　　　310

中国式美好生活　　　　　　　　　　　　　　317

萨拉乌苏：一个资源型区域的永续发展　　　　323

为什么内卷化不是一个问题?　　　　　　　　332

作为文化建设的考古学　　　　　　　　　　　344

前　编

考古学的视角

人何以区别于动物？我们现在知道是文化。而什么是文化呢？文化又是怎么来的呢？文化又经历了怎样的变化呢？尤其是文化为何又成了文明？文明又成了文化传统或文化基因？这些问题涉及人对自身的了解，涉及我们对社会现实的理解，涉及当代中国社会的文化建设，涉及人之心灵深处对未知的渴望与对存在于世意义的追问。所有这些问题并不是考古学的专属，有的甚至不是考古学的特长，但是考古学有自身的考察视角。学术研究本来并没有学科之分，只是为了研究的便利，而不得不如此。多学科合作、不同学科围绕同一些问题展开探讨，是学术研究的常态。每个学科可以贡献自己的特殊视角，从这个视角出发，能够看到其他学科不容易看到的东西。考古学是一门以实物遗存研究为中心的学科，它有自己特有的研究对象、思维方式、推理逻辑，它所看到的世界或许有些偏颇，但是它的观察自有其特殊的价值。"究天人之际，通古今之变，成一家之言"，司马迁的这句话可以说就是考古学的宗旨。考古学就是在探索人的世界是何时形成的，通过长时段的考察探索从古至今的变化，当然，它只是一家之言，是众多学科途径中的一条。考古学是一门充满魅力的学科，混杂着浪漫与科学、玄思与实践，它就像时光机器，让我们在往昔的岁月中遨游，憧憬美好的未来。让我们先来了解一下考古学的视角吧！

考古学的思维模式

因为偶然的原因，我接受了一个非专业人士的访谈，作为行外人，他们希望了解考古学的思维模式，看看对其他学科有没有启发。当时具体谈了什么已经忘记了，但是对这个问题印象非常深刻。作为考古圈内人，很少有人会问这个问题，因为我们有许多具体的问题需要解决，不会关注这么"没边的"问题。行外人有点像"皇帝的新装"中的孩子，他们的问题一下子抓住了考古学本质。考古学的独门秘籍是什么？或者说，考古学吃饭的本领是什么？如果考古学没有什么独门绝活，凭什么可以称为一门学问？因此，这其实是一个很值得关注的问题，不仅因为它关系到我们的价值，还有更深层的含义，那就是反思——考古学的思维是否固化？是否存在某些定式？考察一下考古学思维模式的变化，可能也有助于我们把握考古学的发展趋势。

每个学科都有思维模式，如经济学是围绕利益展开的，理性的经济人不会做亏本的买卖，所有的机会都会有成本，经济学就是要去权衡收益与成本的比例。政治学是围绕权力展开的，权力有许多种，政治学更关注公共权力，关注其获得与失去的可能。这些学科都会将相关的问题视为自己的专业领域，通过解决相关的问题进而影响社会实践。考古学是如何看待自己的专业领域的？目前的中国考古学似乎比较满足于多学科的方法，更看好科技考古的进展。如果要问考古学独有的思维模式，可能真的会难住许多考古学研究者。我曾经写过一篇题为《中国考古学家的危机》的小文，学界有些反响与共鸣，其主题跟这里的主旨有点像，作为考古学者，我们的立身之本是什么？仅仅考古发掘是不够的，因为大家都知道，这是技术工人都可以胜任的工作，实际上也确实如此。我以前把司马迁的"究天人之际，通古今之变，成一家之言"当作考古学的宗旨，这个宗旨与历史学是共同的，并没有体现出考古学的特殊性，我们还得进一步去探寻。

我想绝大多数考古学者马上就会想到考古材料，考古学以实物遗存为研究对象，这是考古学成为一个学科的基础。最早的时候，考古学的前身金石学侧重研究器物，辨别真伪，判断年代，解读铭文，正所谓"礼家明其制度，小学正其文字，谱牒次其世谥"，最终目的如吕大临所言，"探其制作之源，以补经传之阙亡，正诸儒之谬误"。西方近代兴起的古物学开始注意出土物的共存关系以及器物形制的演变，从而把人类的史前史划分为石器、青铜、铁器三个阶段，也就是著名的"三代论"，它开启了通过古物来构建史前史的先河。后来，为了更好地了解共存关系与器物演变，在近代古物学的基础上发展出考古地层学与类型学，形成田野考古方法，再后来把一定时空范围的有共同特征的遗存称为一个考古学文化，用以代表特定的人群。至此，考古学有了自己的理论、方法，再加上之前已经建成的近代博物馆以及相关社会实践机构，考古学正式形成。其后，发掘方法日渐规范与精细，材料分析的手段越来越多，博物馆、考古公园等相关文化设施也越来越多。简单地回顾一下考古学发展史，不难发现考古学的理论方法与实践的确都是围绕考古材料展开的，所谓考古学的思维模式也只可能来源于此。

如果有机会与典型的中国考古学家聊天，的确能够感受到存在某种统一的思维方式。这里所说的"典型的中国考古学"主要是指新石器－夏商考古，历史时期考古因为受文献影响太大，以至于不那么典型；旧石器考古则是因为受到自然科学影响太大，也不那么典型。我曾经著文（《中国社会科学》2019 年第 2 期）分析过三个分支之间的关系，典型的中国考古学中形成了文化历史考古范式，其中包括完整的概念纲领、支撑理论与实践体系，并对另外两个分支产生了强大的影响，虽然于这两个分支而言，典型的中国考古学中流行的"考古学文化"的概念并不怎么适用。典型的中国考古学家会非常关注陶器的形制与纹饰，注意它们可能受到的文化影响及其渊源流变，通过它们来了解不同地区古代人群的关系：人群迁徙或文化传播。就好比现在的中国与美国一样，在中国能够看到许多美国文化的影响，如 T 恤衫、牛仔裤，影响非常广泛；当然，在美国也能够看到中国文化的影响，不过更多是呈点状的，这是因为有中国移民的缘故。不同文化影响的分布形态反映美国文化相对而言是一种强势文化。以遗存特征的异同来追溯人群之间的关系，在没有文字材料的时代，是一种不得已的选择。参与这方面探讨的研究者，需要非常熟悉考古材料，按苏公的说法，要多摸陶片，形成感性与理性统一的认识。按照这种考古学的思维模式，你可以把握史前遗存的时空范围，能够大致体会到不同地区文化影响力的强弱。

就我个人而言，受过程考古学的影响比较深，思维方式有所不同。过程考古学有个经典的信条，"更科学，更人类学"，就是尽可能采用科学的方法，重建人类学式的人类过去。所谓科学方法有两层意思：一是运用科学的分析方法，一是在一般意义上采用科学方法论。前者的使用比较普遍，不同考古学范式都有这方面的主张；特殊的是后者，它意味着考古学研究要采用类似自然科学的结构，探寻事物背后的机制与原理。所谓更人类学，它与更科学是相辅相成的，一方面是要尽可能了解更多的人类生活，另一方面是要了解人类文化适应的机制与演化规律。正是受到过程考古学的影响，我把考古学推理分为两个类型（可以参考《考古推理的结构》一文，《考古》2007 年第 10 期），一个可以称为微观考古，它非常像刑侦工作，考古研究者需要根据考古现场的状况尽可能重建过去发生的人类行为。除了精细的发掘、多学科的分析，还要基于中程研究（民族考古、实验考古等）提出合理的假说，然后进一步验证。就这个方面的工作而言，它区别于文化历史考古的地方就在于中程理论。过程考古学认为考古材料是零碎的，我们不可能都找到如庞贝古城那样完整的材料，因此非常需要可以参考的框架（基本结构与过去类似，具体细节不论），从而把零碎的材料拼接起来。因此，中程理论研究越成功，就越有可能准确地基于有限的材料重建过去。

当然，过程考古学并不仅仅满足于重建过去人们的行为，比如知道工具的功能、遗址中曾经有屠宰动物或分享食物的行为，而是更希望了解这些事实所代表的意义，在人类文化进化、文化适应、社会发展等方面的意义。这就需要考古学推理的另一个类型，我称之为宏观考古，它更像是人类学或社会学，从众多现象中探讨背后暗含的文化或社会机制。比如说我看河南新密李家沟遗址的考古材料，它出自三个文化层，分别属于裴李岗文化、旧新石器时代过渡期、旧石器时代晚期晚段（Late Upper Paleolithic）。通过石器组合、动物遗存特征、遗址结构，我看到旧石器时代晚期晚段的狩猎采集者过着高流动性的生活，但是在旧新石器时代过渡阶段，人们的流动性明显降低，石器中更多采用当地的原料，加工更加随意，同时耐用的大型工具增加，如此等等。从狩猎采集者的文化生态学的角度来说，我们知道流动性是狩猎采集者赖以生存的根本策略，流动性的丧失正是走向农业起源的关键一步。我从考古材料中看到了文化适应的重大变迁。过程考古学的思维模式是由微观到宏观的，由具体到理论的，正所谓管中窥豹，它之所以能够如此，就是因为在研究考古材料的同时，它还会从具有普遍性的理论出发，即参考中程理论，形成微观与宏观结合、三条推理（演绎、归纳、类比）路径同时并用的研究模式。

过程考古学走的是科学道路，但考古学最终研究的是人，还有社会。后过程考古学提出，人不仅仅只是一种被动适应的动物，人有能动性，人会改造事物，以实现自己的目的，最终形成人的世界。这个世界不是

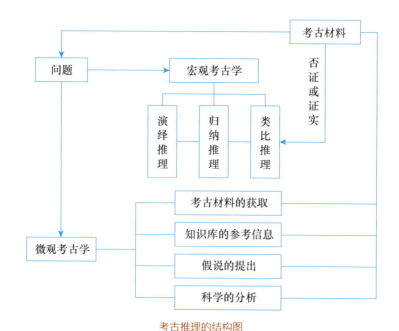

考古推理的结构图

一个客观外在的世界，而是一个人长期参与并不断赋予意义的世界。一草一木都是有意义的，松竹梅，岁寒三友，是中国人砥砺品德的伴侣。无疑这些意义是历史的，也是情境的，它属于中国文化。在紫竹院的桥亭上看到对联上写着"竹本无心节外偏生枝叶"，又是另外一番意思。意义是多重的，不同情境中的表现可能不同。后过程考古学不再把考古材料看作客观实在之物，而是看作被赋予了文化意义的物质，赋予意义的过程往往与社会矛盾密切相关，试图消弭或掩盖某些矛盾。由此，后过程考古学会关注社会政治方面的内容，不仅关注过去，而且关注考古学与当下社会的关系。社会政治内涵无疑是非常丰富的，阶层、民族、宗教、性别、年龄等等都可能切入其中，构成错综复杂的社会关系。后过程考古学的思维模式是人文主义的，它强调理解，从内部去理解，以切身体验的方式形成共情式的理解。相比过程考古学的解释来说，理解，设身处地的理解显然要更加深入。

三种思维模式不是对与错的关系，它们在考古学研究中都会用到。三者的出现前后相继，后来者是在前者基础之上的拓展，考古学总是想尽可能探索更广阔、更深入的内容，获得尽可能可靠的知识，尽可能更有利于当代社会。三种思维模式都服务于这样的目的。三种思维模式如此不同，以至于我们都禁不住怀疑，考古学是否有属于自身的思维模式。思维模式都产生分化了，怎么会没有属于考古学的模式呢？考古学最基本的思维模式还是围绕物质遗存展开，不论是哪一种模式都离不开这个中心点。考古学家就是能够从残碎的物质材料中发现历史的人，这是考古学家的绝技，为此他们训练一系列的技巧，如石器考古、陶器考古、墓葬考古、植物考古、动物考古，如此等等。当然，特别需要提醒的是，考古学家之所以能够大海捞针、沙里淘金，是因为他们心中有大海、有金子，这也就是说，他们本就是了解历史、社会、文化的人，如果他们的头脑中没有这些储备，物质材料本身又不会说话，他们如何能够发现历史呢？从材料到理论，从理论到材料，这两条基本道路是三种模式都共有的，前者是矛盾的主要方面，后者是次要方面，两者相辅相成。中国考古学中有不少研究跟西方考古学的研究类似，但是缺乏理论研究的支持，比如景观（风水就是景观之一）的研究，所以不能达到理论与实践相互促进的目的，这是我们今后特别需要弥补的。

考古学的思维模式类似"格物"，考古学家会站在一件古代器物或一处遗迹前，反复观察，细心琢磨，了解它的特征、功能、性质；还会心游万仞、浮想联翩，发思古之幽情。这里考古学的思维方式是思与情的结合，是逻辑理性与感性体验的结合。简言之，考古学的思维模式是在立足于对物质遗存进行推理的同时，从社会、文化、历史等角度进一步理解物质遗存的意义。之所以必须这么做，是因为考古学家要通过物来研究人本身。忘记了人的考古学研究就只是材料与技术层面的，忘记了物的研究，考古学研究就丧失了根本。

考古推理的秘密

考古学是一门通过研究物质遗存来了解人类过去的学科。物质遗存研究构成考古学的基本特点。然而，物质遗存（也称为考古材料）自己不会讲话，所有可靠的信息都需要通过推理才能获得，所以，我们可以说，考古学研究的关键就是考古推理！我曾经写过《考古推理的结构》《考古学研究透物见人的问题》等文章，这些文章代表一个阶段的认识，更多是框架性的认识，最近的认识有所深化，这里想就如何发展考古推理做些讨论，或许有助于大家认识考古推理的过程。

某种意义上说，考古与刑侦很相似，工作人员到一个地方，首先都是保护现场，测绘，照相，取样，送实验室分析……然后都是基于现场有限的物质遗存展开推理。所不同的是，刑侦专家很熟悉物质遗存所代表的生活，因此，往往凭借蛛丝马迹就能够得出非常肯定的推理；他们所苦恼的是没有关键的证据，并不是所有物质遗存都具有同等的效用。考古学家就很不一样，那就是我们对远古的生活相当陌生，完全没有体验，如果缺少可以参考的知识网络的话，就不知道推理该如何展开。同时，物质遗存又经过漫长的改造过程，包括自然与文化改造过程，其中又有太多我们不了解的地方。至于说关键的证据，考古学家遇到的困难较之刑侦专家更大。通过比较不难看出，两者都需要从物到人的推理，成功推理的前提依赖于两点：一是从物到人的充分关联性；二是找到关键性的证据——从物到人关联中的某些重要信息。

相比刑侦而言，考古推理所不同的是增加了时间维度，这个维度是如此之深，以至于生活在现在的考古学家对人类过去的生活相当陌生。而考古推理的目的就是要由古及今，由物及人。这个目的能够实现的前提就是古今能够沟通，物与人密切相关。古今若不能沟通，人与物若不相关联，那么考古推理就不可能存在。古今如何相通？人与物何以关联？我们不能假定古今必定一致，人与物必定相关。古今相通是有层次的，有些内容古今一致，也就是著名的均变论所定义的，作用于过去的同样作用于现在。还有些内容古今不那么一致，但是可以相互借鉴，或是形同，或是类同，比如手势语言与计算机语言，虽然差别极大，但都可以归为语言沟通（communication）的门类。有没有古今完全不一致的东西呢？这样的东西是不存在的，因为它们总会在某个层次上是一致的。无论古今，都是人类历史的组成部分，总体上本来就有一致性，剩下的问题就是，在什么样的层次上具有古今一致性，一致性是强还是弱？

同样，物与人的关联性也是有层次的，至少有三个层次。最简单的莫过于物与人的时空关联性，物与人同时共存某一个地方，我们称之为共存关系。共存关系是近代考古学研究的出发点，通过它可以进行分期断代，区分出不同的考古学文化。次之，也是更进一步的关系，就是物与人的行为关联性。物与人不仅具有时空上的共存关系，而且存在行为上的关联，即人的活动中运用到某些物质材料，并留下物质遗存。这里空间关系无疑会成为研究的焦点，因为它反映人类行为与物质遗存之间的逻辑因果关系。再者，就是物与人的文化关联性，即人在长期生活过程中赋予了物以特定的意义，如松竹梅"岁寒三友"在中国文化中的意义。这些意义是长期历史过程的产物，这里历史文化传统就成了研究的焦点。两相比较，行为关联侧重空间性，文化关联更侧重时间性。

　　考古推理的复杂性就在于我们要把从古到今、从物到人结合起来，要由古物到古人，两者的叠加让难度倍增。需要注意的是，我们并不能从古物中直接看到古人，而是必须经过"今"——今天的理解。"今"是沟通古物与古人的桥梁，它是考古推理的关键所在。正如前面所说，刑侦推理之所以比考古推理更容易，就在于刑侦专家更熟悉物质遗存的背景关键，即他们熟悉从物到人的关联性，熟悉行为系统中哪些属于关键的变量，不存在古今不一致的问题。考古推理的困难之处就是古今不一致，我们需要发展方法跨越这种不一致性。

　　不过，涉及古今的推理中并非都不一致，科技考古领域如天文考古、DNA 考古、同位素分析、放射性碳测年等，都是符合古今一致原理的。还有一种情况是历史考古，可以采用直接历史法，古今之间没有多少空缺的环节，基本不需要跨越古今之间的鸿沟，考古推理也不存在问题。排除这些推理之后，我们现在知道了考古推理的症结之所在，主要涉及对史前时代古人生活的理解。但是我们并没有看到古人，如何能说理解古人呢？我们可以研究类似古人的生活，也就是所谓的中程理论研究。所以，从这个角度来看，所谓中程研究并不是居中的，而是偏向对古人的理解这一边，就是要发展对古人生活的理解。

人类社会基本可以分为三个阶段：狩猎采集、农业、工商业。每个时代的生计方式、社会组织形态、人地关系、意识形态都有很大的不同。老一辈中国考古学家都生长在传统农业社会之中，惯于从农业社会的角度去理解，如果研究对象本身就是新石器时代的农业社会，那么这样的经验就很有帮助。如果研究对象是旧石器时代的狩猎采集者，就不那么容易理解，比如把周口店称为"北京猿人之家"。"家"是农业社会的产物（居室里有猪）。我们这一代人赶上了传统农业社会的末尾阶段，大体熟悉农村生活。下一代中国考古学人大多生长于工商业社会，五谷不分，对农业社会缺乏体验，更别提狩猎采集社会了。

当然这种体验是可以学习的，比如考古学家去狩猎采集者群体中开展民族考古调查，实际体会狩猎采集者的生活。如果不能得到直接的体验，至少还可以去看民族志，只是这么做效果会差一些。

狩猎采集社会早已消失，传统农业社会生活正在迅速消失中。不过，后来的研究者可以通过实验的手段来体会。考古学中把民族考古、实验考古以及类似的工作称为"行动主义的研究"。对于考古学者来说，这样的工作是必不可少的。以石器打制实验为例，跟从来没有相关经验的人讲如何打制石器，他是很难体会到的。当年石器打制大师博尔德（Bordes）与克拉布特里（Crabtree）见面，两人惺惺相惜，彼此都能体会石器打制的技巧，但是其他没有相关经验的人则无法体会到。有了体验，就有了发展考古推理的基础；没有相关的体验，所谓考古推理都是纸上谈兵。

　　需要强调的一点是，古人也是人，那么就可以运用适用于所有社会、所有人的一般性理论。从这个意义上说，考古学家首先应该是社会学家、人类学家、历史学家，然后才是考古学家。考古学家首先要理解一般意义上的人类社会与人，然后才能去研究具有特殊意义的古代社会与古人。当然，我们知道，社会科学很少有放之四海而皆准的理论，大多需要考虑社会历史背景与具体实际情况。反过来说，适用于一个社会的理论也许不适用于另一个社会，但可以用作借鉴与参考。也正是基于这一点，考古学家还可以利用当代物质文化研究的成果，如废弃过程研究，在此基础上，考古学家拉什杰（Rathje）发展出了"垃圾考古学"，甚至可以贡献于当代社会的可持续发展研究；考古学家谢弗（Schiffer）则更进一步，希望建立物与人之间关系的普遍原理，他称之为行为考古学。

所有这些都是为了帮助我们理解古代社会与古人生活，但是理解还不等于考古推理，还需要建立系统的事实材料，还需要建立系统的知识储备，还需要有从事实材料中挖掘有用信息的能力。这些是常规的要求，高精度的田野考古工作就是为了提供系统的事实材料。所谓系统的知识储备，是指研究者具有有关古代社会的知识，以及有关人类社会的普遍认识等。

中国考古推理存在的主要问题是非常缺乏中程研究，许多时候即便遇到了材料，哪怕是进行了高精度的发掘，我们还是不能了解材料所蕴藏的信息。目前考古学主要依赖科学分析手段，这些手段无疑是有用的，不过它们更多是在古今一致性较好的方面，而在古今一致性较差的方面，还是需要中程研究的。由于缺乏中程研究，通常只能依赖常识进行推理。如果研究对象是历史时期的遗存，误差还相对小一点；若是史前时代，尤其是旧石器时代的遗存，拿现代或农业时代的常识去推测，往往只能得出想当然的结论。许多年前，路易斯·宾福德（Lewis Binford）就一直呼吁发展中程理论，而且他也身体力行开展这方面的工作，在他的倡导下，取得了不少精彩的中程研究成果。

其实，每一门学科都需要大量的中程研究，并不只有考古学有这样的需要。理论关注的通常是非常宏观的方面，具体的材料往往是纷繁芜杂或残缺不全的，要沟通两者，不是简单凭借收集大量材料，进行归纳推理，就能够实现的。在艺术领域，沟通美学与艺术创作的是艺术史；在社会学领域，中程理论指一些限定范围的研究，能够提炼理论又不脱离经验事实的研究，与考古学所谓的中程理论有所不同，不过目的还是类似的，都是希望跨越宏观理论与经验材料之间的鸿沟。

中程研究并不是考古推理的全部，但它是目前考古推理中最薄弱也最困难的环节。我们要发展考古推理的话，当然要发展那些古今一致性好的方面，如科技考古与历史考古，更要发展古今一致性不那么好的方面，只能通过中程研究跨越古今之间的鸿沟。中程研究有助于更好地理解材料，而不仅仅是去解释材料。这是前人在讨论这个问题时经常忽视的，批评者更是以类比不具有逻辑的严密性，否定中程研究的作用。不能理解古人的生活是考古推理最常见的问题，再精致的数学模型、科学分析都无法弥补这个缺陷。

考古学科之外的人常常对考古学有一种误解，以为考古学发掘出了历史。考古学家只是挖掘到一些物质遗存，并不直接就是历史。让物质遗存成为历史还需要一个推理过程，这个过程正是考古学研究的中心，也是考古学研究的本质。忽视这个过程的人往往把考古学家看作材料的发掘者或发现者，忽视这个过程的考古学研究者则是忘记了自己工作的本质所在。我们可以说，考古学研究的秘密就是考古推理，而考古推理的秘密在于如何处理古今一致性的问题。在弱古今一致性的领域需要发展中程理论，跨越从材料到历史的鸿沟。

物里面有什么？

考古学研究实物遗存，简言之，就是研究物，这就是考古学的身份证。为什么考古学要研究物呢？因为人已经没了，只留下了一些物，我们要通过这些物去了解古人，乃至于了解所有人。物里面究竟有什么呢？这是一个令人着迷的问题。如果拿这个问题问学生的话，可能许多人的回答是：物里面什么都有。这么回答既显得乐观自信，也合乎考古学的追求。考古学不是说要重建过去吗？如果物里面没有完整的过去，如何能够实现重建？如果有完整的过去，那么就可以说物里面什么都有。是啊！的确令人无法反驳。物里面真的什么都有么？

也许我们需要从"物里面没有什么"这个问题开始谈起。物里面有过去吗？物是过去的遗留，物与过去有联系，仅此而已。过去早已消失了，考古学家通过物重建的过去，都是经过推理之后的论断，不同研究者的观点可能会截然相反，比如说二里头是不是夏都。物能不能直接告诉我们二里头就是夏都呢？当然是有可能的，比如找到相关的文字。可惜这个时候文字还不够发达，我们可能永远也找不到具有标志性的文字。那么是否可以说夏是周人的臆造呢？这个指控也需要证明，周人要臆造出一个朝代来，而且要以后几千年的中国人都相信此事，是不是也不大正常呢？更何况二里头就在那里，时间上也有契合的地方。二里头是不是夏都，不仅需要物的更多发现，还需要考古推理的发展。

物里面有什么，本质上说，都是考古推理的结果。物本身并不会说话，都是考古学家在代其立言。由此，我们是否应该担心考古学家会无中生有呢？这样的担心逻辑上是合理的，不能否定存在这样的可能性。这么说来，物里面有什么似乎至少有三层意思：第一层意思是物能够直接告诉人们的；第二层意思是考古学家揭示出来的；第三层意思是考古学家"附会"的。这第三层意思比较玄妙，值得单独拿出来说一下，因为如果纯粹是附会，那么就应该剔除。但是事情并不这么简单。按道理说，一件五千年前的古物，它只可能与创造它的人，也就是物形成之前的人，谈得上有联系，与之后的人是不应该有联系的。孔夫子是他生前时代的产物，而不是之后。但是，我们现在看孔夫子，是基于当代社会乃至历史社会的理解去把握他的思想的。我们是不是在"附会"呢？我想没有人会认为这是附会，而说这是阐释。

物所能直接告诉我们的信息并不多，有铭文的青铜器、刻有文字的甲骨、写有墓志的墓葬，因为有文字，可以告诉我们一些遗存本身之外的信息。有关遗存本身，如果没有考古学推理，就只能凭借常识加以甄别。这是个罐子，因为它长得就像我们认识的罐子；这是把刀子，因为它就像现在的刀子。而时代越久远，我们能够做的有效识别就越少，就像定义旧石器时代的打制石器一样，刮削器不一定是刮削的，尖状器的命名更没有理由——仅仅因为它有个突出的尖而已。如此这般，如果只用常识来判断，那么考古学所能得到的信息不仅有限，而且也不可靠。物里面究竟有什么，完全依赖考古学家去推理与解读。这个过程必定涉及考古学家所依赖的知识体系、方法论，乃至所处的时代背景，也就是所谓的考古学的内在关联（内史）与外在关联（外史）。因此，物里面有什么，并不是一个客观的、终极的问题———一旦确定就无须再问，而是一个认识论的问题。

几乎所有考古学的门外汉见到考古遗存的时候，都会问到两个问题：一是跟恐龙的关系，二是年代。考古学与恐龙关系远了，公众之所以会问这样的问题，主要跟时代风尚相关，因为有关恐龙的影视剧深入人心。第二个问题倒是道正理当。近代考古学诞生之时，首先要解决的问题就是年代，其实一直到现在，年代都是考古学研究最主要的问题之一。物里面有没有年代呢？除了带有年款的器物之外，很少有古代遗存能够直接告诉我们年代，尤其是史前的遗存。近代考古学家注意到，一定时代的器物有其特定的形制。尽管考古学家并不知道变化的速度，也不知道变化的原因，但是通过器物的序列排队，可以清楚地看出其中存在阶段性的变化，这也就是考古类型学。如果不同类型的器物都存在着同步的变化，那么我们对时代阶段的划分就有更充足的信心。在这个过程中，考古学得到了地质学的帮助，地层的叠压打破是有规律的，晚的地层在上面，早的在下面（灰坑里面的地层可能相反）；如果有打破关系，较晚遗迹的开口还是在上面。我们可以确定，早期的地层不会有晚期的东西，晚期的地层可以包含有早期的东西。这是考古地层学最基本的内容。结合地层学与类型学，年代，更确切的说法是相对年代，就可以得到比较好的控制。就器物组合的整个变化序列而言，至少可以知道哪件东西更早，哪件更晚。如果有一件器物有确定的具体年代，那么整个序列的时代范围就大体可以把握了。

　　物里面有年代关系，自然也有空间关系，只要遗存是发掘出来的。近代考古学真正突破的不是年代关系，而是空间关系。考古学的前身古物学其实已经注意到器物形制与年代的关系，但是由于不能科学发掘，还不能得到较为准确的空间关系。近代考古学实现了这个目标，时间与空间关系结合，才有了考古学文化的概念——分布在一定时空范围内的遗存特征组合，才有了后来苏秉琦先生的区系类型理论。我们可以确定这一点：只要是经过科学发掘出来的材料，必定都带有一定的时空关系，物里面有时空关系！但是考古学家并没有满足于此，他们希望通过时空关系，寻找物与历史记载的族属、当代族属的联系。他们由此假定一定时空范围的类似物质遗存代表一定的族群。物里面有没有这些东西呢？这层联系不能说有，也不能说无。联系是松散的，没有明确的对应关系。我们对现实之中物与人群关系的观察也会留下这样的印象。考古学家一直试图明确对应关系，效果不是很明显。因为历史与传说的记载太过于模糊，同时物与人群的关系本来就只是松散联系的。因此，试图通过物来寻找人群的身份，几乎成为不可能完成的任务，不论是在理论方法上，还是在实践上。

也许因为这样的任务太过于艰难，或太过于模糊，由此产生了新考古学（过程考古学）。过程考古学提出要遵从科学，研究确实可以研究的东西。过程考古学注意到物是人类行为的结果，通过物我们应该可以研究导致物的行为，以及这些行为所反映的更深层次的东西。物是人所致，这算不上什么新发现，考古学家早就知道这一点。问题在于如何去揭示这个过程。人是怎么导致物的？人为什么要这么做？物成为现在这个样子经历了怎样的变化？有限的线索究竟能够说明什么？过程考古学提出要关注机制、关注系统，这样就可以做到"窥一斑而知全豹"；它还提出在归纳之外，要演绎，从理论原理出发进行推导，从而实现知全豹的目标。过程考古学所依赖的机制是文化生态（后期有行为生态）、文化系统与文化进化（后期有达尔文主义）。过程考古学注意到从物到人推理过程的困难，中间有太多我们不理解的地方，于是提出要发展中程理论。如今回顾学术史，更深切体会到这是一个很了不起的想法。过程考古学在这个方面有很突出的成绩。过程考古学还侧重研究物的废弃过程以及其他的改造过程，探索考察材料的形成过程，由此形成了若干新的研究领域，如谢弗这样的学者甚至提出要在物与人类行为之间建立一门新的学科——行为考古。

应该说考古学在这个方向收获不少，当然离重建过去的目标还是很远，充其量是搭建起了骨架。时空的研究是基础，现在有了骨架，还没有足够的血肉。我们从众多零碎材料中提取规律性的认识，这项工作看起来复杂，其实简单。真正复杂的是多样性，世界上的文化或文明如此多样，为什么会这样呢？简言之，物都是不同的。物为什么不同呢？因为历史、文化背景等不同所致。从这里来说，物里面有历史、文化等方面的关联。对于考古学研究而言，那么我们就需要从这些关联的角度去考察物。物本身浓缩了历史与文化、社会与个人，以及其他社会与意识形态层面上的联系。因为浓缩的东西太多、太复杂，所以从整体上考察的时候，不免有点玄乎，有点类似望气。就像我们看清朝的物，家具、器用、建筑，多是繁文缛节，保守拘谨，一副衰败之相；而看汉唐的东西，朴拙厚重，气势磅礴，生机盎然。李泽厚先生《美的历程》就此有很精彩的阐述。当然，还可以从微观上进行研究，抓住某个角度的联系深入进去，比如性别的角度、阶级的角度、能动性的角度，如此等等。

我倒是很好奇，未来的考古学家会在当今的物中看到什么呢？当今的物复杂异常，显示出社会多元化的发展。当然，也会让我们看到诸如贪大求洋、粗制滥造、急功近利等等类似于"镀金时代"的特征。物是一个时代的记录，比写在纸上的记录更具体、更真实、更全面。有趣的是，物不仅记录了使用它的历史瞬间，还会记录自身寿命，它所经历的种种变化，如考古学家能够从英国船棺中看出它曾经经历过几次修理；更奇妙的是，物还会与产生它之后的时代联系起来。传世的物品成了传家宝，不断与现实发生联系。那些埋在地下的物质遗存，则是在地层中不断积累历史，我们今天由此可以看到环境的变迁。一旦这些东西出土之后，不管你愿意还是不愿意，它就开始与现实联系起来。古代的物中由此有了现实！就像孔夫子的思想在当今社会一样。问题的关键是如何建立这种联系，是牵强附会、生搬硬套，还是发扬光大、推陈出新，考古学史上有不少的经验教训。

说去说来，还是肯定了那个可能大而无当的观点：物里面有过去的一切，甚至还不止如此，物里面还有与历史与现实的联系，物是过去的，也是现在的。对考古学研究来说，我们的工作就是剥茧抽丝，一层层地剥离，一根根地梳理，因此首先需要识别时空的叠压与关联。次之，我们知道物是人之活动的遗留，是众多活动累积的遗留。如果我们能够建立起一些基本的模式，那么通过物来识别人的活动就会更有效率。当然，在解析某项活动之前，我们还需要把累积的不同活动甄别出来，这也是一次剥茧抽丝。再者，我们知道物的存在镶嵌着种种社会、历史、文化等之间的关联，由此还需要再来一次剥茧抽丝。这里衡量我们工作的标准就是对关联识别的长短与强度。至少三次工作的叠加，让考古学研究显得无比的烦琐，但也正是在这样的工作中，考古学揭示出了早已湮没的人类历史，并把它置于扎实的知识基础之上。

长时段的魅力

曾经读到过一条很不错的段子，记得其中的两句：人生的成功就是……一百年还没有挂到墙上，三百年后还挂在墙上。前面一句意味着长寿，后面一句意味着被后人铭记。为什么要三百年后呢？我们不是经常说要就近观察么？要拿放大镜、显微镜去分析么？不是说要切身地去体验么？难道说这样做还不够？这似乎说明，离得太近反而不容易看清楚。换句话说，微观上无论多么精细的观察，都不能替代宏观上的判断！三百年后，让我们离得更远了，能够从更加宏观的角度判断这个人，从而更加准确地确定其历史地位。

换句话说，如果我们想做到宏观，就必须站得足够远。在空间上，我们可以尽可能地拓展，从中国拓展到全世界，进行全球比较。所以，我们会经常听到一句话：不怕不识货，就怕货比货。更大空间范围的比较无疑有助于我们识别一件事或一个人。但仅仅有空间上的拓展是不够的，时间上的拓展同样必不可少，而且两者还不能相互取代。时间上的拓展不可能向未来延伸，因为未来还没有发生，充满不确定性。它只能向过去延伸，过去是已经发生过的，把古今串联起来，也能产生许多的比较。它的好处就在于可以把一件事或一个人的全过程，从其产生到最后的影响，串联起来，从而判断其价值与意义。

长时段是人类演化的一种表现形式。在人类演化的竞技场上，与现代人曾经同时存在的至少有尼安德特人、丹尼索瓦人，可能还有某些形态上类似现代人的直立人，但是，这些人类群体都已消失在历史的长河中。为什么现代人能够成功呢？原因颇多，单纯从石器研究的结果来看，现代人胜在更好的预见性，也就是对时间深度的考虑。他们在考虑生计问题时，不仅要考虑当下能不能吃饱，还要考虑明天、后天、春天、冬天；不仅要考虑狩猎能否成功，还要考虑能否获取其他食物。在时间的分配上，除了考虑吃喝的问题，还要考虑社会交往，考虑做一件事更深远的意义。未雨绸缪、高瞻远瞩、深谋远虑……人们总是不吝用诸多美好的词语来肯定人类的这种优秀品质。古环境研究显示，更新世时，气候相当不稳定，资源供给变化不定。在这样的情况下，唯有那种能够应对高度不确定性风险的人类才能生存下来。现代人类正是这些成功者的后裔。随着人类文化的演化，人类长时段的眼光已经不止于几天、甚至一年，而是延伸到几十年、几百年的范围。

当然，这并不意味着现代人的世界只有成功，没有失败，短视仍然是人类所面对的重要问题，尤其在一个追求资本收益最大化的时代，短视带来了数不胜数的教训。当杀虫农药滴滴涕（DDT）刚刚出现的时候，大家都在欢呼科技的进步，然而，过了一些年之后，人们发现它对环境产生了巨大的伤害，鸟类体内含滴滴涕会导致产软壳蛋而不能孵化，尤其是食物链顶端的食肉类鸟类如美国的白头海雕几乎因此灭绝。我小时候还见过这种农药，现在已经禁用。另一种类似的农药是 66 粉（也叫 666，可不是现在"牛牛牛"的意思），我还记得村子里有人把它洒在头上，用来消灭虱子，现在想来有点不寒而栗。从长时段的视角里，我们对技术的态度更加理性，既看到它的成功之处，也会对其后果有所警醒。技术是把双刃剑，只有用在恰当的地方才会增加人类的福祉；若是用错了地方，它所施加给人类的伤害也将是前所未有的。现代技术不断在更新，不断深入到人类难以预料的领域，像人工智能、基因编辑技术等等。对于我们当代人类来说，未雨绸缪仍然是必需的。我们应该不希望看到未来的敌人竟然是人类自己创造的东西。长时段对于我们把握不确定的对象是有借鉴意义的。

考古学拥有长时段的眼光，它研究整个人类的历史。史前史几乎是考古学专属的领域，而今考古学通过物质遗存研究（即垃圾考古），进入到当代社会领域，由此，考古学可以说贯通了整个人类历史。也正因为如此，考古学必然地具有长时段的眼光，也就是上面所说的宏观的视角。以直立行走为例，这是人类进化中关键的一个步骤，直立行走解放了人类的双手，让双手可以自由地活动，从制造工具到表达意思。它可以让人类边吃东西边行走，食草动物就不能这么做，人类于是可以连续追踪某只动物，不让这只动物进食，直至它倒下。直立行走有利于长距离奔跑，就长程马拉松而言，马都不是人类的对手。直立行走的好处还有很多，但是直立行走也带来一系列的问题。直立姿态下，人类把自己最柔弱的腹部暴露出来，必须依赖群体防卫从而保卫安全，人类的社会性进一步加强，语言由此产生，又因为发声、呼吸与进食是同一通道，于是人类边说话边进食，就容易噎到。人类的髋骨必须相当紧固，但这导致难产频发，尤其是当人类的大脑扩充之后。为了产出后代，人类的婴儿都必须提前生产出来，因此，所有的人类都是早产儿！这是直立行走之后不得已的选择。长时段的考察，让我们清楚地看到直立行走的意义与后果。

几乎所有的人类发展都可以进行长时段的分析，最近研究者对于农业起源的反思就是一个很好的例子。农业起源对人类演化的影响是有目共睹的，有了农业，才有了稳定的生产剩余，才可以有工匠阶层，才可以有专门的知识阶层，才可能有我们通常所说的文明。经过农业时代的长期发展，大家又看到，农业带来了食物的单调、水源污染、传染病流行等问题，人们的健康状况甚至不如狩猎采集时代。更糟糕的是，人们的工作强度更大了，社会出现分化，有的人开始不劳而获。所谓文明，它的另一面则是大规模的战争、屠杀，是无尽的冲突，是残酷的压迫。长时段考察似乎必定会带来辩证的眼光。当然，这样的辩证思考并不是简单地看到优点，同时也看到缺点。它还意味着要回到历史情境中去考察，也就是具体情况具体分析。距今 1 万年前后，华北与长江中下游地区同时迈入了农业起源的门槛，周边地区则选择了不同的发展道路。具体到不同地区，我们要看当地环境条件的约束；还要看资源禀赋的积累，即既有的发展是否支持走向农业；还要看社会条件，即当时的社会发展是否支持形成生产剩余。

　　长时段并不仅仅提供宏观、辩证的思维能力，让我们能够更理性、客观地去看问题，更有意义的地方或许是更有利于我们看清人类自己在历史中的位置，确定自己是否站在了正确的地方。成王败寇之类相对主义的说辞对许多人是有杀伤力的，以至于怀疑世界上是否还存在普遍的标准。在人类漫长的历史长河中，大浪淘沙，最终我们还是能够确定一些基本的标准。长时段宛如锚石，让我们在现实风浪面前保持稳定。的确，生活中充满了种种突发的事情，有时候只是一段解不开的线头、一顿没有吃好的午餐、数分钟的等待，就让人陷入灰暗的心理状态，好像世界变得毫无希望一般。然而，稍稍放长一点时间再来看，就会发现许多担心是多余的。无论发生什么，在我们有限的生命之中，地球仍旧转动，太阳依然每天升起。社会发展也是如此，虽然会有所波折，甚至是危机，如果我们能够看清楚自己在历史中的位置，那么心里可能会平静得多。

　　当代中国正处在一个历史关头上，在报刊上我们会读到"百年未有之变局"这样的表述。的确如此，因为中国正在迅速崛起，西方有些保守的人不能接受，千方百计想遏制中国的发展，中国就处在世界格局发生重大调整的转折点上。从历史书上我们会读到"三千年未有之大变局"，李鸿章面临西方列强的入侵，无计可施，只能如此慨叹。但是一百多年后，凤凰涅槃，浴火重生，中国重新站到了历史舞台的中央，我们也给了蒋廷黻之问一个完美的回答：我们能够实现近代化，能够利用科学与机械，能够打破家乡与家族观念……作为一名史前考古研究者，我更关心另一个更大的变革，那是万年尺度的，那就是中国正从农业时代走进工商业时代。人类历史按照生产方式划分的话，只有三个时代：狩猎采集、农业、工商业。我们正处在两个时代的转型之间，我们正在完成时代的转型。我知道尽管这个过程不会一帆风顺，但是历史转型已经发生，我们已经行走在新的轨道上，未来的发展是可以预期的。也正因为如此，我们可以心平气和，可以多一点耐心，少一点焦躁。

长时段来看人类的发展，追溯人类演化的足迹，我们就可以更好地认识到人的本质。大约距今 600 万年，人类与黑猩猩分开；距今 400 万年，人类已经能够直立行走。下一个关键节点是制造石器工具，从简单的砍砸器、石片到复合工具（如弓箭），石器技术越来越复杂，越来越有效率。至少是在距今 50 万年前后，人类已经能够用火；距今 30 万年前后，人类可能有了语言能力；距今 7 万年前，人类有了艺术品；距今 1 万年前后发明了农业。这一系列人类演化的里程碑，反映了人类在技术、社会与精神世界上的发展。所有这些东西叫作"文化"！人是什么？人就是拥有文化的动物。文化是一系列演变的结果，直至精神世界的形成，文化终于有了完整的结构。精神的本质是能动性，人能动地赋予物以意义，然后为这些意义所推动。什么是人？这就是人！经过 600 万年的演化，人类从黑猩猩那样的动物出发，如今拥有了科学、技术、思想、审美等复杂的世界。演化的过程也有歧路，一些人类种群灭绝（如尼安德特人）；也有波折，如十多万年前现代人曾经经历过生存瓶颈期，可繁衍人口降至万人左右。回顾人类演化史，我们能够得到诸多的经验与教训。

在年鉴学派历史学家布罗代尔那里，长时段（Longue Durée）有点类似历史规律，这是一种狭义的说法。长时段本身就是考察历史的视角，长时段可以帮助我们看到历史中规律性的一面。比如考察人类史，我们会注意到开放环境与关键约束的重要性，环境封闭且不能突破关键约束，就可能导致文化或社会发展停滞与失败。我们还会注意到长时段与辩证唯物主义、历史唯物主义的观念有很好的亲和力。必然性与偶然性、量变与质变、生产力与生产关系、经济基础与上层建筑，在长时段里很容易发现它们之间的辩证关系，长时段自带辩证法这一思维利器。

最后，我想说长时段应该是人的修养，它帮助我们去发现事物的意义与本质。于我个人而言，可能是与专业训练相关，但是这样的视角是可以为大家所共享的。也许更合适的称呼应该叫作历史修养。人文学科以文史哲与艺术为代表，这些学科都是探索或创造事物意义的学科，这些意义与事物本身的自然性质相关，但其意义都是属于人类社会的，是一种文化上的意义。历史考察的是意义的生成、累积与变化。长时段的考察是宏观上把握，是不可还原为微观的宏观。长时段无疑不能解决所有问题，因为它负责仰望星空！

上　编

文化起源

　　文化基因不是从来就有的，连文化也不是从来就有的，它们都是一定演化阶段的产物。数百万年前，一种类似黑猩猩的灵长类与这个表亲分道扬镳，走上了一条全新的演化道路。他们制作工具，超越身体的限制，200 万年前后，就走出非洲，扩散到欧亚大陆。30 万年前后，解剖学上的现代人出现，他们在语言上有重大的突破，人类社会的组织由此能够更高效地运作。大约在 7 万～5 万年前，也就是旧石器时代晚期的前夕，人类的文化产生了爆发性或革命性的变化，雕刻、壁画等艺术品开始出现，人类有了明确的精神世界……这些是我们已知的人类演化序列。经过数百万年的演化，人类的文化越来越复杂，越来越"高级"。从技术到社会，再到精神，文化逐渐成为一个完整的概念，文化基因由此成为可能。但对于早期人类的演化过程，受制于考古学的研究手段，其中还充满了谜团。早期人类从西到东，跨越欧亚大陆，这中间留下了诸如阿尔泰、通天洞、龙泉洞这样的遗址。文化的演变并不是一帆风顺的，并不是没有成本的。我们在享受文化成果的时候，也要承受相应的后果。本编探讨的中心话题就是文化的形成过程以及长时段视角下人类文化演化的问题。特别值得注意的是，文化是一个有三层结构的系统，文化是人外在于身体用以应对生存与生活挑战的手段，也正因为如此，文化基因与生物基因存在不同的遗传与变化机制。文化是在生物机制基础上的延伸。

史前史的启示：人类如何演化？

考古学与史前史

距今 1 000 万至 500 万年人类与黑猩猩分开，距今 300 万年前后出现众多不同的人类演化分支，距今 200 万年前人类已经扩散到亚洲，距今 7 万年前非洲出现最早的艺术品，距今 1 万年前后西亚与中国史前农业起源，距今 5 000 多年前古埃及开始修建金字塔……如今这些都是我们耳熟能详的知识。然而，在近代考古学兴起之前，红衣主教乌舍尔经过精心研究，把人类历史定格在公元前 4004 年，那一年上帝创造了人类。对中国古人而言，人之由来还是与神话联系在一起，《易经·系辞下》中描述的历史已经是农业起源以来的事。从这个角度说，没有考古学就没有人类的史前史。

近读布赖恩·费根（Brain Fagan）的《考古学与史前文明》，本书全面梳理了考古学与史前史的关系，让我们看到考古学在揭示人类史前史上的贡献。作为一名考古学者，平时总是痛苦于考古学能力的不足或考古材料的匮乏。然而，回顾一下考古学曾经取得的进步，又不能不油然而生几分自豪感。假如真的没有考古学的话，那么我们要摆脱宗教、神话的约束，就会是非常困难的事情，整个人类的思想革命、社会革命、科学革命都将受到严重的影响，很可能会停滞。考古学这门平时看起来属于茶余饭后闲谈的学问，这门属于荷尔蒙、力比多过剩的学问，其实是人类知识的根基，没有它，许多思想将无以立足。

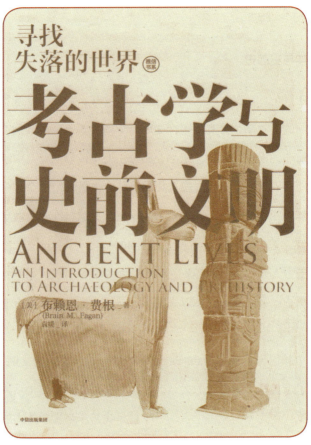

《考古学与史前文明》封面

费根足足用了 7 章（全书共 17 章）来介绍考古学的基本原理（如果加上最后一章"成为一名考古工作者"，那就是 8 章了）。考古学如何揭示史前史呢？与考古学最相似的学问是刑侦学。考古学家来到史前的"案发现场"，一如刑侦专家，首先是保护现场，然后是提取物证，进行多学科的分析，寻找可能的解释，理解事情发生的情境……有所不同的是，考古学家研究的物质遗存是不可能再生的资源，是历史的见证，是人类文化的遗产，也是现代旅游工业的热点，所以，考古学家需要想方设法保护好物质遗存（文化遗产），最好是原地保护。经过一百多年，考古学早已走出探险的时代，当代考古学已经发展出非常多样的理论与方法，在实践上也是丰富多彩的。有些考古学家已经如哲学家一样，坐在沙发上沉思；有些考古学家穿上了白大褂（或蓝大褂），在自然科学淘汰下来的实验室中工作；有些考古学家如同工程人员，在完成一个个发掘或保护项目……对许多人来说，考古学似乎仍旧属于"诗与远方"，不过，它同样关注现实，关注人类的根本。

人类如何演化？

费根用了 9 章内容来写人类的演化，包括人类的起源与扩散、农业的兴起，还有文明的起源。面对如此复杂的内容，篇幅似乎有点短。不过，费根是知名的考古学教材编写者，极受欢迎。他所写的《世界史前史》（国内译作《地球人》）已经更新了十几版，这本《考古学与史前文明》也是第 5 版了。他驾轻就熟，把演化的主线、经典的发现以及他个人的体会编织在一起，既清晰明了，又丰富多彩。作为读者，纵览人类600余万年的历史，囊括全球的发现与研究，这是一种什么样的感觉呢？一幅幅远古的画面从眼前飘过，沧海桑田，白云苍狗，我们是不是有点像上帝一般，悄然地掌握了种种变化背后的秘密？

不过，于考古学家而言，解释人类如何演化并不是件容易的事情，至今也没有完善的方案。人类作为一个物种，属于灵长目猿猴亚目狭鼻猴次目人猿超科……生物学家给了人类在自然界中一个明确的位置，并且建立了人类演化的基本原理，那就是进化论。人是进化的产物。但是人类的进化同其余所有物种不同的是，人类有科技知识与手段，我们可以移山填海，可以登月探星；人类有极为复杂的社会组织，有国家、公司、军队；人类还有宗教、思想、精神生活。所有这些在其他物种中都没有看到，我们称之为"文化"。人主要通过文化来解决生存的问题，而不是像其他物种一样依赖生理上的改变。对于早期人类而言，体质上的演化是显而易见的，直至距今20万年左右解剖学上的现代人出现，人类的物种定名才算稳定下来。人类的体质演化并没有因此而停止，如智齿在退化、头脑更聪明，所有这些都与文化的演化密不可分。

也正因为如此，研究者们（不局限于考古学家）就在体质演化与文化演化之间挣扎。进化论是否可以直接解释人类的文化演化呢？一种观点认为可以，这部分研究者把文化视为"表现型"，与体质上的演化（基因型）区别开来；另一种观点认为两者并行不悖，体质与文化的演化各有自己的路径以及相应的演化机制，体质演化有生物基因，文化演化有文化基因，后者的变化机制更强调横向的相互影响，与体质演化上强调纵向（代际生育）的差异有所不同。不论持哪种观点，探讨人类的演化都离不开体质与文化两个方面。越是早期的人类历史，越是强调体质演化，越是强调自然环境条件变化的影响。但从根本上说，人类的演化主要还是文化演化，文化是人类的根本特征！

纵览人类演化史，我们一定会为演化的两个方面所吸引：一个方面是人类演化不可避免的趋势，尽管存在不同的演化分支，但是人类似乎是一往无前地走向了以文化适应为主的生存方式，那些仍然依赖体质适应环境的物种最终都走向了绝灭。在文化适应的竞争中，也有不少文化消失。另一个方面是人类演化过程中丰富的多样性，演化也是一个分化的过程，这一点在文化演化上表现得更加突出，世界不同地区都发展出了独具特色的文化。统一性与多样性是人类演化中不可或缺的两个方面。在弱肉强食的世界里，似乎只有一条原则通用，那就是生存下去；但是，世界是不断变化的，没有永久的强者，只有灵活变通者才能生存下去，此时，多样性就是选择的基础。人类的演化史生动地演绎了这个辩证的法则。

什么是文化的演化？

有关人类的演化，最令人着迷的还是文化的演化，但究竟什么是文化的演化呢？纵览世界史前史的好处，就是有了前所未有的宏观视野与时间深度，尤其是与考古学的实物遗存研究结合起来，此时再来思考人类文化演化的内涵，应当是再合适不过的。

如果我们把文化视为人类应对种种困难的能力，那么不难发现，人类的能力可以分为三个层次：向外求、向社会求、向内求。先师路易斯·宾福德讲人类的文化系统可以分为技术、社会、意识形态三个层次，意思相近。不过，我觉得自己的说法更好理解一些，或者说，我这里提供的是一种新的理解视角。向外求是指人类利用外物来拓展自己的能力，技术是其中最突出的方面。数百万年前的早期人类跟许多物种竞争，人类祖先选择了使用与制造工具这条演化路径。人类没有利齿，但可以利用石片，它可以不断替换，还可以不断升级。人类不但可以用石片切割，还可以用它来加工诸如木矛、挖掘棒之类的新工具。从300多万年前石器诞生到1万年前旧石器时代结束，人类的石器技术在不断升级，越来越轻便，越来越复杂，从最简单的石片发展出了弓箭。人类无须有猎豹的速度，利用弓箭就可以远距离狩猎。1万年前后，随着末次冰期的结束，环境发生了巨大的变化，人类面对习惯的食物资源日渐稀疏的问题，发明了农业，驯化动植物，极大地提高了单位面积获取食物资源的数量。一部人类的历史，就是由一系列人类向外探求的里程碑来标记的。

我们都知道人类是高度社会性的动物。对早期人类来说，社会性是生存的必要条件，栖居在热带稀树草原环境中的人类，面临众多食肉类动物的威胁，采用群体防卫是基本的生存策略。当人类祖先开始直立行走之后，就进一步强化了社会化进程。直立姿态的人把自己柔软的腹部暴露出来，更加需要同类的保护；同时人类可以用面容、声音以及解放出来的双手，表达更丰富的意思。进化人类学与考古学的研究表明，人在社会化的过程中"驯化"了自我：友善、善于合作的人类种群才进化成了现代人类。人类演化与社会是一个双向促进的过程：为了生存，人类需要社会；而社会发展又强化了人对社会的依赖。成功的适应必定会带来人口的增加，人口的增加意味着更大的社群规模，更大的社群规模意味着更多的社会交流需要处理，人类的大脑不断扩容。进化人类学家罗宾·邓巴（Robin Dunbar）注意到社群规模与大脑容量之间存在明显关联。除了大脑扩容，人类逐渐有了更复杂的语言，这就像电脑的操作系统一样。语言也在不断升级，从咕噜咕噜的声音到音节清晰的词语，再到完整的语句、语言符号、文字……总之，没有社会，也就没有人类智力的发展。

坦桑尼亚土著在火塘边交谈

火塘边交谈的坦桑尼亚土著，通常一个火塘边坐 5～6 个人，火塘边构成人类社会最亲密的网络。

图片来源：https://www.duniart.com/eyasi/.

当人类走出狩猎采集时代，发明了农业，其社会演化变得更加引人瞩目，这也就是我们熟悉的"文明"阶段。文明是以农业为基础的，追溯文明自然离不开农业。所谓文明，其根本就是社会组织方式的重大变革。人类有了复杂的社会组织，我们通常称之为国家。解释国家起源的理论很多，费根在书中有简要的梳理。不论是水利假说、战争理论，还是其他的理论，回到本原，都与人类的社会性密不可分。当人类面临问题的时候，除了向外探求之外，社会无疑是我们解决问题的有效途径。群体防卫、社会智力、语言交流，如此等等，都是社会性发展的里程碑。然而，我们还需要认识到，社会本身就是一个问题！跟解决社会问题相比，登上火星都不是一件难事。生活在当代社会的人们，对此一定会有深刻的体会。人类有了农业，就有了更多的人口，更大的社群规模，社会产生分层；有了农业，就有了剩余生产的潜力，也就意味着有人可以控制它的分配，"文明"开始萌芽。一部文明史，几乎就是人类解决社会问题的历史。

人类文化演化的奥秘并不只有技术经济、社会组织，真正的奥秘在于人的精神世界。对于考古学研究而言，具体的问题就是探索艺术、宗教的起源。精神世界是人类的内在世界，是人面临问题时向内求的产物。面对生活压力、社会纷争，现实社会中有些人避世隐居，读书修禅，通过向内求解决问题。宗教就是人之精神世界的一个产物。文明史上我们看到古埃及人、玛雅人修建出极为宏伟的金字塔，连偏居一隅的不列颠岛先民也修建了诸如巨石阵这样了不起的建筑物。在当时的物质条件下，完成这样的工程，往往需要数代人的时间。能够让人们坚持不懈努力的，就是一种坚定不移的信仰。当技术、社会都不足以解决问题的时候，精神的力量就成了催化剂。精神世界是人类自己创造的世界，一个源于生活但高于生活的世界，一个从现实中抽象出来的世界，一个按照人们自己思想重新组织的世界。目前已有的考古材料显示，人类最早在7万多年前有了艺术品——指示人类精神世界的诞生，实际年代可能更早。解剖学上的现代人在此之后，扩散到全世界，从极寒的北极苔原到亚马孙的热带雨林，从空气稀薄的高原到极偏远的海岛。能够促使人类完成这

距今 7.5 万年的南非布隆伯斯洞穴（Blombos Cave）遗址
出土的刻划赭石和穿孔贝饰（世界上最早的艺术品）

图片来源：Paul Bahn. *Mages of the Ice Age*. Oxford University Press，2016：25.

些壮举的，绝不仅仅是因为人口太多，或是人类的技术足够完备，这里面一定包含着人类的精神追求。心理学家说是因为人类有爱冒险的基因，但他们可能忽视人类有能够克服现实困难、驱动自我的精神世界。

当代世界中，文化的定义已经缩小到精神领域，文化成为社会与个人生活水准的标尺。回到史前时代，人类精神文化的崛起仍然是一个不可思议的事情，当代考古学研究从 20 世纪 60 年代以技术经济为中心，到 80 年代转向以社会为中心，如今似乎越来越重视精神文化的研究。回顾人类文明史，不难发现，最凝练的表达还是精神文化，越是接近现代，越是如此。比较中国、西亚、南亚、欧洲等地的文明史，我们很少会关注农业生产上的差异，也不太在意社会组织的不同，往往强调的是精神文化的特征，比如中国在漫长的农业时代中逐渐形成的"天人合一"、中庸、含蓄雅致等文化特点。它们是中国的"文化基因"，在文化传承中绵延不绝，保持传统中国社会发展的稳定性与连续性。设若人类没有精神文化，只是在技术经济、社会组织层面上运作，那么人类的世界将失去至少一半的动力。因为如果没有美妙的梦想，就不会再有相应的行动；人类社会还将失去安宁与美好，我们生活的世界只有功利，没有意义，不会有砥砺意志的梅花、警醒气节的松竹，不会有"举头望明月，低头思故乡"的感动。精神的世界是真正自由的世界，是自由创造的世界，它帮助人类超越了现实的制约。

向外求、向社会求、向内求，不难看出，三者之间密切关联，相互促进，难分彼此。在人类演化史上，我们可以看到不同地区呈现出的惊人差异。当向外求无法实现的时候，就会寻求通过社会来解决问题；如果还解决不了，向内求就不可避免。一个历史的实验就是复活节岛，人类进入这里很晚，但是人口不断增长，资源开始紧张，然后是社会竞争加剧，再后是人们选择修建巨人像，试图以象征的形式解决纷争。一方面希望避免武力冲突，另一方面祈求解决人与环境的矛盾。"生产不够，精神来凑"！中国文明的兴起过程中，中原地区原始农业条件最佳，但这里的文明进程并不如周边地区快，如红山、良渚，礼仪制度发达，两地先民通过强化礼仪的方式促进社会整合，结果反而在中国文明起源进程中开风气之先。精神当然不是拼凑的作用，而是催化了文明的形成。

史前史的启示

一部人类史，就是一部兴衰的历史。兴衰的对象一开始是种群，有的种群继续演化，有的种群走向绝灭，这是自然选择的结果，符合进化论的法则。自从人类的文化日渐复杂之后，出现多样化的发展，就像物种的适应辐射一样，兴衰的对象就成了文化。再后来，兴衰的对象成了文明，从兴盛到衰落，我们很容易产生的印象就是，文化或是文明就像物种一样。然而，事情没有这么简单，它们相似，但不是一回事，文化的演化有其自身的特殊性。

文化的演化最大的特殊性就是，其他物种中没有如此复杂的现象。人类为了解决自身的问题，选择了向外求、向社会求与向内求三条主要途径。文化的根本目标就是为了平衡，寻求人与环境的平衡。人类在狩猎采集阶段如此，在农业时代如此，在如今的工商业时代，同样需要如此。末次冰期结束后，人类的生存环境发生了巨变，狩猎采集时代的文化生态平衡被打破，人类走向了农业生产。传统农业时代，中国发展出了可能是世界上最为完善的文化生态系统，最后提出了"天人合一"的思想。农业时代还是过去了，工商业时代崛起，这一次转变中，并没有看到明显的环境变化的影响，人类文化的演化似乎是主动地打破了平衡。人类历史进入了新的阶段，但是环境的制约仍旧存在，最终仍然是要寻求与环境保持平衡。

在文化演化的内部，似乎也是一个平衡的问题。中国传统农业社会更多偏向于向社会求与向内求，而忽视了向外求，由此在技术经济领域落后了。但是无穷无尽地向外索求，尽可能获取更多的资源，随着人口增加到一定的程度，终究要受制于环境的承载能力，由此必须要向社会求与向内求，从另外的途径来解决问题。文化的演化中可以看出从技术到社会再到精神领域（意识形态）递进的过程，同时需要注意的是，这是一个循环往复，或者说螺旋式上升的演化过程。狩猎采集时代到农业时代，农业时代到工商业时代，都重新经历循环。每一次时代转换，都涉及观念的变迁、社会的变革、技术经济的巨大飞跃。

读历史总不免会展望未来，文化演化的复杂性是累积增长的，同时是开放性的，难以预测。培根说"读史使人明智"，前车之覆，后车之鉴，历史能够提供有益的借鉴，启发人的思考。过于遥远的未来我们并不清楚，但是我们仍然知道，人跟所有的物种一样，无法离开环境的支持。在人类还无法制造完全人工的环境之前，环境问题仍将是悬在我们头上的达摩克利斯之剑。较近的将来相对更容易把握，我们知道，文化演化中的技术经济问题，也是社会问题，最终还是意识形态（人心）问题。我们在三者之间，需要寻找最佳的平衡点。

回味莫斯特难题：石器之谜

最近去了趟南方，包括云贵两广与湖南，走马观花，带学生看了五省区的石器材料，了解了一点最新的发现。这些地方其实并不是第一次去，一些材料也不是第一次看到。不过，随着了解的增加，尤其是考古新发现的增加，我有个认识也越来越明确，那就是我们以前的归纳或定义可能过时了，它们无法涵盖新的材料。比如说我们以前说南方旧石器时代流行砾石砍砸器工业，也就是模式 I 技术，这种技术一直持续到旧石器时代晚期，然后为石片工业所取代。有趣的是，现在南方发现的石片工业越来越早，也越来越普遍，湖南的乌鸦山、条头岗等旧石器时代中期的遗址都是以石片为主的，原料也非常好，尤其是条头岗遗址，色彩斑斓的燧石质地优良。云贵地区更是多样，每个盆地的情况似乎都有所不同，这里似乎从来就没有流行过砾石砍砸器工业。石器面貌的多样性不只表现在空间上，还表现在时间上，广东南海的西樵山在新石器时代中晚期（甚至更晚）又出现了细石叶技术，仿佛一种返祖行为一样，跟这里以及周邻的石器传统迥然不同。我们似乎越来越看不懂石器了，作为石器研究者，也许我们真的应该好好思考一下了，石器究竟能够告诉我们什么？我们的研究究竟应在哪个（或哪些）层面上展开？

　　20 世纪 60 年代后期，作为考古学新锐的路易斯·宾福德与法国知名旧石器考古学弗朗索瓦·博尔德合作，研究法国一处地层深厚、发掘细致的莫斯特时期的遗址。博尔德是石器的分类大师，他建立了一套石器分类体系，把石制品划分为近六十类，根据不同类别的组成，他把该遗址的材料区分为数个不同的组合。并且他认为这些组合还具有区域特色，可能代表不同的族群。这种做法类似于新石器考古，只不过用石器

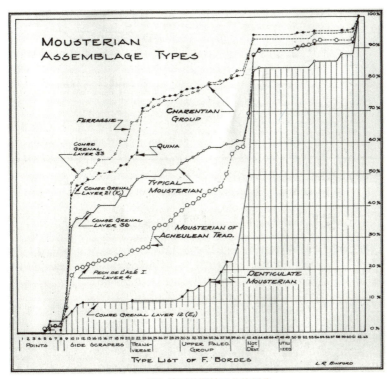

博尔德对莫斯特工业的划分

图片来源：Lewis Binford. *In Pursuit of the Past*. Academic，2001：图 37.

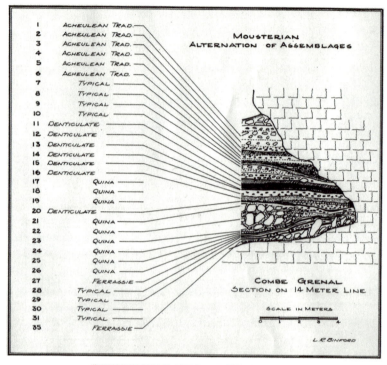

典型莫斯特遗址的剖面与不同莫斯特石器工业

图片来源：Lewis Binford. *In Pursuit of the Past.* Academic：2001：图 38.

替代了陶器，以石器的技术类型特征取代了陶器的形制特征。同样在研究这批材料的宾福德注意到，史前的狩猎采集者可能跟民族志中的狩猎采集者一样，他们的遗址是由不同类型的活动所导致的，鉴于狩猎采集者流动的生活方式，他们可能在不同地方从事不同的活动，同一地点不同时期也可能从事不同的活动。由此，也就可能形成存在一定差异的石器组合。博尔德与宾福德就石器组合的意义展开争论，这个问题就是著名的"莫斯特难题"。究其本质，就是旧石器组合的意义问题。这个难题对于旧石器考古来说相当致命，如果我们弄不清楚石器组合的意义，那么我们研究石器还有什么意义？

在后来的研究中这个问题不但没有得到解决，而且恶化了，变得更加扑朔迷离。20 世纪 80 年代，分子生物学家根据 DNA 研究，提出现代人类的祖先都起源于非洲，年代在距今 20 万年前后，后来他们走出非洲，取代了世界各地的土著人种，他们与土著没有混血。这就是名噪一时的"夏娃假说"，或称"走出非洲假说"，它与人类多地区起源说针锋相对。近些年来，DNA 研究发现现代人的祖先与土著群体之间曾经发生过混血现象。两个假说各退一步，又形成了两个新的假说，即走出非洲附带杂交与连续进化附带杂交。无论哪一种假说，都肯定了人类曾经走出非洲，与不同地方的土著群体有过交往。俗话说：人过留名，雁过留声。如果现代人类真的是从非洲走出来的，那么他们应该会留下能够代表他们的物质遗存。鉴于石器是最耐久的材料，也就是说，他们的迁徙应该表现在石器材料上。然而，让旧石器考古学家百思不得其解的是，我们从石器材料上并没有看到这种大规模迁徙的证据，我们甚至都不能确定哪些石器遗存能够代表现代人。

分子考古学家说现代人的祖先距今 6 万至 5 万年扩散到东亚，而我们看到的"旧石器时代晚期革命"的年代也就在距今 4 万年前。而且，并不是每个地方都能够看到旧石器时代晚期革命的证据，如在中国南方、东南亚地区，石器面貌似乎一脉相承。有些变化，但远远谈不上本质上的改变。即便是在中国北方，我们能够看到的变化也就是沿着欧亚草原带有一些遗存，显示与欧亚大陆西侧旧石器面貌的相似性，最靠南的遗址莫过于宁夏的水洞沟遗址，至于华北中心区并没有看到类似的影响。我们现在似乎可以说，石器的变化似乎与人类体质的演化并不是密切相关的，也就是说，即便是解剖学上的现代人，他们仍然可能采用当地传统的石器技术；或者说，现代人的扩散过程是生物基因的扩散，与石器技术无关。如果情况真的是这样的话，那么旧石器考古通过石器研究来探讨人类的演化其实是不可能的。这个新版本的莫斯特难题对于旧石器考古来说，其影响类似于釜底抽薪，现代人从体质上取代了土著人种，而在石器上却没有体现，在这么重大的问题上，旧石器考古都没有贡献，那么这门学科还有存在的意义么？

20世纪70年代，剑桥大学著名考古学家格拉汉姆·克拉克写了第一本《世界史前史》。这是测年技术进步在世界范围内得到应用的结果，由此，可以比较世界不同地区的文化进程，建立世界史前史的体系。克拉克在书中提出世界范围的石器技术从早到晚、从简单到复杂，大致可以划分为五个模式：模式Ⅰ为奥杜威技术，以简单的砍砸器、石片为代表；模式Ⅱ为阿舍利（或称阿休利）技术，典型代表是有了手斧；模式Ⅲ为石片工业，莫斯特的勒瓦娄哇技术可以作为代表；模式Ⅳ是石叶工业；模式Ⅴ是细石器工业。克拉克的体系是以欧洲为中心来构建的，对东亚地区的情况基本没有考虑。或者说，在东亚地区沿用的还是莫维斯20世纪40年代末提出的观点：这里是人类石器技术演化的角落，这里的人们与世隔绝，格外保守，他们一直都在使用模式Ⅰ技术，没有进步。这种观点与中国近现代的发展面貌竟然非常地巧合（看来中国落后是有理由的，旧石器时代就已经落后了）。这个模式的荒诞之处在于，中国南方旧石器时代晚期向新石器时代过渡的时候，所谓的模式 I 技术又开始流行。难道说新石器时代的中国南方生活的不是解剖学上的现代人？要知道这里诞生了世界上最早的稻作农业。由此，至少在东亚地区我们可以说，石器技术的进步与人类体质乃至文化发展都没有必然的联系。

　　一方面，以欧洲为中心的地区，从模式 I 到模式 V，似乎可以看到一个非常明显的进步模式，石器技术越来越先进；而另一方面，至少在

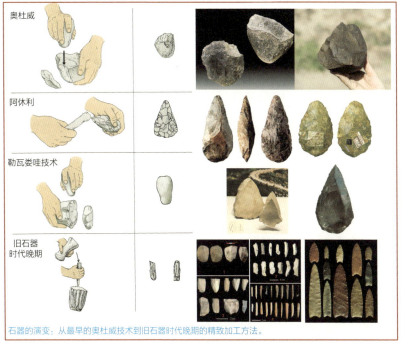

石器的演变：从最早的奥杜威技术到旧石器时代晚期的精致加工方法。

石器技术发展的五个模式（不包括细石器在内，由叶灿阳合成）

东亚地区，我们看不到这样的进步模式。究竟出了什么问题呢？克拉克时代旧石器遗址的发现没有现在这么多，他本人也不是旧石器考古专家，他的看家本事是研究欧洲中石器时代。即便是在欧洲，石器技术的面貌也是多样的，与阿舍利技术同时的还有克拉克当技术，就没有手斧；东欧的部分地区也没有手斧。从石器技术最古老的非洲来看，最开始也并不只有奥杜威技术，南非就有一些石片工业。总之，随着材料的发现越来越丰富，旧石器考古学家发现克拉克的五个模式已经是千疮百孔了，连最简单的归纳都算不上。有趣的是，中国旧石器考古学家似乎仍然愿意引用它。我想一者可能因为这符合我们的人类技术不断进步的心理模板；二者我们没有其他的参照体系可以利用；三者可能这是我们难得的与西方共同的学术话语，而且是西方人愿意接受的话语。

用几个模式来统括全世界旧石器时代的石器面貌是不可能完成的任务。从总体上看，石器技术不断进步是不争的事实，这主要表现在打片技术的精准度、规划的时间深度（产品的可预测性）、技术的复杂程度等方面，但这个线条是非常粗的。石器技术的进步只是人类工具技术的一部分，甚至可以说只是很小的一部分，因为人类运用的工具并不只有石器，还有竹木骨角等有机工具。也正因为如此，考古学家普伯（Pope）曾经提出一个"竹子假说"，认为东亚与东南亚之所以缺乏模式 I 之外的技术，是因为当地人们采用了竹子这样的材料。的确，我们从民族志中可知，竹子加工之后可以用作非常锋利的切割工具，还可以加工成各种各样的容器以及其他用具。但是竹子并非东亚、东南亚地区才有的植物，世界不少地方都有，为什么那些地方不用呢？比如说印度次大陆竹子的分布就非常广泛，非洲的竹子也很多。东亚如今竹子分布广泛更可能与历史上长期利用有关，用得多，种得也多，中国南方农村房前屋后通常都会有竹子。有时是种的，有时是野生的，但离不开人的干预，比如把野生竹子周围的其他植物砍伐掉。"竹子假说"一定程度上能帮助我们解释东亚地区不同的石器面貌，但这种解释一方面难以验证，另一方面也不具有普遍性。

的确，当前旧石器考古学家所用的一些概念如工业、传统等，可以定义一定时空范围内石器组合的特征。但这些概念都是从一定的材料出发的，也注定有局限性。总之，我们至今也没有找到一套全球适用的模式，我们无法像分子生物学家一样，用 DNA 这种具有地域一致性、古今一致性的东西开展研究，全世界的旧石器考古学家甚至都没有一套共同的话语体系。从旧石器考古诞生以来，不断有人试图建立一种适用于全世界、适用于不同时段的石器描述技术。然而，迄今为止，我们仅仅实现了在基础概念上的一致，如打击点、台面、半锥体等，对于稍复杂一点的内容，如石器技术的命名，就已产生分歧。一个简单的原因就是某些石器技术的分布在时空上不连续，有的地方有，有的地方没有；一段时间流行，一段时间消失，甚至过一段时间重又出现。简言之，如果我们把石器看作人类行为、文化、历史与社会的产物，那么它就应该是社会科学研究的范畴，注定无法具有自然科学那样的广泛一致性。不幸的是，当代的旧石器考古学总是试图用自然科学的方法来研究石器，试图建立一门自然科学分支，这样的努力虽然不能说是南辕北辙，至少是偏离了轨道。这可能是当代旧石器考古学遇到难以克服的困难的重要原因。

石器因为不会腐烂、难以侵蚀，所以幸运地保存了下来，但是它跟人类其他的物质产品如陶器、青铜器、铁器一样，都是人类在一定时代、一定社会历史与文化背景下的产物。可能有人会说，旧石器时代年代久远，人类那个时候还比较原始，石器的复杂性难以比拟青铜、铁器。事实上，当代研究表明，高等灵长类如黑猩猩都可能存在一定程度的文化，更不用说社会了。因此，哪怕是旧石器时代早期的石器，也是具有社会历史文化背景关联的。从这个角度来说，我们对于石器的研究，也许的确需要一次大的方向上的调整，从自然科学式的研究回到社会与人文学科的研究上来。也许我们应该好好想一想，石器研究可以向陶器、青铜器等方面的研究学习到什么？为什么没有铁器、青铜器之谜呢？因为考古学家能够较好地把握其存在的社会历史文化背景关联。为什么陶器研究也存在类似石器的困难呢？我们无法确立陶器组合与社会群体，尤其是族群之间的对应关系。究其原因，还是对这些背景关联认识不足。旧石器时代更加久远，背景关联虚无缥缈，这也正是石器研究显得格外困难的根本原因。因此，真正要解决石器之谜，真正突破莫斯特难题，必定要纵横交错地去构建背景关联的关系网络，唯有在这样的关系网络之中，我们才真正有可能把握住石器的意义。

跨越欧亚：阿尔泰旧石器时代

2018 年暑假我到俄罗斯的阿尔泰参加了第九届亚洲旧石器考古会议，历时一周，会议中俄方组织参观了若干遗址以及考古标本。会议的主要会场设在著名的丹尼索瓦洞穴遗址田野研究中心，最后两天挪到几百公里外一处正在发掘的遗址现场（这个地方手机都没有信号，无法查到经纬度，回国后根据记忆居然在谷歌地球的卫星照片上找到了位置）。一次会议居然能够看到这么多遗址以及出土材料，尤其是结合遗址现场

丹尼索瓦洞穴遗址田野研究中心

看材料，还有发掘者的介绍以及与同行的讨论，真是一次旧石器考古的饕餮盛宴。会议虽然过去了一个月了，感觉没有一个详细的总结，似乎对不起它。

最早的西伯利亚

会议组织参观的第一处遗址叫卡拉玛（Karama），离丹尼索瓦洞约20分钟的车程，位于阿努伊（Anui）河左岸的高阶地上，如今这里已经比河面高出近百米。这处遗址的年代距今80万年左右，是整个西伯利亚乃至北亚最早的旧石器时代遗址。试想一下，80万年前人类已经生活在北纬51°的内陆地区，这是多么不可思议的事情。夏天的丹尼索

卡拉玛遗址

瓦简直是避暑天堂，当北京还是桑拿模式的时候，这里的最高气温也不过二十多摄氏度，早上起来要穿厚外套（与会者有穿羽绒服的），晚上睡觉要开电暖气。冬天的话，整个田野研究中心，除了看守，是没有人居住的。一年的冬天长达七个多月。狩猎采集者若是在这个地方生存的话，能够利用植物资源的时间只有两三个月，剩下的时间只能依赖狩猎了。

想到夏日晚上我们住在木屋中还需要开电暖气，古人将如何度过呢？尤其是在天寒地冻的冬天。卡拉玛还是一处旷野遗址，连遮风避雨的地方都没有。出土材料经过流水搬运，磨蚀比较严重，但是人工痕迹还是明显的（至少部分标本如此）。遗址的位置也高，所以年代方面也应该是比较早的。无论如何，我们都需要回答，人类在高纬度地区如何生活？如何度过严寒的考验？与会的罗宾·丹尼尔（Robin Dennell）教授做另一个有关狩猎采集者服装的报告，寒带地区都需要穿皮毛服装，最典型的例子就是爱斯基摩人，另外就是要有居所以及生火。如果古人有皮毛服装的话，那么一定会有相应的加工皮毛的工具，否则晒干后动物皮毛会非常硬，根本没有办法穿着。居所方面可以考虑洞穴，生火应该有火塘的证据。

人类进入中高纬度地区生活的证据是很早的。200万年前后格鲁吉亚的德马尼西遗址已经达到北纬42°左右，位于北纬40°的泥河湾盆地马圈沟遗址年代可以早到166万年。最近报道的陕西蓝田系列地点也在200万年前后，不过其纬度稍低，35°左右。海拔接近千米的泥河湾其季节比同纬度的北京差不多要晚一个月，冬季仍旧会很寒冷。还记得研究生阶段地质实习时去大同盆地，七月初这里的油菜花才开。当然，这是我们现在的气候，远古人类生活的时候有可能气候比较温暖。不过古气候研究显示，尽管更新世存在若干个间冰期，整体气候并没有颠覆性的变化，间冰期时温度较之现在会高几度，冬季照样寒冷。

如果这些证据尚可商榷的话，我们现在可以确切知道的是尼安德特人，他们就生活在冰期时代。更有趣的是，迄今为止尼人遗址很少发现火塘。我们最后参观的恰伊斯卡娅（Chagyskaya）遗址就属于尼人遗址，发掘者在洞口发现了一个小火塘。相比而言，现代人的遗址多有火塘发

恰伊斯卡娅洞

现。尼人似乎不需要靠火塘取暖。读民族志，东北森林中狩猎者在零下一二十摄氏度的野外过夜，也能够不住帐篷，不生火。孩子自小的时候就不允许烤火，每当孩子想进帐篷烤火的时候，都会被父母赶出去。人的适应能力似乎是可以训练出来的。当然，我们知道这是有限度的，不可能无限制地提升。如阿尔泰地区这样漫长的严冬，没有服装、用火以及避风之所，要生存下去是很困难的。有种说法，人类如候鸟一样迁徙，冬季时往南走，回暖之后往北走。但是在阿尔泰地区，往南走意味着要翻越一系列的山岭，似乎不那么现实。不过，人们的生活必定需要高度的流动，不仅因为唯有如此才能有效地捕猎，更因为只有这样，人们才能够相逢，能够通婚，否则在这么广袤的土地上，人群可能因为找不到配偶而灭绝。

三种人

我们参观的第二处遗址就是著名的丹尼索瓦洞，这里号称是三种人相遇相亲的地方，尼人、丹尼索瓦人、现代人都曾在这里生活，他们的基因留存到了现代。DNA 研究表明，丹尼索瓦人的基因出现在东亚、东南亚与大洋洲居民中。最近的研究又表明，有件人类化石所代表的个体，其父亲是丹尼索瓦人，母亲是尼人。丹尼索瓦洞中出土的不少艺术品，无疑是现代人的。艺术品中不仅仅有穿孔兽牙、磨制石管、鸵鸟单片，更不可思议的是出土了一件"绿玉"手镯。香港中文大学的邓聪教授详细观察过这件标本，他非常擅长摄影，所拍的照片很好地表现出了加工痕迹与器物的通透感。第一印象是这件标本是不是串层了，但亲眼所见地层除了贴近洞壁的地方有点翻卷之外，倒是比较水平的，串层的可能性不大。另外邓教授告诉我，这件器物的质地其实是很软的，并不是真的玉，硬度跟象牙差不多，古人用个石片就可以加工。即便如此，这件器物的出土还是令人震惊的。

发掘中的丹尼索瓦洞

我们还看了一处洞穴遗址，叫作奥克拉德尼科夫洞，似乎是以俄罗斯著名考古学家的名字命名的。该洞离丹尼索瓦两个多小时的车程，属于另一个流域。洞的高度跟丹尼索瓦差不多，都是高于河面 30 米左右，但洞的结构不如丹尼索瓦，这里更像是岩厦，两个小支洞面积都很小，需要弯腰爬行才能进去。相比而言，丹尼索瓦洞要轩敞得多，十足的两

奥克拉德尼科夫洞穴遗址

室一厅。奥克拉德尼科夫洞是一处尼人遗址，是已知的位置最偏东的遗址，共发现了十几个个体的尼人牙齿，年代为距今 4.5 万到 4 万年。尼人显然分布到了阿尔泰地区，他们是否还会向东分布呢？从前许家窑遗址发现过一些人类化石，研究者认为与尼人有些相似。尼人是一个极其耐寒的群体，按研究者的说法，现代人与尼人交流中（生物与文化意义上的），现代人学习与继承了如何在寒冷地带生活的技能。但是尼人还是灭绝了，是因为现代人的竞争？因为现代人带来了致命的疾病？就像近代殖民者带给美洲土著的一样。

　　在恰伊斯卡娅洞发掘现场，我们观摩了这里出土的部分标本，也属于莫斯特工业，但并没有勒瓦娄哇技术。这个遗址的周围的石料状况不大好，精细的原料罕见，不过还是可以看出来当地的尼人在努力加工石器，从摆放出来的标本我们看到，尼人对尖状器的修理是认真的，他们的确是希望得到这样一种器物类型，尽管原料不同，但最终产品都是相似的。发掘者还说这里出土了许多骨制品，可惜没有看到，按发掘者的分类，都称为"retoucher"，是用来加工石器的软锤，跟旧石器时代晚期现代人的骨质工具还是有所不同的。尼人的生活方式似乎是非常粗犷的，他们形体粗壮，动作野蛮。他们的骨骼化石上保存了许多受伤的痕迹，显示他们可能与动物近距离搏杀过。他们是成功的猎人，孔武有力，但是面对更加精细的现代人，还是在进化的舞台上落败了。

恰伊斯卡娅洞出土的手斧

我想如果现代人与尼人一对一对抗，现代人注定不是对手；但是十对十或更多人一起对抗的时候，尼人就不行了。尼人输在社会层面上，输在文化层面上，而不是输在体质上。现代人的社会内部，竞争也很少是体力上的，更多表现在文化上、社会关系上。尼人文化的弹性与创造性不足，尼人所用的莫斯特石器工业变化相对现代人的石器工业变化要小得多，也缺少艺术品。在社会关系的维系上，按照克里夫·甘博（Clive Gamble）的说法，尼人还依赖面对面的方式，缺乏现代人的转移能力（能够利用物如艺术品来代替人）。我有些怀疑这种说法，黑猩猩都能够记住老朋友。我们现在的艺术品更多代表的是文化的丰富性与精致性，代表人的精神世界。早期艺术品往往与仪式行为相关，而仪式正是社会组织发展的基本途径。仪式就像胶水一样把人们从精神与肉体上团结起来。不过最早的艺术品更多是个人装饰品，难道它们都为别人所做？抑或是代表个人精神世界（即自我意识，就像我们青春发育期所经历的）的出现？这些都是很值得琢磨的事情。有关的研究非常之多，问题涉及了现代人的本质问题，有些形而上学了！

旷野遗址

除了三处洞穴遗址，我们还看了另外三处旷野遗址。这三处遗址离丹尼索瓦洞都不远，最近的阿努伊-2就在离洞边三五十米的地方，再一处阿努伊-3离我们所住的小木屋不过百米，最远的乌斯特-卡拉科尔（Ust-Karakol），在丹尼索瓦洞西北两公里。三处遗址都在阿努伊河边的阶地上，位置稍低于丹尼索瓦洞洞口的高度。乌斯特卡拉科尔遗址是 1984 年发现的，是一处旧石器时代中期的遗址，有四个文化层，第三文化层最丰富，发现了 600 余件石制品，其中有典型的莫斯特工业石制品，也有部分旧石器时代晚期的器物，只是不那么规整。

乌斯特卡拉科尔东望

　　我所惊奇的并不是这些器物的发现，而是遗址本身。阿努伊河是一条只有十米左右宽的小河，它的周围植被都非常繁茂，除了公路边的人为挖掘，这里几乎没有土壤裸露的情况。那么这些遗址是如何被发现的？这不是一个个案，因为在俄罗斯这种情况很常见，考古工作者有时在森林中也能发现一些遗址。有人说他们已经形成直觉了，觉得这里可能有，就挖几个探方看看，于是乎就找到了。这是不是有点太夸张了呢？在中国做旧石器考古调查，一般都是要在地表或在剖面上发现了石制品才能确认的。随着现在退耕还林以及农村人口进城，越来越多的地方为植被所覆盖，以前在地表可见的石制品再也不容易看到了，研究者开始担心以后旧石器考古工作很难做。看了俄罗斯旧石器时代旷野遗址的状况，似乎感到我们的担心有点多余。假以时日，我们可能也需要俄罗斯考古学家那样根据推断进行试掘，从而确认遗址。

石制品

会议安排的重头戏是看出土标本，在丹尼索瓦洞穴田野研究中心看到的主要是卡拉玛、卡拉邦（Kara-Bom）、乌斯特－卡拉科尔以及丹尼索瓦的材料，在恰伊斯卡娅洞所看的是莫斯特工业石器。其中卡拉邦的材料极好，它有旧石器时代中期的莫斯特工业，还有旧石器时代晚期的石叶工业，材料丰富且典型。莫斯特工业的勒瓦娄哇石片以前在国内的金斯泰遗址的材料中看到过，主要是一些三角形的石片，没有注意到相应的石核。而卡拉邦遗址居然有可以拼合的勒瓦娄哇石片与石核，让人可以看到石器剥片的具体过程。另一类典型器物是尖状器，两面修理，器形规整。相对于其莫斯特工业，更让人震撼的还是卡拉邦的石叶，长度居然可以达到近 20 厘米，宽度却只有两三厘米，石器制作者的台面选择与预制、打片的力度控制简直到了出神入化的地步。当然，这里的原料细腻是个前提条件。我注意到旧石器晚期所用石料与中期有所不同，开始使用一些浅色的燧石，不知道是不是外来的，而中期的原料是黑色的。

可以拼合的勒瓦娄哇石核

卡拉邦遗址出土的石叶

的确，从勒瓦娄哇技术到石叶技术可以看出明显的技术关联，首先都需要确定剥片面的棱脊（这是剥片的导向标志），其次需要修理台面，突出打击点，最后是准确地打击。前两个步骤是一致的，最后一步两者可能有所差别。旧石器时代晚期会采用间接打击技术，比如用鹿角尖抵住打击点，然后用石锤打击鹿角。无疑这种技术比直接锤击更准确，力度也更和缓，所以可以剥离下来石叶这种规整的石制品。至于说这种石器制作技术是否只由欧亚大陆西侧掌握，然后逐步传入东亚，我对此持保留意见。因为后来的史前史上，我们看到技术是可以反复发明的。陶器制作技术虽然是东亚早，但西亚也自己发明了陶器。如果这个证据不够坚实，美洲可是有自己的陶器技术的。动植物驯化技术更是在许多地方反复发明。当然，文化的相互影响是完全可能的，但是假定石器技术只能从欧亚西侧而来，东亚古人类没有石器技术创新能力，这种认识骨子里是种族主义，是 19 世纪式的传播论。新石器时代即以后的考古学中对传播论有较多的反思，但是在旧石器考古学中似乎还缺乏足够的警醒。

看了这些石制品之后，似乎有了这样一种认识。如果我们要把欧亚大陆的石器体系做一个最简单的划分的话，从旧石器时代早期开始可以分为两种类型：一种是生产型的，以制作各种器形明确的工具为特征；一种是剥片型的，以剥制石片为特征，然后直接使用石片，或是加工其他有机工具，或是直接加工食物。我们可以把这两种类型的区分看作两种策略，欧亚大陆西侧更偏重于前者，东侧更偏重于后者。我为什么只说是偏重呢？因为西侧也有强调剥片的，东侧也有强调工具生产的。到了旧石器时代晚期，我们可以看到欧亚大陆北侧，从西伯利亚、蒙古高原、华北到日本列岛，有较为明显的一致性，那就是出现了细石叶工艺。在我看来，这有点像是两种技术传统的融合。因为它既不是以工具类型生产为主导，也不是简单地生产石片（而是生产一种可以用作镶嵌的石片）。而在秦岭淮河以南地区还一般是以石片生产为主。说到这里，我赞同一种认识，那就是砍砸器的主要目的可能不只用于砍砸，更多是作为石片生产的石核。

阿尔泰处于亚洲腹地，是欧亚大陆东西南北区分的一个重要地标。这里以及去年（2017 年）在克拉斯诺亚尔斯克所见的石器标本让人看到石器技术分布的一些基本特征。尽管我认为存在石器技术传统的差异，但是我不认为它们能与人种以及认知能力等相对应。技术划分只是人群划分的一个标准而已，就像现在我们看到世界上存在的技术差异一样。人类社会的划分标准是多种多样的，不同时期最重要的划分标准可能完全不同。工业革命时期是煤铁技术，农业之初是驯化、陶器、磨制石器等，更早的时代比较模糊，我们还不清楚，但可以推断不会是同一的。旧石器考古的不幸是我们的主要材料就是石制品，而单纯的石制品技术类型研究所能回答的问题是非常有限的，当代旧石器考古已经超越这种以技术类型为中心的研究，我们需要迎头赶上。

分工与交换的起源

　　分工与交换是密不可分的一对，没有分工的发展，交换就没有基础；相反，没有交换的发展，分工也无必要。分工与交换的发展牵涉到人类社会演化的一系列重要问题，包括性别、阶层、社会组织，乃至文明（国家）等。即便是对于理解历史时期的社会发展，如中国近现代道路的选择，也有帮助。更在于它对于我们探讨人类社会发展的关键节点，也就是新石器时代中晚期权力的起源问题，具有不可替代的意义。

　　就分工的起源而言，考古学中长期流行男性狩猎、女性采集的假说，就像传统社会中男主外、女主内的说法一样，由来已久，天经地义。女权主义兴起之后，强调女性采集在古代狩猎采集者生活之中的重要地位，比如说群体的大部分食物其实是女性采集而来的。民族志的材料进一步佐证，所谓的男性猎人一辈子也没有打到多少猎物。后来还提出，女性其实也是参与狩猎的，除了自己猎杀一些小型猎物之外，她们还参与狩猎的过程，比如围捕、织网、屠宰、加工等。但是受制于身体条件，追捕与击杀环节参与较少。简言之，男性主狩猎、女性主采集，有关这种分工的认识并没有被撼动。体质人类学更是从科学角度为它提供支持，人类的性别二态性，即男女在身材、力量、速度等体质条件上的差别，无疑是长期适应的结果，所谓适应就是狩猎采集的性别分工。即便我们说人类的堂兄弟高等灵长类如黑猩猩、猩猩等也存在明显的性别二态性，人类的性别二态性可能是进化的孑遗，但是至少我们应该说人类祖先与高等灵长类的祖先分道扬镳之后，其适应并没有与性别二态性相矛盾，就像我们从民族志材料中看到的，男女在狩猎采集上的确存在分工。

与之相应，人类最早的交换也与之密不可分，也就是所谓肉与性的交换，即男性狩猎获取肉食，与女性交换婚配权，就像传统社会所说的女性"嫁汉嫁汉，穿衣吃饭"。民间故事中经常是勇敢的猎人得到美丽的姑娘的垂青。文化中暗含的模板似乎支持存在这样一种"天然的"交换。从人类繁衍的角度讲，这样的分工交换有利于人类的延续，如此本能性的东西是否适合叫作分工交换呢？当代学者认为科学本身存在明显的构建色彩，哪怕是实验室研究都是如此。我们对自身的研究也免不了这种嫌疑，上述的研究似乎都是对既有社会秩序的肯定，而且让这样的社会秩序具有浓重的"自然"色彩，自然而然，无可置疑。人类的性别角色在进化史上是否一致稳定呢？显然不是。是不是所有地方都一致呢？也不是，至少，我们知道的一些母系社会（乃至母权社会）男女性别分工、社会地位均有所不同。

另一组看似天然的分工交换就是年龄。一个人小的时候"负责"玩，长大后就要干活，养家糊口，到老的时候，失去了工作能力，就得靠子

女或社会赡养。在人类进化的很长时间里，老人是罕见的。"人生七十
古来稀"，这还是不久前的事，儿时在农村生活，那时超过七十岁的老
人就极少。1949 年时中国人的平均寿命也不过 40 岁，更早的史前时代，
尤其是旧石器时代，平均寿命就更低了。当然，平均寿命不等于个体寿命，
超高的儿童死亡率拉低了平均寿命，即便是史前时代，也会有特殊的个
体能够有较长的寿命。更长的寿命意味着更多的知识积累，在一个知识
靠口口相传的时代，长寿即等于更多的经验积累，更多的知识储备。长
寿的前提是老人要得到赡养。老人失去了自我谋生的能力，存世的日子
也就不多了，社会群体不会把资源投入到一个没有前景的人身上。也就
是说，人在体力上还没有完全衰老，就已经没有价值了。比如猎人，一
旦视力不行，就不能去打猎了，即便他还很有气力。民族志中不乏一些
社会"弃老"的风俗，一旦食物不足，群体突然搬迁，不告诉老人（就
好像是忘记了），让他们自生自灭。

　　如果老人没有价值，人类群体中可能就不会有老人。除了在知识积
累上的意义，还有一个"祖母假说"，即认为祖母可以帮助自己的子女（尤
其是女儿）带孩子，这样就可以让他们出去狩猎采集，还可以传递养育
孩子的知识。祖母知道女儿是自己养的，孙子（女）又肯定是女儿养的，
DNA 的遗传路线没有问题，照顾孙辈也有利于自己的 DNA 的延续（相
比而言，爷爷就没有这么充足的信心，既不敢确信子女是自己的，也不
敢确信孙子是自己子女的）。祖母通过照顾孙辈，换取子女的赡养；或
者老人通过知识经验的传承来换取赡养。人类的文化具有累积性的特点，

一代一代的积累，每一代又添加一些创新，让人类从茹毛饮血进化到了上天入地。在出现文字书写或者说物质象征之前（即通过外物来储备知识），知识只能储备在人的大脑中，寿命长对整个群体的发展就具有重要的意义。

另一个审视分工交换的角度是考察群体内与群体间的差异。就群体内而言，每个人能力是不一样的，有先天遗传的原因，也有后天历练的原因。有人可能是上山打猎的好手，有人可能更善于下水捞鱼，还有人就是喜欢搞点发明创造。能力禀赋的差异就导致群体内有分工的可能，有分工就会有交换。但是群体内这种分工交换与劳动协作、人情互动关系难以分割。群体间的分工交换则要复杂得多，最早的交换可能是由群体成员的流动带来的，流动的主要原因是婚配（防止近亲繁殖），以及为了建立群体之间稳定联系的象征性礼物交换，比如太平洋岛民的库拉圈，礼物交换只是表象，真正重要的是由此建立起来稳定的群体联系。有了这些联系，族外婚才得以保证，偶尔遇到困难可能得到帮助。

《第二天性》一书把"交换"视为人的第二天性，这是一本由经济学家写的考古著作。作者把人类的交换区分为四种性质：第一种的典型代表是食物，我吃了，你就没有，这是零和游戏；第二种的典型代表是公有地，人人都可以去，结局是"公有地悲剧"，资源被耗光，除非有管理；第三种的典型代表是路灯，你可以自己得利，但无法限制别人不得利；最后一种的典型代表是火，我给你，但我没有损失，当然，我也可以选择不给你。

《第二天性》封面

于食物而言，那时的人类难得有剩余；即便有剩余，也不易储存；即便有储存，也不便于运输。因此，交换不可能常见。第二种东西具有共享的性质，旧石器时代社会群体存在的基本策略是食物分享，大家都出去寻找食物，然后带回来食物，最后一起平均分享。平均主义的毛病是难以防止偷奸要滑，有能力的劳动者难得有提供生产剩余的积极性。有一种说法，即能干者能够获得一些威望，在婚配上有选择优势。旧石器时代的人类社会是否都是平均主义的？我对此表示怀疑，那个时代的社会可能也面临公平与效率的矛盾。第三种东西情况类似于大动物的狩猎，突然一次得到的肉食太多，自己吃不了，这个时候让别人哪怕是陌生人沾光，至少是存了一份人情。民族志记载的狩猎采集群体经常有"见者有份"的风俗，可能一种遗风吧。《第二天性》的作者特别强调第四种交换，认为火的交换有力地促进了人类的社会交往。火的交换对拥火者没有什么损失，对得到者帮助巨大，类似之交换还有知识的传递。我对此也有所怀疑，火是旧石器时代具有绝对意义的东西，是一种神秘的力量，"盗火者"是一种获取绝对力量的隐喻，不可能像现在社会抽烟的人随便借个火那么容易。

对旧石器时代的狩猎采集群体而言，有两类交换是非常重要的，一类是优质的石料，这种东西不会腐烂，又是制作优质石器工具所必需的东西，交换的需求十分旺盛。另一类东西没有这么实用，就是相对稀罕，狩猎采集者在不同群体之间穿行的时候，带上一些稀罕的物品，不管有没有实用价值，对于自己被陌生群体接受是十分有意义的。前一类交换比较实际，后一类交换更多是象征性的，两者是相辅相成的关系，后者搭台，前者唱戏。

从旧石器时代这些可能的交换来看，其中存在一种非常强的平衡或曰平均机制，当然，其中始终也存在着个体与群体的差异——也就是分化的潜力。对于考古学家而言，一个难解之谜就是早期人类社会中的分工与交换如何导致了社会阶层的分化？也就是，被长期压制的分化潜力是如何脱颖而出，导致社会进入一个新的阶段的？

　　我们姑且先不说这个难解之谜，而来看看正在发生的变化。当代中国正从传统的小农经济社会向工商业社会转变，这次转变的规模之大、性质之深是可以与上面所说的变化相提并论的。在当代中国，持续了几千年的小农经济正在为大工业生产所取代，农村劳力正逐步变成工人，大量的农村人口变成了城市居民，中国的社会结构由此发生翻天覆地的变化。传统上，中国是一个以血缘为中心、注重礼治（《乡土中国》的说法）的社会，而今正转向以地缘为中心、依赖法治的社会。由于这次变化十分迅速（尤其是从长时段的角度来看），作为 70 后，我几乎完整地看到了这个变化过程，因此可以说是切实地体会到了变化所带来的影响。儿时生活的偏远乡村解体，从自然景观（工厂、高速公路占了部分土地，挖掘机迅速推平了许多山头）到社会景观都已改变，当我时隔多年回到这里的时候，熟悉之中更多的是陌生，对下一代并没有在村子里长大的孩子来说，他们的口音都已经变了，而我说的则还是几十年前的乡音。

　　变化还在继续，参照西方社会的发展史，我们知道这是"工业大革命"，这是一次从生产技术领域开始，进而推向社会组织乃至意识形态领域的重大历史变迁。当然，生产技术领域的变化反过来又是由商业发展所推动的，而变化之源又可以追溯到思想领域，也就是西方的文艺复兴，其实是思想解放运动。中国传统小农经济社会是抑制交换的，不论是群体内的，还是群体之间的，尤其是对于后者。某种意义上说，正是因为这种抑制，导致了东西方近现代发展道路的差异。我们在小农经济基础上建立了一整套社会组织体系与意识形态，而要打破它是非常困难的，土改打倒了地主，后面差不多二十年的政治运动彻底地摧毁了传统社会的思想文化基础（代价非常大），最近四十年的改革开放，则是在经济上彻彻底底地颠覆了传统中国社会。

从当代中国社会变迁，我们看到的是技术、社会、思想之间复杂的相互作用关系，同时看到了变化的非凡意义。回到史前时代，我特别关注两个时期，一个是新旧石器时代过渡阶段，另一个是新石器时代中晚期的转换。在前一个阶段，可能涉及一个重大的事件，就是生产剩余的出现。这不是说旧石器时代就没有产生生产剩余的能力，而是缺少稳定的社会保障机制，也就是说，旧石器时代只有非稳定性生产剩余。一个社会要举行宴飨，没有生产剩余是做不到的，因为宴飨本身就是在通过浪费来竞争社会地位。宴飨是促进生产剩余的社会机制，这意味着它打破了长期控制社会的平均主义机制。那么为什么会有宴飨呢？是因为人口增加到了一定的程度，群体内竞争加剧？还是因为人群的流动性降低，社会关系趋于稳定化，社会地位竞争的回报趋于稳定？两者可能只是同一事件的不同方面，人类群体从流动走向定居，这是一件具有里程碑意义的大事，人类持续了数以百万年的流动生计方式被改变了！

我们不能简单地说宴飨导致了社会变迁，这是一个复杂的社会互动过程，就像我们在当代中国社会所看到的。实际情况更可能是，宴飨促进了农业起源，而农业起源所带来的生产剩余又使得宴飨成为可能。鸡与蛋谁先是无法回答的问题。更困难的问题可能是新石器时代中晚期的转换，稳定的权力分化出现，直至国家政权的形成。相对于国家或文明起源问题，我们或许更应该关注权力分化的起源，即生产剩余怎么会被个体或一个小团体所控制，还被抬到神性的高度，而且这些民众居然配合他或他们一起去塑造一种神权制度，使自己成为被控制的小老百姓。人们开始有了贵贱之分，而且贵贱世袭，权贵的后裔还是高贵的。或认为对交换的控制与分配导致了权力的分化。权力本身是一种社会关系状态，它是社会交往过程的产物。这个过程（社会运作）必定带有对权力关系的肯定，就像资本与资本家相辅相成一样，权力的萌芽就在这种能够肯定权力的关系社会环境中发展起来。

相比而言，国家起源时权力关系发展到一个新阶段。前不久看费孝通的《乡土中国》，他曾在大瑶山调查，注意到一个现象，即没有提供生产剩余的能力是没有资格做奴隶的。可以理解，自己都养不活，怎么有可供剥削的剩余劳动？奴隶之所以有价值，是因为他能够生产养活自己之外的生产剩余。这是个体意义上的！我们是否可以说，假如最早的国家真的是奴隶制的，从经济基础上说，个体有剩余生产能力是极为重要的，而此前的时代，剩余生产能力更多是群体意义上的？这无疑代表生产力的发展。野蛮的奴隶制居然是社会发展的产物。有个问题还是无法很好回答，新石器时代晚期已经开始出现一些专业化的生产，比如龙山黑陶的生产者，这些人可能并不参与农业生产，他们是通过分工交换获取生活资源的。

龙泉洞的故事

　　七月的洛阳，酷暑难耐，从龙门车站出来等车的几分钟，已是汗淋淋的，虽然灰蒙蒙的天空中阳光并不强烈。从洛阳往西南驱车走高速不到两小时就到了其下属的栾川县，这里凉爽宜人，空气清新，让人有世外桃源之感。我们到栾川来是为了看龙泉洞，这个发掘季，洛阳文物考古研究院在此进行了新的发掘，他们邀请国内相关专家来会商发掘的收获与下一步的工作，我有幸忝列其中，得以了解这批材料以及同行的看法。

　　龙泉洞此前由北师大的杜水生先生发掘过，基本确定为一处旧石器时代晚期的遗址。遗址位于县城中央的龙泉山公园内，地理位置优越，当地很有开发利用的意愿。栾川县现在重点发展的方向就是文化、生态旅游。全县的森林覆盖率82.4%，河南省第一，全国县域第五，说是河南的"氧吧"并不为过。栾川的海拔大部分超过1 000米，所以较之更靠北的洛阳要凉爽许多，如今已是洛阳的后花园，许多洛阳人到这里买房、度假。全县旅游景点号称有30个A，包括2个5A级景区、5个4A级景区，其中众多周知的可能是老君山。栾川县位置很特殊，它处在中国南北分界线上，2 400 平方公里的面积，由伏牛山隔开，一部分属于长江流域，一部分属于黄河流域。

开发旅游当然是好事，考古遗址作为重要的景点是很有利用价值的。比如说龙泉洞成为全国重点文物保护单位，也就是所谓"国保（国宝）"，知名度与重要性就有了保证。尤其是龙泉洞位于县中心公园内，如果在这附近修建一处博物馆，应该不愁客流，我想凡是到栾川来旅游的人，一定都会光顾此地。当然，这只是一个假想。一个遗址博物馆要想吸引观众，是需要讲好故事的，如果只是把几件出土物放在昏暗的灯光下，观众走马观花看过，完全不知所云，我想用不了多久，就不会再有人来参观了。

的确，当前旧石器考古遇到比较大的困难，各大博物馆有关旧石器时代的展览多十分简略。几件石器、动物化石，以及一个复原的洞穴场景——人们围着篝火，或是一个复原的图像，猎人扛着猎物归来……一般民众对旧石器时代的印象不过是茹毛饮血，人类就像动物一样生存。即便是受过教育的阶层，往往也是时空混淆。前些天在喀左的龙源湖广场看到一组巨大的青铜雕像，长相如北京猿人的远古人类（这里应该指的是喀左发现的鸽子洞人）正在制作陶器。雕塑者无疑是受过教育的艺术家，他的模型应该给其他人看过，显然无人指出这个常识性的错误——旧石器时代还不能制作陶容器。向一般民众讲述旧石器考古的故事对我们来说仍然是一个严峻的挑战。

考古学研究注定是要管中窥豹的，注定要透过有限的现象去探测事物的本质。所以，考古学研究必定需要结合各种各样的信息，拼凑一个基本的框架，在此基础上再加以复原。这里还特别需要强调的是，窥一斑而见全豹，其前提是要知道全豹的大体模样是怎样的，或者再进一步，我们已经知道全豹有多少种类型，这样的话，凭借有限的信息，我们也能识别出材料所代表的意义。我们有关"全豹"的信息来自前人研究的积累，来自诸如民族学、社会学、历史学、人类学等宏观的学科。当然，有些材料是前人研究所没有覆盖到的，它是新的"全豹"。考古学研究正是在这种"自上而下"与"自下而上"相结合的研究中不断获取有关远古时代的认识。一般民众是不了解局部材料的意义的，而只知道"全豹"也就是整体层面的东西，按我的说法，就是故事。所以，如果我们不能揭示出整体性的认识，仅仅陈列一些零碎的材料，民众是无法理解的。

探索现象背后的意义，对现象本身的详细观察自然是必不可少的。考古学家其实是幸运的，跟历史学家相比，我们往往有机会观察当时事件的真实残留，而历史学家只能依赖语焉不详或零碎混乱的文字记录。但是，历史学家通过拼合、追溯、关联，可以把现象放到宏观的时代背景中去，厘清现象所关联的种种根源，从而透过一个简单的现象窥测到时代深层的问题。考古学家需要向历史学家学习这样的方法，我们需要编织考古材料信息的关联网络，特别要去探索不同线索的根源，唯有如此，考古学家才可能是有思想深度的人，而不仅仅是考古材料的发现者。

其实考古学研究本就是一个精彩的故事，考古探险的著作长盛不衰

表明人们对于考古学探究的过程本身就很感兴趣，很可惜我们并没有把
这个过程展示出来。最简单的例子，我们是怎么知道遗址年代的？完全
可以把这个过程展示出来。把考古发现研究的曲折经历都展示出来，电
视节目喜欢这么做，不过往往有点故弄玄虚，而一般博物馆则缺少这样
的展示，即便展示，也多是访谈录像，很少会结合实物来做。

　　我们在龙泉洞看了发掘现场，大约 20 平方米的发掘面积，大约
一半的面积已经做到了基岩，另外的部分保留着发掘时的水平面，上
面分布有两个小火塘和一个稍大的火塘，周围散布着细小的石制品与
动物骨骼碎片。有趣的是，这些出土物的上方是一块悬挑出来的巨石，
其根部与基岩已有裂痕。我们都很担心这块巨石随时会塌落，如果

发掘中的河南栾川龙泉洞遗址

龙泉洞遗址的火塘（角落处有石头围合的地方，该遗址共发现三处火塘）

真的掉下来，在下面发掘的人就凶多吉少了。现在需要弄清楚的是，这块巨石是在古人利用洞穴之前就坍塌下来的还是古人利用之后坍塌下来的。从地层来看，更像是人类利用之前就已经坍塌了，古人利用的更像是个岩厦，而非洞穴。

　　我们还到山下文管所库房看了出土物，基本就是两类，石制品与动物骨骼碎片。石制品多为简单的石片，没有经过精细加工的工具，没有采用特定石器技术如勒瓦娄哇、石叶技术或细石叶技术等制作的石制品。有点意思的可能是骨器，有几件似乎经过细致的加工，但也不能完全确定。所有这些就是我们到现场、到库房看到的，就这么多。这么写的时候，都感到有点乏味。几个月的辛苦发掘得到的就只有这点东西？考古工作是否太无趣了？我们还可以看到什么呢？我们如何能讲龙泉洞的故事呢？

发现材料无疑只是我们工作的第一步，要把故事讲出来，需要研究，需要解释与阐释。仅就龙泉洞而言，在深入研究开始之前，我想还是有几个问题值得去演绎的，它们有可能成为未来故事的框架与关节。

一个是龙泉洞的地理位置。专家座谈会分发的材料中还提到，栾川县另外发现了数十处旧石器地点。与会的河南省文物考古研究院李占扬先生提到他在三门峡地区调查过，一处旧石器地点都没有发现。旧石器时代的先民对栖居地似乎有明显的选择性，选择的标准显然不同于处在工商业时代的我们以及农业时代的群体。我们今天偏好交通便利，所以沿海地带经济发达；农业时代偏好沃土与便利的灌溉条件。狩猎采集时代，人们需要的不外是丰富的猎物与果实，还有水源、燃料这两样极不便于运输的东西。当然，他们还需要有遮风避雨的遮蔽所。这些信息是我们从民族志中知道的。似乎还有一个特别重要的因素，就是石料，虽说古人可以搬运石料，但优质的石料供给还是十分必要的。尤其是采用砾石工业的群体，需要搬运的石料重量很大，不可能长途搬运，原料由此就显得格外重要。

我还注意到栖居地的地形对人们行动的影响。河流上游地形崎岖，植被茂密，会影响到人们的行动；河流下流湖沼密布，水网纵横，如果没有舟楫，也不方便行动，尤其是每年还会有洪水泛滥，人们活动的风险甚大，再者，这里人们缺少石料、干净的饮水等。相比而言，河流中游，宽谷、盆地区域，没有上面的那些麻烦，石料的大小合适，用水、燃料都不成问题，是狩猎采集者的最佳栖居地。栾川所在的地方正是这样的一个区域，县城所在的地方就是一个盆地。类似的地方，我去过的还有附近的陕西洛南，那里也有许多旧石器地点。

我没有考虑过的可能还有温度问题，它与疾病压力相关。温度越高，疾病压力越大。因此，人类偏好有一定海拔高度的区域，栾川的海拔千米左右，气候非常宜人。这种体感不仅今人如此，我想古人同样如此。对于狩猎采集者而言，相比于洛阳，估计他们更喜欢栾川。

龙泉洞的故事绝不止栖居的环境，与会的学者大多强调它与解剖学上现代人的关系，它属于旧石器时代晚期的遗址，必定是现代人的文化遗留。然而，让人十分不解的是，华北地区的现代人在石器技术上似乎十分不讲究，他们以石片为毛坯，工具加工并不精致，甚至都看不出什么复杂的技术。如非洲、欧洲所流行的石叶技术，这里都没有看到，更别提那些精美的艺术品了。有件动物骨骼上有个小孔，大家琢磨了半天，很希望它是人类加工个人装饰品的证据。为什么会这样呢？如果现代人真的是从非洲走出来的，他们的石器技术呢？一路走，一路遗忘？或者说，他们看到什么用什么，从来都没有考虑技术传统这回事？哈佛大学的欧弗·巴尔－约瑟夫（Ofter Bar-Yosef）教授曾说，中国旧石器时代的石器可能是对当地原料状况适应的结果，西方的那套石器技术类型学体系在中国并不是很适用。我在湖南看过条头岗遗址的材料，非常好的燧石，同样没有看到复杂的技术。原料并不是根本影响因素，这里的人似乎并不在意石器技术的复杂程度。

龙泉洞是旧石器时代晚期的遗址，有骨器自然不是什么新奇的发现，但是要在这里确认骨器的存在并不是件容易的事情。我们此前的工作中经常遇到的现象是，某些骨片看起来似乎可以当作工具使用，上面又有几个像是片疤的东西，于是就说是骨器。没有使用痕迹的工具是很难看作工具的，所以必须要有痕迹的观察，还必须有实验的检验。怎样的使用才能导致这样的痕迹？从我个人的实验体验来说，非常新鲜的动物骨骼其实不适合做骨器，因为它们上面油腻腻的，往往还有一层筋膜需要除掉，很麻烦。如果让骨骼经过一段时间比如几个月的风化，骨骼的韧性还没有消失，脆性正好，此时做骨器就很合适。这就意味着古人利用的骨骼并不一定是自己狩猎得到的动物骨骼。

龙泉洞这次最精彩的发现莫过于位于巨石边上的三处火塘，两小一大。似乎让人看到这么一个场景，一开始人们围着大火塘吃饭聊天，后来有人要做事或要睡觉，于是又单独生了两处小火塘。火塘的位置都非常靠近巨石，给人的感觉，它们更多是为睡觉准备的。得出这样的认识是基于民族考古学的研究，宾福德的著作《追寻人类的过去》一书（第七章）有精彩的描述，可以参考。人们在洞穴或岩厦中睡觉的时候，会贴近岩壁，然后在边上生火，让热量从洞壁上反射回来，这样更加暖和。另外，这样也给人更多的安全感。

龙泉洞是不是洞目前还不是很清楚，两次发掘的区域之间相隔一二十米，好像山体崩塌后，在此形成两处岩厦与一条裂隙通道。以后田野工作再做得多一点，情况可能就更清楚了。旧石器考古需要长时间的持续工作，因为遗址经过漫长的时间，经过自然与文化的改造，往往需要多学科的研究者反复琢磨才能弄清楚。再者，旧石器时代离我们现在非常遥远，我们现代人理解那个时代要比理解历史时期困难得多。旧石器时代的人们居住并不像我们一样，有个固定的居所，他们是流动不定的。他们到龙泉洞来，也许就住了几天，但他们可能来过许多次。不同事件的叠加可能形成丰富的堆积，但并不是说人类长期定居于此。我们特别好奇的可能是，解剖学上的现代人与此前的智人或直立人在流动性上存在着怎样的差别？按甘博的说法，现代人可能运用符号资源让这个地方成为值得铭记的家园，就像我们现在用"龙泉"这么一个美妙的名称来称呼它一样，而前智人可能没有这样的能力。

什么是人？除了远方，我们还有诗！我们面临困难，我们还会欣赏困难，甚至会像高尔基笔下的海燕——让暴风雨来得更猛烈些吧！很可惜，我们在龙泉洞还没有发现代表艺术符号的遗存。既然我们知道它是旧石器时代晚期现代人的遗存，那么，其中是很有可能发现这类东西的。

龙泉洞遗址把栾川的历史一下子提前到三四万年前。自此，栾川从很久远的时代开始，就有了故事。这是一片古人偏好的土地，尽管有一段时间，人们似乎把它遗忘了，如今这里又重新受到了人们的青睐，新的故事开始了。对考古学家来说，龙泉洞的故事也仅仅揭示出一点端倪。

醉酒的考古学家

　　最近读到一本很好玩的书——《醉酒的植物学家》，讲酿酒与调酒的植物。除了某些应酬场合，我基本不喝酒，因为身体的原因，因为不大喜欢晕乎乎的感觉。但这并不影响我欣赏这本书，不妨碍我思考与酒相关的考古学问题。自古至今，酒在人类历史进程中发挥了重要的作用，我们对一些重大问题如农业起源、文明起源的解释中都需要考虑到酒的问题，甚至可能涉及人类起源这样的问题。考古学家对于酒的问题似乎是走火入魔了，不妨称之为"醉酒的考古学家"，酒不醉人人自醉，执着于酒的思考，也足以让人陶醉了。

　　考古学上有关酒的起源材料并不是很早，考古学家帕特里克·麦克伽文在河南贾湖遗址发现距今 8 000 年米酒的遗存，这种米酒是用稻米、水果、蜂蜜一起酿造的。据说他还与"角头鲨"发酵坊合作，重新酿造了这种米酒，取名为"贾湖城"。我们现在还知道仰韶时代的尖底瓶很可能是用来酿酒的，学者们很早就注意到尖底瓶的形状与酒字的右半边"酉"很相似，近些年的残留物分析则进一步对此加以了证实。基本可以这么说，新石器时代早中期，中原地区的中国人已经开始喝酒了。

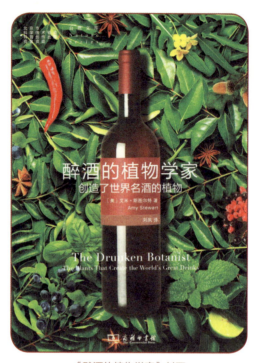

《醉酒的植物学家》封面

麦克伽文还在伊朗史前的陶器上发现过大麦啤酒的遗存，年代为公元前3400年至公元前3000年，按他的说法，这种啤酒已经与我们现在所饮用的啤酒没有太大的区别了。大麦栽培的历史超过万年，尤其重要的是，按照该书的作者艾米·斯图尔特的说法，大麦是发酵师最好的朋友，所有的谷物中，大麦是最适合发酵的，它甚至能够促进其他谷物发酵，让人们从那些稀奇古怪的植物中鼓捣出让人沉醉的酒精来。由此看来，啤酒的历史显然可以更早。

读这本书一个茅塞顿开的发现就是能够酿酒的植物很多，人类最早驯化的生物可能不是谷物，而是酵母。只要植物中含有淀粉与糖分，理论上都可以酿酒。酵母可以把淀粉分解为糖，同时，它还会吃掉糖，排泄出两种废物：酒精与二氧化碳。斯图尔特说："我们必须承认酒水店里面卖的东西从化学成分上说几乎就是数以亿计的驯化酵母的茅坑，只不过是用贴着高价标签的漂亮瓶子包装起来罢了。"呵呵！好酒者读到这里不知有没有倒胃口？当酵母分泌出酒精之后，它也就为自己掘墓了，因为当酒精的浓度达到 15 度时，就会杀死酵母，因此在蒸馏术发明之前，没有人尝过比啤酒或果酒浓度更高的酒饮。

酵母是无处不在的，生活我们的体表与体内。它可以飘浮在空中，聚集在水果的表皮上，希望在此获取糖分；它还存在于我们的口水中。所以，酿酒的时候加入水果有助于发酵过程，实在不行，就咀嚼一点东西吐在里面，尤其是酿造玉米酒或木薯酒的时候，过程简单而粗暴。总之，酿酒是个自然作用的过程，我们不用操心，只要有原料，酿酒就不是一个问题。

当然，对于最早的酿酒者而言，可能还有个问题需要解决，那就是容器。陶容器是不是酿酒所必需的呢？显然不是，在西方的酿酒史上，最不能离开的容器不是陶器，而是橡木桶。橡木特有的品质能够让酒进一步发酵，赋予酒更佳的风味。用简单的石器工具是否能够制作橡木桶呢？这也不是一个问题。把一截足够粗大的橡木剜成木桶，方法并不复杂，用火烧，用工具刮，交替进行，就能做出橡木桶来。苏格兰威士忌的特殊颜色与风味就跟橡木桶炭化的内面有关，以至于现在还把用现代工艺制作的橡木桶再烧一烧。除了橡木，中国南方多有竹子，用来酿酒也很合适。美洲地区有葫芦、瓠子一类的植物，它们可以用作容器，这是美洲地区最早驯化的植物。考古学家认为它们的驯化可能与礼仪活动有关，如用来装上石子，摇动时可以产生响声。我很怀疑这一点，礼仪活动最不能缺少的就是酒了。它们是可以用来酿酒的。简言之，容器对于早期酿酒者而言不是一个问题，即使没有陶容器，没有金属工具。

　　我们真正需要解释的也许是人类为什么要喝酒？进化心理学认为这可能是因为人类好吃成熟的果实，而成熟的果实往往轻微发酵，已有酒味。BBC 的纪录片《最美的动物》就拍摄到非洲的猴子（可能是狒狒）、大象、长颈鹿、鸟等醉酒的场面，它们吃多了一种成熟的果子，然后就东倒西歪，憨态可掬。人类祖先自然免不了如此，这种酒足饭饱的感觉应该不错，于是我们的祖先就记住了，酒足的时候也必定会饭饱。如果是这样的话，人类"喝酒"（大自然的酿造）的历史就悠久了，至少可以追溯到我们数百万年前的灵长类祖先。然而，进化心理学只能解释人类对酒的偏好，而不能解释后来人类发展出来的一系列文化行为。

　　狩猎采集社会中，多有萨满（或称巫）这种能够穿越人神天地的角色，他们往往会用一些麻醉品，包括酒饮，让自己进入一种仿佛神鬼附体的状态，做出预言或给人治病。这些人是医生、哲学家、科学家乃至艺术家的前身。有理由相信他们在酿酒方面会花些心思的，欧洲历史上最好的葡萄酒就来自修道院。如果这个推论能够成立的话，人类有意识喝酒甚至酿酒可以追溯到有萨满的时代，也就是人类相信实体世界之外还有冥冥的力量存在（另外一个世界）的时代，这也就是我们通常所说的现代人时期。其物质标志就是艺术品的存在，目前可以追溯到距今 7 万多年前。

为了仪式喝酒是为了解决人类社会一些根本性问题，现代社会我们面对绝大多数问题时求助于科学，少数如人生无常之类的事仍需求助于宗教，史前时代科学、宗教都处在萌芽状态，但是这些萌芽仍然给人类的生存与发展提供了重要的动力，虽然我们现在看到那些处在沉醉状态满嘴胡言乱语的巫师或萨满有些可笑。那些混合着原始智慧的言语再经过群体的解读，可以为群体的关键行动决策提供依据。人类由此在旧石器时代晚期迅速扩散到了全世界，进入了各种生境之中。没有几分癫狂，人类不会如此冒险，闯入那些陌生的区域。从这个意义上说，酒饮促进了人类社会的演化。

进入农业社会之后，人类喝酒更方便与频繁了，谷物可以用来酿酒。目前考古学家争论的一个核心问题是，农业究竟是为了吃饭还是为了请客吃饭？若是为了请客吃饭，喝酒是免不了的。酒是人际关系的润滑剂。宴飨之时大家共饮一壶酒是我们在民族志中经常看到的场景。从仪式性喝酒到社会性喝酒，这是一个重大的变化。宴飨促进了社会权力的分化，社会阶层形成，人类社会逐渐复杂化，更进一步发展就是国家了，也就是所谓的文明。谷物的祖本在不适合吃的时候就适合酿酒，如粟的祖本青狗尾草。我有位学生做过实验，发现收割狗尾草只能待它不大成熟的时候，否则种子都脱粒落掉了。即便是这些半成熟的狗尾草，加工起来也很不容易，长长的穗芒不好处理，费时费力也吃不到多少内容。如果这些收割下来的带茎干的狗尾草用来酿酒，倒是很合适的。茎干之中含有糖分，种子之中含有淀粉，加入一些成熟果子、蜂蜜，自然会发酵，得到酒饮。按照宴飨理论，请客吃饭实际上是不会吃简单粗糙的食物的，所以吃那些还不成熟的谷物不大可能，必然追求肉食，尤其是大动物的肉食。大块吃肉，大碗喝酒，这可是豪杰们的情怀。通过喝酒来烘托某种气氛，结盟或是挑事，社会变得更加复杂。为了一年一度的"节日"，免不了要扩大生产，社会复杂后社会分工加剧，农民开始出现，虽然还有猎人、渔夫，采集依然在进行。

喝酒的进化似乎并没有止步于农业社会的社会性喝酒，到了工商业社会，个体崛起，西方兴起了酒馆文化，一个人没什么事也可能把自己灌醉。当然，酒馆更主要的目的还是社会交往，只是酗酒这种前所未有的事情出现了。农业出现之前狩猎采集时代，什么都是神，人喝了酒之后，可以穿梭其中。农业出现之后，神明也比较固定了，喝酒多围绕社会事务进行。工商业社会，喝酒围绕个体进行，所以也就有了酗酒，与此同时，这个时代的人们把神明落在了自己身上。米兰·昆德拉讲"生命不能承受之轻"，其实从这个意义上说，还是不能承受之重。酒作为贯穿了人类文明的东西，似乎从催化剂变成了它的反面，这些也许是进化的另一面了。

通天洞归来：文化现代性的思考

当代旧石器考古、当代考古学甚至当代科学的一个核心问题就是人类的由来。这个问题进一步细分为两个较大的问题：一是最早人类的起源，目前我们大体知道最早的人类起源于非洲，从南方古猿演化而来，但是究竟是哪一支（种）猿人是我们现代人的祖先，仍然众说纷纭。另一个问题争议更大，那就是现代人的起源，流行的假说认为解剖学上的现代人距今大约二三十万年前后起源于非洲，距今大约十万年前后扩散到了西亚，距今四五万年前后扩散到了东亚与欧洲，并且替代了当地的土著人种，如在欧洲，解剖学上的现代人（简称现代人）取代了尼安德特人（简称尼人）。20 世纪 80 年代这个学说刚刚提出的时候，观点比较极端，认为解剖学上的现代人与尼安德特人之间没有基因上的交流。2010 年以来，新的研究显示，现代人与尼人之间存在混血，不过尼人的基因贡献比较小。

这些研究立论的基础并不是考古学研究，而是分子生物学，它基于某些基因片段稳定遗传，如 Y 染色体或 mtDNA，进而从现代向远古追溯，并根据一个假定的生物钟来确定起源与分化的年代。分子生物学的研究无疑对旧石器考古学的研究提出了巨大的挑战，它立足于精密的科学分析，预设的前提明确（你尽可以批评质疑）、研究过程可重复、观点鲜明。加之分子生物学是一个庞大的科学领域，技术更新迅速（如PCR扩增技术的成本急剧下降），国际交流基本没有障碍。相比而言，旧石器考古领域有关的前提预设往往并不明确，研究过程很难重复，几乎无法检验（没有考古学家能够回到史前时代去检验不同的观点）；另外，由于研究历史以及材料本身的特征，旧石器考古研究的国际交流也存在困难，虽然它可能是考古学领域中国际化程度最高的领域。

旧石器考古研究中所看到的现代人起源并不明显，或者说并不是所有的地区都很明显。目前，考古材料与研究基础最好的欧洲中西部地区大致可以看出奥瑞纳工业替代了莫斯特工业，在法国南部、西班牙北部还可以看到诸如沙特尔佩龙这样的过渡期工业。这里，奥瑞纳工业代表现代人，莫斯特工业代表尼人，沙特尔佩龙工业代表尼人对现代人的模仿。尼人在这个地区一直留存到距今3.3万年，甚至有可能距今2.8万年。其他地区没有这么好的考古材料与研究基础，取代的过程并不清楚。我们可以确定的是，现代人在距今4万年前后到了澳大利亚，距今1.5万年前后（很可能更早）进入美洲，这些地区之前是没有人类居住的。一般认为，现代人可能在距今5万年前后到了东亚地区。

当然并不是所有人都同意这个从分子生物学研究中得到的替代方案，有一批古人类学家如沃尔波夫与吴新智就提出并不存在什么替代，认为现代人（或称晚期智人）是从当地的早期智人乃至直立人连续进化而来的，进化的过程中附带有杂交。他们立论的基础是古人类化石上体现出来的体质特征的连续性，如蒙古人种的铲形门齿；在石器材料上表现为连续的技术传统，就好比中国华北地区从旧石器时代早期到晚期一直存在的小石器传统，南方地区则表现为砾石石器工业，也是从旧石器时代早期到晚期，一脉相承，并没有看到什么替代。

两种观点——替代与连续进化，都有自己的立论依据，考古材料的事实存在让人很难否定哪一种观点。仿佛问题还不够复杂似的，20 世纪 60 年代宾福德与博尔德之间还有一个著名的争论，我们称之为"莫斯特难题"，可以说是旧石器考古领域的哥德巴赫猜想。博尔德根据对法国多尔多涅地区石器组合的详细分析，认为存在四种莫斯特技术传统，他进一步提出这可能代表四个不同的人类群体，也就是说石器的技术传统可以代表不同的族群或人群。宾福德则认为同一群人不同的活动也可能导致不同的石器组合。他对 20 世纪 60 年代末 70 年代初到阿拉斯加的努那缪提人（爱斯基摩人的一支）进行了系统的民族考古学研究，发现努那缪提人在不同的生命周期中会利用不同区域，居址存在明显的功能差异；他们还会根据资源状况灵活地改变社会组织形态（与之相应的是聚落或居址形态），由此同一群体在不同地点会留下差异显著的物质遗存。宾福德从功能的视角说明，石器组合可能不能代表人类群体。或者说，他更关注人类群体如何适应环境，如何应对环境的挑战，以及为什么人类能够成功。

旧石器考古学家所专门研究的石制品究竟能够说明什么呢？代表人

群？代表人类适应？抑或兼而有之？类似的问题其实也存在于新石器时代考古中，也就是所谓"考古学文化"的问题，一支考古学文化是否指代一个族群呢？或者反过来说，我们何以可能界定一个族群的物质文化呢？这些都是史前考古领域基本的概念问题，也是史前考古学家的前提预设问题。跟分子生物学家一样，史前考古学家也需要借助一些前提预设来开展研究，如假定一个石器的技术传统或考古学文化能够指代一个人类群体单位，这样的单位具有社会学的意义——代表某种意义上人们的社会活动范围，有时为了简便，我们也称之为"族群"。当然需要指出的是，这里所说的族群跟我们当代在民族意义上所说的族群并不对等。

现代人起源的替代假说所说的不仅仅是人群，更是物种层面的替代，即一个优势物种彻底替代了另一个劣势物种。近年来，这个假说有所退让，承认现代人走出非洲之后与当地土著存在混血，但当地人种的贡献非常少，如欧洲的尼人、中亚的丹尼索瓦人，他们的基因都在现代人中有所发现。目前在中国的旧石器时代晚期周口店田园洞遗址人类化石中提取到了 DNA，分析显示属于现代人，但与非洲种群已有所区分，表明分化应该更早。中国目前还没有从更早时期的人类化石中提取到DNA，如果能够提取到早期智人化石的 DNA，也可能如尼人与丹尼索瓦人一样，少量地贡献了现代中国人的基因。

分子生物学的演化还需要得到古人类学与旧石器考古研究的支持，然而当前最矛盾的地方就是这三种证据并不一致，其中分子生物学的观点最极端，那就是替代，至少也是有少量混血的替代。古人类学的证据相对保守一些，因为在中国发现的直立人、早期智人到现代人化石上存在着某些非常一致的体质特征。最保守的可能是旧石器考古学，因为我们在中国旧石器时期石器组合中看到所谓现代人的到来，华北与南方的旧石器时代石器工业从早到晚基本一脉相承，跟非洲、欧洲、西亚并不相同。如果分子生物学的假说是正确的，那就意味着现代人进入中国之后，采用了当地的石器技术，但替代了使用这种技术的土著人种。这听起来也让人觉得匪夷所思。这同时说明人类的生物进化与文化进化是脱节的，更进一步说，旧石器考古学的研究存在严重的问题，我们所研究的石器技术组合跟人种没有联系，不同人种可以采用同样的技术，同一人种也可能采用不同的技术。

然而，问题之复杂超乎想象，说石器技术组合与人种没有关系也似乎是一种极端的观点。最近去看了新疆吉木乃县的通天洞遗址，这个遗址经过细致的发掘，发现了早于距今 4 万年典型的莫斯特石器技术组合，包括典型的莫斯特尖状器、勒瓦娄哇技术等，跟欧亚大陆西侧的典型的莫斯特技术具有很好的可比性。通天洞遗址位于新疆阿尔泰地区中哈边境地带，离丹尼索瓦遗址并不是很远，中亚地区也发现过尼人的遗址。按照欧洲的石器技术分类，莫斯特技术组合是尼人的标志，不同于属于现代人的奥瑞纳石器技术组合。如果这个分类成立的话，我们可以看到尼人深入到了阿尔泰地区。目前内蒙古东部的金斯太遗址中层也发现了类似的莫斯特技术，年代也差不多，这是否意味着尼人一直深入到了内蒙古东部呢？

通天洞遗址（由何嘉宁提供）

通天洞遗址内部（由何嘉宁提供）

通天洞的石器技术组合是否有可能属于现代人呢？发掘中没有发现赤铁矿、装饰品（如贝壳、穿孔兽牙、雕刻、壁画等）、刻划符号等旧石器时代晚期可能出现的遗存，艺术品的缺乏跟莫斯特石器技术组合是一致的，因此，我们似乎可以这么认为，通天洞遗址是尼人的遗留。当然，附近还有丹尼索瓦人，石器技术的主人是丹尼索瓦人也是有可能的。

真正核心的问题并不是这是哪一种人的东西，而是这是一群什么样的人，他们为什么以及如何生活在如此边缘的环境中？共生的动物化石有野驴、棕熊、兔、羊、犀牛（披毛犀？）等，都是草原动物，没有森林动物，表明当时该地的景观还是草原环境。从喀纳斯机场到吉木乃县车程超过 180 公里，一路上经过荒漠、戈壁、沙地、草原、湿地等不同景观，表明即便在大陆性气候框架下，海拔相差不多，自然景观还是存在丰富的多样性的。不过，可以明确的是，这里不是森林，尽管当时的环境条件可能比现在稍好一些，这个判断得到动物遗存材料的支持。

我所惊奇的是，这些远古的狩猎采集者居然深入到了草原地带。按照宾福德的研究，他发现民族志中没有草原地带的狩猎采集者，一例也没有，甚至沙漠地带都有发现，如布须曼人与澳洲土著。为什么草原地带没有狩猎采集者呢？因为历史时期的影响吗？北美地区也没有，大草原的狩猎采集者是后来形成的，欧洲人把马匹带给印第安人之后，部分食物生产者转而成为狩猎采集者。草原地带的初级生产力并不高，但食草动物众多，人类只能依赖狩猎为生，但是这些猎物的移动速度快，高度

通天洞遗址周围多样的景观1（由何嘉宁提供）

通天洞遗址周围多样的景观2（由何嘉宁提供）

流动，人类仅凭步行，很难跟上。但是，骑上马后，人们每天能够覆盖的范围就足够大了，而且马匹还能协助驮运食物，使得人类能够有效地利用草原。也正因为如此，我们在新疆地区看到最多的遗址都是青铜与铁器时代的，此时人类已经能够用马。

　　这是否说史前的狩猎采集者就不能利用草原地带了呢？显然这得不到考古材料的支持。我们注意到通天洞遗址发现有细石叶技术组合的石制品，距今 4 000 年左右，据说这个地区也有距今七八千年的细石叶技术的石制品。细石叶技术分布广泛，从距今 2.5 万年左右在华北地区起源，一直使用到历史时期，整个东北亚到阿拉斯加都有分布。这是一种标准化的，极其轻巧、便于维护、适用范围广泛的石器工具，特别有利于高度流动、面对资源状况不确定的状况，如金斯太遗址的上层就发现了距今万年前后的细石叶技术石制品。在青藏高原上同样如此，全新世大暖期时，使用细石器技术的人们也曾深入到此地。因此，我们可以说，使用细石叶技术的狩猎采集者至少可以季节性地利用草原地带。

　　使用细石叶技术的人们无疑是现代人，更早的时候在这些边缘地带现代人的遗存也有发现，如距今 3 万年前后的水洞沟遗址，这里发现有一些类似勒瓦娄哇技术的石制品，但石器尺寸要小得多，同时还发现了鸵鸟蛋皮制作的装饰品。按照替代假说，尽管水洞沟与通天洞、金斯太在石器技术上一定的渊源关系，但是在人种上却迥然不同。有趣的是，水洞沟后续石器技术类似于华北地区的小型石片，再后就是细石叶技术。而这些技术在中国南方极为罕见，偶尔见到的年代已经进入了全新世。现代人在石器技术上惊人的多样性不仅仅体现在石器技术本身的面貌上，还见于所分布环境的多样性。这导致我们产生了两个问题：一是石器技术组合能否指代人群，如果它真的只是适应的产物，那么通过它来探讨人群迁徙就是不合适的；二是现代人石器技术上的多样性是否与旧石器考古学家的研究相关，比如说旧石器时代晚期的石器技术基本都是石片技术，只是经过考古学家进一步的细分之后，才呈现出不同的石器工业，这些区分彰显了差异，其实共性才是主要的。

通天洞出土的石器（由何嘉宁提供）

　　仅从石器技术的分布来说，我们注意到现代人的分布范围更加广泛多样，相反，尼人的分布要更加局限，甚至是特化。尼人似乎偏好一种冰缘环境，从欧亚大陆西侧一直延伸到东侧，他们是强壮的也是成功的猎手，又是熟练的石器制作者，他们还能利用外来原料，有时甚至可能有一些模仿现代人的行为如埋葬。无论如何，尼人的确是灭绝了，为什么他们会灭绝呢？从他们所生存的环境似乎可以看出一些端倪。他们很适应寒冷的气候，主要依赖狩猎为生，冰缘以南的苔原、草原以及森林地带生活着一些大型食草动物如披毛犀。因为生活环境的气温低，他们需要高热量的食物才能与之抗衡，狩猎是不二的选择。毫无疑问，这不是一个高生产力的环境，初看起来，动物成群，但是分布范围极大，流动迅速。因此，尼人也要分散开来，随之流动。如果动物群的分布更加稀疏的话，尼人群体之间的距离势必增大。按照甘博的说法，尼人没有如现代人那样的社会技能，他们的社会关系还需要依赖面对面的交往，而现代人通过发展象征符号，能够有效地扩展社会网络。可以想象，当尼人在广阔的原野上稀疏地扩散开来，他们又无法与远方的群体保持稳定的联系，寻找配偶将成为非常困难的事，其灭绝也就只是时间的问题了。

　　这个解释至少是能够自圆其说的，问题是，尼人明明知道扩散开来对自己不利，为什么还要自寻死路呢？再者，为什么尼人就不能如现代人那样发展出象征符号从而扩展自己的社会网络呢？考古学家对前一个问题有万灵的回答，人口增加与环境恶化，资源密度降低，所以不得不扩散。其实还有一个可能，尼人非常适应冰缘环境，现代人来自热带地区，无法与之竞争，所以尼人一直生存到距今 3 万年前后。现在有个说法，来自热带的现代人带来了尼人无法抵御的疾病，就像殖民时代欧洲人带给美洲印第安人的疾病一样，给尼人带来了毁灭性的打击。只是当时人口稀疏，传染病要流行起来并不容易，传染的链条很容易断掉。疾病是一个有效的武器，只是目前还没有明确的证据。

关于后一个问题更难回答，就像追问历史上中国为什么发明科学一样，尼人可能并非不能发明象征符号，只是他们没有机会这么做，后来现代人来了，逐渐侵占了尼人的生活空间。再者，现代人在非洲生活了超过十万年才开始扩散，他们在非洲时就已经具有这种能力。这段发展历程也是尼人所缺乏的。现代人在非洲曾经遭受了灭顶之灾，整个种群几乎到了濒临灭绝的边缘。"置之死地而后生"，现代人走出了险境。而尼人似乎没有这样的遭遇，他们身体强壮，高度适应其环境，但是适应导致了特化，他们失去了发展象征符号的机会。

旧石器考古学家是否都是"环境决定论者"呢？这个过程究竟如何，目前还不得而知，米森（Mithen）提出一个教堂模型，一个厅堂周围围绕着几个耳室，分别代表不同的智力，只有现代人打通了不同耳室之间的间隔，中间厅堂扩展，升华为一种全新的智力形式。这听起来有点如武林秘籍中打通了任督二脉，或如佛家的醍醐灌顶。不幸的是，这个美好的模型在石器遗存上很难看到直接的证据，最后仍然需要借助象征符号来说明，于是就形成了循环论证，象征符号需要升华的智力，升华的智力产生了象征符号。

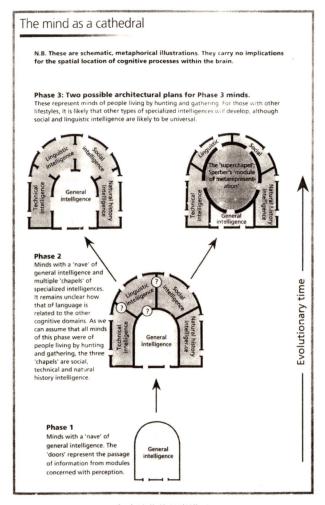

智力演化的教堂模型

资料来源：Steven Mithen. *The Prehistory of the Mind*. Thames & Hudson，1996：67.

通天洞是一处漂亮的遗址，它位于一个地质公园内，这里球状风化的花岗岩形成了千奇百怪的形状，有的如城堡，有的如动物，有的如人脸。洞外是如茵的草地，湛蓝的天幕下，粉红的岩石、鲜绿的草地、凉爽的微风，让人心旷神怡。遗址的海拔 2 000 米左右，北京还在开空调的时候，这里已经需要穿毛衣了。讨论会上大家都提到开发利用的问题，但是会下又提到另一个问题，这里冬季漫长，大雪封山，公路会被狂风吹积的雪花覆盖，交通隔绝，维护成本难以承受。想象一下，四五万年之前，尽管气候可能比现在（已是冰后期全球变暖的背景）更温暖，但是冬季照样是严酷的，人类要在这里生存是难以想象的。站在洞顶四顾，没有一棵树，人们烧什么呢？通天洞发现了两处非常清晰的火塘，也许通过炭屑研究能够了解古人究竟烧了什么。

如果人们只是夏季来到这里，那就意味着这些人群需要在广阔但贫瘠的原野上迁移。尽管我们可以想象尼人耐寒能力超强，但是他们终究不是依赖皮毛御寒的恒温动物。他们需要经常狩猎获取肉食，还需要有生火能力，这样才能生存下来，然而这在四五万年前并不是很有保证的事情；更何况还有前面所说的繁衍问题，的确，尼人在这种边缘环境中的生存压力巨大。从某种意义上说，他们选择了一个容易导致灭绝的生存环境。

回顾历史，我们也看到了许多族群的消失，原因也是多种多样的，这方面人类学家提供了许多材料，《复杂社会的崩溃》讲的就是这些内容。复活节岛上的人们因为过度利用有限的岛屿资源，最后消失了；塔斯马尼亚岛的土著因为殖民者的屠杀消失了；美洲的土著因为疾病、战争与恶劣环境人口急剧减少……早期智人阶段，全球可能存在多样的地方种群，如尼人、丹尼索瓦人，中国有金牛山人、马坝人、大荔人、许昌人（他们是否属于同一种群尚不得而知），后来从非洲起源的现代人占据了主导地位，当然土著人群或贡献基因，或贡献文化，都融入到当代人类的基因库与文化传统之中。如同历史上农业生产（包括畜牧、游牧等）取代了狩猎采集一样，工商业同样在取代农业后成为构建社会组织形态的主导因素，我们称之为"现代化"。我写过《史前的现代化》一书，讲中国农业生产的起源过程。这里我们所谈及的是另一次现代化历程，我们不知道是否应该将之称为"行为的现代化""文化的现代化"，抑或其他的名称？

学界常用"行为现代性"（behavioral modernity）一词，而我可能更愿意称之为"文化的现代化"，行为毕竟是表象的东西，"文化"具有一定的模糊性，足以包括现代人在行为、心智、物质技术、象征符号等方面所发生的变化。文化既可以是物质层面上的，也可以是精神层面上的。从旧石器考古层面上来说，只是在旧石器时代晚期，我们才有可能运用诸如"考古学文化"这样的概念。不足之处就是这个概念用得有点太多，容易产生歧义。无论如何，文化是人相对于其他动物而言最本质的特征，我们的研究就像画圈圈。当研究对象还不大明确的时候，需要画一个比较大的范围，随着研究对象的明确，圈子就越画越小。文化是一个大圈圈，随着我们研究的深入，相信这个圈子会逐渐缩小的。要知道一百多年前我们都不知道生命为何物，后来我们知道了细胞、DNA，才知道生命并不神秘。也许在不久的将来，我们会弄清楚心智的本质，弄清楚现代人的分支演进如何形成，弄清楚文化的现代化何以会出现。

很困难的问题，是关系到人之本质的问题，也许正因为如此，才值得追求，才值得期待！

思考精神的起源

文化是人类应对挑战的能力，精神是文化的核心，作为人类早期文化的研究者，如果不探讨精神的起源，似乎是说不过去的。然而，精神又是一个极难探索的领域，至今仍然是人类的奥秘。也正因为如此，对研究者来说，又有着难以抵御的吸引力。探究精神的起源是众多学科都在追求的事业，史前考古研究者也参与其中。这里不敢说能够明确解决什么问题，就此展开思考，以达到启迪的目的，我想还是可以做的事情。

最近看了一部不错的电视剧《特赦 1959》，讲解放后改造国民党战犯的故事，刚开始时，绝大部分战犯都是很抵触的，一个转折点就是抗美援朝战争的胜利。战争初期，几乎没有人相信志愿军能够战胜装备精良的美军，胜利的事实让这些战犯开始思考志愿军胜利的原因。他们总结出其中一个主要原因就是精神，志愿军英勇无畏的战斗精神！但立场比较顽固的战犯黄维对精神不屑一顾，他说：精神能够打仗吗？这种说法不科学么。王耀武则把精神想象成"大力丸"。他们都忽视了志愿军的战斗力的形成是一个长期的过程，精神是在这个过程中形成的，不是什么神秘的药物。这种精神的核心是"人民性"，它是由正义激发出来的认识与自觉，促使每一位志愿军战士在战斗中发挥出积极性与主动性，团结协作，不怕牺牲。他们在长津湖零下四十摄氏度的冰雪中潜伏，为了不暴露在烈火中岿然不动，为了掩护冲锋的战友用身躯堵住敌人的机枪口……这些都是精神的力量！它帮助志愿军克服了武器装备、后勤补给、身体体能等方面的差距。一战定乾坤，世界从此认识到中国人民是不好惹的，在中国沿海架两门炮就让中国屈服的时代过去了。

尽管我们在历史与生活现实中不难理解精神，但是在学术上却很难给精神下一个准确的定义。迄今为止，我们还没有一个专门的学科来研究精神。医学中有精神病的研究，有神经研究；心理学很大程度上与精神相关，研究心智、心灵、意识；哲学探讨思想观念、意识形态，也与精神相关；宗教更是彻底的精神领域。总体而论，似乎可以把既有的研究分为两类：一类是科学研究，即把精神实体化、行为化，从客观的角度展开研究；另一类是人文研究，注重研究者自身的参与与体验，关注精神的人文意义。按照前一种研究，精神似乎是大脑特定领域的功能，或是与特定的生物基因相关，研究者试图用药物化学或物理手段改变神经信息传递。这基本是一种还原论的方法，把精神活动还原为更简单的化学与物理活动。现代科学也在不断发展之中，越来越趋向于把精神活动看作复杂系统整体性的涌现，同时也认识到精神活动具有不同的层次。心灵哲学家约翰·塞尔仅仅就如何审视心灵就罗列了十二个重要问题，包括身心关系、他心问题、知觉、自由意志、意向性等等[①]。实际上，精神的内容恐怕还不止这些，它是比心灵更高层次的存在，是一种处在科学与人文交汇点上的存在。虽说不清楚，但可以体会得到。

回到考古学上来，我们研究的是心智、语言、艺术以及宗教的起源。如果把精神理解为能动性的话，那么还包括研究能动性的起源。这些研究无疑都有其合理性，但是于我而言，更感兴趣的是人类为什么会拥有这些东西？泛泛而言，可以把它们都视为进化的产物，不过，进化的方向是奇妙的，为什么进化选择了这些非实体的东西，而不是继续之前的生物军备竞赛呢？比如跑得更快，躲得更隐蔽，让毒素更致命。人类可以向更大体型发展，迫使其他动物退让；也可以向更小型化发展，避免为其他动物发现，但是人类选择了非同寻常的演化路径。人类选择了文化——一种利用外物而非仅凭自身来应对挑战的手段。利用外物来解决问题，并不是人类特有的行为，许多动物如乌鸦、猕猴，甚至是蚂蚁，都有这方面的能力，但是只有人类把这种能力发挥到惊人复杂的程度。人类创造了文化，同时也高度依赖文化。科学史家江晓原说人类被科学技术绑架了，如果要追溯源头的话，也可以说人类被文化绑架了。离开了文化，人类就回到了纯粹的动物状态。

---

① 约翰·塞尔.心灵导论.徐英瑾，译.上海：上海人民出版社，2008.

文化的特征之一是依赖外物，特征之二是社会性，如果人类被文化绑架了，那么也可以说文化被社会绑架了。没有了人类的社会性，也不会有文化。不过，人类本身就是社会性动物，所以，这个特征，只能说很重要，但并不是文化所特有的。人类文化可以积累、传递，尤其是通过语言符号的形式进行。这一特征是根本性的，当然，它与第一个特征，即依赖外物，也是相互关联的。语言符号可以通过外物进行扩展，形成更有效的传递与储存信息的方式。可是这些与精神有什么关系呢？

精神的根本属性是能动性，人作为能动的主体，能够认识、改变自身与环境，这里能动性不仅仅表现为能力，还是主观的愿望。从这个角度说，当艺术品出现的时候，我们可以说精神的根本属性已经基本具备了。艺术是人赋予物以意义，它所赋予的意义往往不是物品本身的功能意义，比如把一根削尖的木头当成神祇，当成好像人一样的存在。人们可能赋予山川、河流、草木乃至身边所有能够感知的物以某种特殊的意义，人们就生活在这样一个充满意义的世界中。意义的世界来自真实的世界，但并不等于真实的世界，它是人认识与创造的世界。

人类总是游走在两个世界之间，尤其是在狩猎采集阶段。西伯利亚的尤卡吉尔猎人在猎取麋鹿的时候，模仿麋鹿的动作与声音，吸引麋鹿过来，然后猎杀它们。当你问这位猎人的时候，他说他看到了唱着歌的美丽少妇，如果随她而去，他将必死无疑，所以他射杀了她（这头鹿）①。这是狩猎采集者常见的万物有灵论。人和动物从各自的视角可以互相进出并暂时取代对方的身体。万物有灵论有什么意义呢？现代学者将之视为狩猎采集者的哲学，将其看作狩猎采集者处理人与环境关系的方式。在我看来，这种意义的相互渗透激发了人类的能动性，对尤卡吉尔猎人来说，不为猎物的外表所迷惑，把握猎物自身的视角，是成功狩猎的关键能力。

在狩猎采集时代，人类成功狩猎的前提除了有效的工具，就是充分了解动物的特征与习性。而最好的了解就是切身参与的理解，把动物也当成人，把人也看成动物。生活在现在的人们习惯了采用科学的方式，也就是笛卡儿式的世界观，把人与物、身与心截然分开，排除主观的干扰。而在人类还没有科学的时代，参与式的、打通关联的方式，更加有效，毕竟那个时候无法做实验，无法做出量化的模型进行比较。某种意义上说，人类把自己赋予意义的世界看作模型，人类在行动前，可以基于这样的模型进行比较。猎人在意义的权衡中做出决定，然后采取行动，就像尤卡吉尔猎人那样，猎人可能认为自己在参与一场与魔法斗争的游戏，实际发生的是他在猎杀一头麋鹿。

这个例子说明了精神存在的状态与意义，但仍然无法解释为什么精神会起源。按照考古发现，我们现在确知，距今7万多年人类

---

① 拉内韦尔斯莱夫. 灵魂猎人：西伯利亚尤卡吉尔人的狩猎、万物有灵论与人观. 石峰，译. 北京：商务印书馆，2020.

有了艺术品。我们还知道，艺术品大体可以说是现代人所独有的特征，尼安德特人的遗址偶尔也发现类似艺术品的东西，不过考古学家怀疑这是尼安德特人在试图模仿现代人，尼安德特人最终也没有掌握艺术能力就灭绝了。生物学家似乎找到了属于这个时期的基因突变。但不论是考古发现还是古 DNA 研究，都不能揭示精神出现的缘由与机制。就依赖外物而言，人类在距今 300 多万年前就已有石器技术，并且不断发展，越来越精致，越来越复杂。人类至少在距今 50 万年前就已经开始用火。大约在距今 30 万年前后，现代人起源，其标志就是语言能力。有了石器技术，有了火，而且还有语言沟通能力，人类已然站到了地球食物链的顶端，老虎、狮子等顶级食肉类动物也可能成为人类的狩猎对象。在这样的情形下，为什么还需要精神呢？精神对于人类仿佛烈火烹油、锦上添花般的存在。

当人类拥有语言能力的时候，也就某种程度上拥有了使用符号的能力，就需要给予某些物以名称，这样才可能进行有效的表达。从这个角度来说，赋予物以意义是语言发展的产物。有趣的是，赋予的意义有直接的，还有间接的，前者好比名称，后者指的是名称所暗含的。狮子是名称，同时也是凶猛的代名词，后来用来辟邪，代表祥瑞。直接的意义是有明确所指的，间接或衍生的意义是附加上去的。这是不是说精神是语言发展的副产品呢？人赋予物以意义的过程是能动性的体现，意义渗透的世界反过来影响到人的认识与行动，这形成了精神的作用过程。

　　说到这里，我想到人类的自杀现象。自杀是人对自己存在意义的全部否定，也就是说，活着没有意思（意义），不如死掉。意义是人赖以生存的理由，失去了意义，人也就失去了活下去的理由。心理学家弗兰克二战期间曾经被抓进了纳粹的集中营，生活在那里是朝不保夕，随时都可能死亡，不少人选择了放弃，开始不吃不喝，躺在自己的排泄物上也无所顾忌。弗兰克做的一项工作就是帮助大家寻找活下去的意义，告诉大家也许他们的父母或孩子还生活在世上。如果说意义（精神）对于人类生存如此重要的话，那么它为何只是作为副产品存在呢？意义是维系人的世界的纽带，把不同的人、不同的物、不同的事都联系起来，打破人与人、人与物、人与事之间的隔离，建立起围绕人本身的世界，也就是确立了人本身的主体性。

　　精神是以人的主体性为基础的。意义赋予的过程就是确定人之主体性的过程。这个过程似乎仍然与语言的起源密切相关。但是，目前的考古证据显示语言起源与艺术起源之间相差超过 20 万年，还有一个更让人难以理解的证据就是，旧石器时代晚期革命发生的年代距今仅仅四五万年前。直到这个时候，人类才扩散到全世界，才真正替换掉欧亚大陆的土著人种，才真正出现一套形式比较特殊的物质文化。就好像是植物的生长一样，种子发芽、开花，最后结果，可以分为不同的阶段。语言的起源就像是发芽，艺术品的出现属于开花，旧石器时代晚期革命属于结果。一脉相承，但形式有所不同。

的确，人类的精神是不断发展的，从狩猎采集时代常见的万物有灵论，发展到农业时代常见的宗教，如佛教、基督教、道教等。从发展的过程来理解精神起源，可以看到不同的发展阶段，其最早的源头似乎是语言的起源。

然而，在生活实践中，我们能够深切地感受到意义之于人生存的必要性，而考古学的追溯似乎要把精神当作语言进化的副产品。无疑，两种认识是矛盾的。考古学家克里夫·甘博等更进一步认为语言演化是人类社会生活进化的产物[①]，这就把精神的源头又延伸到了人类社会生活之中。当然，仅有社会生活是不够的，必须是依赖外物的社会生活，而人类依赖外物的历史有数百万年。如果是这样的话，精神的源头就更加久远了。

总而言之，我们可以肯定的是，精神是人类进化的结果。它与人的关系也是不断进化的，就像当代人类高度依赖科学技术一样，人类有了文化之后，就高度依赖文化；有了精神之后，就高度依赖精神。从这个角度来理解精神的起源与重要性，似乎能够自圆其说了。

---

① C. Gamble, J. Gowlett, R. Dunbar. *Thinking Big: How the Evolution of Social Life Shaped Human Mind*. London: Thames & Hudson, 2014.

瘟疫的考古学思考

史前时代的瘟疫事件

数年前，我作为成员参与到内蒙古通辽哈民忙哈遗址整理与研究的国家社科重大项目中，负责石器分析工作。因为这个原因，比较详细地了解了哈民忙哈遗址的情况[①]。这个遗址以发现大量集中出土的人骨而闻名，最集中的一座房子里，发现了 97 具人骨，不同年龄段与不同性别的人都有体现，底部尸骨有摆放的痕迹，上面的比较凌乱，房子有焚烧的迹象。经过数次发掘，已发现的人骨有两百余具。有关如此大量

[①] 哈民忙哈遗址位于内蒙古科尔沁地区腹心地带，2010、2011 年两次发掘，共清理出房址 43 座、墓葬 6 座、灰坑 33 座、环壕 1 条，累积发掘面积 4 000 余平方米，初步探明遗址总面积约 10 万平方米。遗址年代为距今 6 000~5 000 年。哈民忙哈遗址内发现大量凌乱堆弃的人骨，尤其集中分布在几座房址内，场面极为震撼。可鉴定人骨材料显示各个年龄段的个体都有，以中青年为主，而不是新闻媒体中经常报道的以妇女儿童为主。其死亡年龄的分布模式与鼠疫较为一致，即接触者才会感染，不论年龄与性别。相关信息可参考：内蒙古文物考古研究所，科左中旗文物管理所. 内蒙古科左中旗哈民忙哈新石器时代遗址 2010 年发掘简报. 考古，2012（3）；内蒙古科左中旗哈民忙哈新石器时代遗址 2011 年发掘. 考古，2012（7）；朱泓，周亚威，张全超，等. 哈民忙哈遗址房址内人骨的古人口学研究——史前灾难成因的法医人类学证据. 吉林大学社会科学学报，2013，54（1）；周亚威，朱泓，吉平. 内蒙古哈民忙哈遗址人骨鉴定报告. 边疆考古研究，2012（2）。

哈民忙哈遗址 F40 人骨堆

图片来源：国家文物局 . 2011 中国重要考古发现 . 北京：文物出版社，2012.

人口突然死亡的原因，我从石器分析的角度进行过解释（《人类学学报》
2016 年第 4 期）。哈民忙哈先民的石器工具中，农业工具非常少，倒是
有类型丰富的食物加工工具，表明其食物来源多样。挖掘工具只有石镐
一种，形体修长，使用条痕非常清晰，显示经常挖掘沙土，实验研究显
示它适合挖掘的深度是 30～50 cm。基于石器工具组合以及其他的信息，
我们推断哈民忙哈先民过着一种以广谱狩猎采集兼营少量农业的生活。他
们生活在科尔沁沙地的腹心地带，农业的边缘环境，很容易遇到灾年。可
能是某一年的春夏之交时，因为食物不足，人们挖掘穴居动物的洞穴，捕
食这些动物，由此感染了瘟疫，最有可能是鼠疫，大量人口死亡，剩下的

人仓促埋葬了死者后，迅速撤离。撤离时他们带走绝大部分完整的石器工具，因此我们在研究中看到的完整的、还能使用的工具极少。

　　哈民忙哈遗址是目前国内发现最早的一处因为瘟疫而被废弃的新石器时代遗址，年代较红山文化略晚。除此之外，另一处同样可能因为瘟疫而被废弃的遗址是内蒙古乌兰察布的庙子沟遗址[①]，它是魏坚老师早年主持发掘的。这两年因为参与该地区工作的缘故，我开始关注这里的材料。在庙子沟工作站与乌兰察布博物馆看到庙子沟的材料，发现该遗址保留了大量完整的石器工具，与哈民忙哈遗址形成鲜明的对比。我有学生比较过庙子沟与哈民忙哈遗址的废弃过程，发现庙子沟的废弃形态有所不同，庙子沟遗址使用时间比较长，遭遇瘟疫的庙子沟人似乎受到了惊吓，迅速逃离，因此我们能够看到大量完整的物品。庙子沟与哈民忙哈遗址的年代差不多，环境也类似，遭遇的也可能是同样的瘟疫。数年前，《细胞》（*Cell*）上还报道了生物考古学者的研究，他们在欧亚大陆数个遗址中发现了鼠疫的直接证据[②]。

---

① 庙子沟遗址位于内蒙古自治区乌兰察布盟察右前旗乌拉哈乌拉乡，因地处小地点庙子沟村而得名，北距黄旗海最近距离约六七公里。1985 年至 1987 年，由内蒙古自治区文物考古研究所主持，连续三年发掘，共发现房址 52 座，发现灰坑及窖穴共 130 余座，残灶坑 1 座，墓葬 40 余座。庙子沟遗址的相对年代相当于中原地区仰韶时代的晚期阶段，绝对年代为距今 5 500~5 000 年。相关信息可以参考：魏坚 . 庙子沟与大坝沟——新石器时代遗址发掘报告（上下卷）. 北京：中国大百科全书出版社，2003。

② Rasmussen, S., Allentoft, M. E., Nielsen, K., Orlando, L., Sikora, M., Sjögren, K.-G., … Willerslev, E. Early Divergent Strains of Yersinia pestis in Eurasia 5,000 Years Ago. *Cell*, 2015, 163(3), 571–582. doi:10.1016/j.cell.2015.10.009. 通过欧亚大陆（主要是中亚与西欧）数个遗址出土的人类骨骼牙齿中提取 DNA 分析，发现世界上最早的有关鼠疫直接证据，距今 5 000 年左右，比有史记载的鼠疫灾难至少早 3 000 年。

庙子沟 M6 窖穴中的人骨（由魏坚提供）

庙子沟 M25 居住面上的六具人骨（由魏坚提供）

去年（2019年）秋冬之交，乌兰察布还发生过鼠疫 ①，原因是食用了野兔，病人转院到北京之后，让首都人民着实担心了一些日子。森林草原的交界地带，资源相对多样，但生态环境不稳定，容易出现灾年。20世纪初的关东大鼠疫，死亡五六万人，也是来源于这个地带。

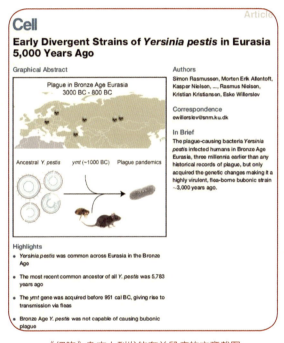

《细胞》杂志上刊发的有关鼠疫的文章截图

---

① 黑死病一般认为主要是腺鼠疫，1348—1720年曾在欧洲历史上反复发生，导致大量人口丧生。它主要由感染了鼠疫耶尔森菌病的啮齿类动物通过中间宿主跳蚤传给人类。人类对这种微生物的免疫力非常差，大多数病人会在6天内出现淋巴结肿胀、淋巴结炎。平均起来，大约60%的感染者会在淋巴结炎出现后1周内死亡。后来随着逐渐发展起来的公共卫生措施而缓解与消失，相对而言，诸如隔离、建立传染病医院，甚至是出现接触传染理论等作用并不大。肯尼思·F.基普尔.剑桥世界人类疾病史.张大庆，主译.上海：上海科技教育出版社，2007：553-555.

瘟疫产生的根本条件与历史阶段

两个史前时代可能的瘟疫事件为考古学留下了保存完好的遗址，让今天的考古研究者能够一睹史前时代瘟疫的影响，也由此可以了解瘟疫产生的条件。瘟疫的传播通常需要三个条件：一是人类接触到病原体；二是有足够集中的人口；三是存在易感人群。病原体是自然本来的存在，如果人类生活在一个相对封闭的环境中，人类或者被病原体杀死，病原体失去传播的途径；人类或者适应了病原体，病原体丧失对人类的严重威胁，所以，封闭环境不大可能产生瘟疫。瘟疫的传播往往来自人类接触到本来不属于人类生活圈的病原体，以关东大鼠疫为例，原因可能因为外来移民捕猎了生病的旱獭。哈民忙哈先民捕食穴居动物，这些动物通常不应该进入人类生活圈的，因为利益与饥饿，人类触碰了自然存在的红线，最终酿成灾难。当然，如果人类人口极少，病原体杀死了感染者，也就失去了传播的可能；或者人口分布极其稀疏，传播也不大可能发生。

但是随着农业起源，人类走向了定居。定居是农业生产的需要，流动则难以开展农业生产（除非游牧）。然而，定居会带来人口的增加，狩猎采集群体因为迁徙流动的原因，往往需要两名幼年子女有足够的年龄差距，一名子女能够自己行走。定居群体不存在这样的困难，生育间隔由此可以缩短。谷物制作的糜粥一类食物可以让婴儿更早断奶，促使生育间隔进一步缩短。农业本身有旺盛的劳力需要，更多的人口意味着可以开垦更多的土地。这样构成一个正反馈，人类人口迅速增加。从民族志材料可知，依赖狩猎的话，每百平方公里所能支持的人口不超过 1.56 人，如果同时依赖狩猎与采集的话（不包括渔猎群体），所支持的人口是 9.098 人。如果要超过这个阈值，就必须有农业。农业可以支持的人口密度可以达到上述的 10~20 倍。如此多的人口定居在同一个地方，这就为病原体提供了极好的传播条件。从这个角度说，瘟疫的大规模传播是与农业起源相关联的。

当然，农业之所以会导致瘟疫传播，绝不仅仅是因为人口的增加与定居的发生，更主要的原因是农业扩散对生态环境产生的影响。最早的农业，以中国华北地区为例，起源于山麓与盆地的边缘地带，当时人类只能利用最容易耕种、最肥沃的土壤。村落稀疏，村庄规模有限，人们的食物很大比例还要依赖狩猎采集，对生态环境的影响比较小。随着农业的发展、人口的增加，人们开始更多地砍伐森林、开垦草地、排干沼泽，闯入主要属于其他动物的生境，接触病原体的机会大大增加。再者，人类长期生活在一个村庄，就会产生大量的垃圾，腐烂的垃圾会污染水源，由此蚊虫滋生，导致疟疾横行；污染的水源还可能导致霍乱。同时，定居农业还导致人类的食谱变得单调，过多的谷物摄入导致龋齿病频发。20 世纪 80 年代考古学家科恩与同事就曾注意到这个问题，随着人类进入农业阶段，身高变矮，身体的协调性变差，人类的营养与健康状况反不如狩猎采集阶段，形成易感人群。这种状况随着农业的进一步发展更加恶化，因为农业促进社会分化，富者产生肥胖的毛病，穷者食不果腹，可能会铤而走险，食用一切能够找到的食物，包括带有病原体的野生动物。

我们是否由此可以说农业就是瘟疫之源呢？显然不是，高度社会性的动物，尤其是哺乳动物，都有可能感染瘟疫，鼠疫本来就是鼠类的疾病，这次在全球暴发的新型冠状病毒肺炎疫情有可能来自蝙蝠，经过果子狸、穿山甲等中间宿主，并且经过变异，才变得让人类容易感染。从某种意义上说，社会性是瘟疫的温床。独居的动物即使感染了致命的传染病，也不会殃及整个物种。然而，人类是一种极端依赖社会性的动物，人类通过社会有了语言、文字、文化乃至文明。同时，因为存在社会性，所以高致病性的病原体才可能传播扩散。相对狩猎采集生活，农业代表更高程度的社会化，不仅能够支持更多的人口，而且需要更多的人口集中生活在一起，因此瘟疫传播的条件更便利。狩猎采集时代是否就没有瘟疫呢？目前考古学上还没有直接的证据，但是就距今三四万年前解剖学上的现代人迅速替代尼安德特人这一情况而言，有研究者就提出一种假说，即现代人把传染病带给了尼人，就像近代欧洲殖民者把天花带给美洲土著，导致土著人口急剧减少一样。尼人由此大幅减少，加之栖居地被现代人分割，无法通婚，所以只能灭绝。总体而言，瘟疫对狩猎采集者的影响是比较小的，主要因为狩猎采集者的人口总量小，密度低，流动性大；另外一个可能更重要的原因，就是狩猎采集者大多数时候生活在自己的生态系统中，不需要也没有能力跨越不同的生态系统，感染疫病的风险因此也比较小。

人类社会应对瘟疫的基本策略

农业时代虽然有瘟疫的威胁，但是我们从历史上看到，人口仍然在大幅度增长。农业时代的医学技术虽然不如现代，但是古人并非没有应对瘟疫的策略。考古学上农业有个名不副实的名称，叫作食物生产（food production），其实农业并不生产食物，而是让动植物生产。农业的本质就是控制，一个更常用的名称叫作驯化。农业发展的理想状态就是农业文化生态系统，一个经典的例子就是中国南方的稻作农业，长期的耕作，控制良好的灌溉，可以形成肥沃的土壤（如鳝血土），稻田养鱼、桑基鱼塘都是生态系统的组成部分，几乎所有的废物都会循环利用，这个生态系统能够做到基本封闭。人们可以在有限的范围内养活大量的人口，

农业文化生态系统：稻鱼混作

图片来源：中国国家地理，2019（10）：246.

中国面积最大、保存最完整的浙江湖州桑基鱼塘

图片来源：中国国家地理，2019（10）：241.

基本不需要侵入其他动物的生态空间。在这样的生态系统中，人们饲养猪、狗、鸡，还有牛，偶尔有羊与马（所谓六畜），所有这些动物都被控制在农业生态系统之中。即便这些动物偶尔也会把疾病传染给人类，但由于长期的适应，最终形成一种平衡（因为易感人群可能很快就被淘汰掉了）。其实除了驯化的动物，农业村落中还有如家鼠、蟑螂、麻雀等依赖人类生活的共生性动物（commensal）。这些动物当然也是疾病传染源。一只健康的家鼠身上平均有 7 只虱子，一旦生病之后，虱子的数量能够达到五六十只，老鼠死后，这些虱子就可能会把人类当成新的宿主，通过叮咬把病菌传给人类。不过，长期的共处，也让人类与这些共生性动物之间形成了平衡。但是如果家鼠接触了野外感染鼠疫的老鼠，就可能把鼠疫传给人类。所以，农业社会的安全取决于农业生态系统的完善程度，当人口超过系统的承载力，或是社会混乱破坏了农业，或是气候变化，农业系统就可能崩溃，封闭的安全屏障就会消失，灾难随之降临。

从狩猎采集、农业再到我们现在生活的工商业时代，人类面临的疫病压力是不断增加的。主要原因是因为人口数量越来越多，密度越来越高，工商业时代的聚落形态是以城市为中心的，尤其是中国的城市，居住密度非常高。研究发现，城市规模越大，社会经济效益越好。高密度的人口能够有效降低交易成本，促进产业规模。不过，瘟疫传播的风险也随之提高。欧洲中世纪的城市吃尽瘟疫的苦头，在商业贸易过程中，老鼠把鼠疫（当时称黑死病）带往不同的城市，并传到乡村，欧洲许多地方当时丧失了三分之一到一半的人口。后来欧洲实行了检疫制度，提高公共卫生水平，黑死病逐渐消失。伦敦也曾经霍乱横行，研究者经过反复对比，最终发现水源污染是根本问题，自来水逐渐成为城市的标配。当然，这些瘟疫并不仅仅是欧洲城市的问题，中国史书上的疫情记载也比比皆是。随着近代科学技术的进步、工商业的发展，城市越来越成为宜居之地。2010 年上海世博会的主题就是"城市，让生活更美好"，中国人人均寿命最长的地方就是三座大都市——香港、上海与北京。城市的安全屏障在于有效地控制各种病原体的源头，自来水让人们远离霍乱与许多胃肠道疾病，排污系统、垃圾处理系统以及其他公共卫生体系把危险控制在人们生活范围之外。初级的食物生产都在城市之外，食物经过处理之后进入城市。管理良好的城市形成一个新型的人工生态系统，进入城市的物品都经过加工处理，废弃的物质同样要经过处理再排出去，大量的物质循环使用。

未来的展望

以上回溯了瘟疫存在的根本原因、主要阶段和基本预防策略。有一些是我们无法避免的，比如社会化，而且社会化还在不断发展，城市越来越庞大，人口聚集与流动的规模也越来越大。但这些都是社会发展所需要的，我们不可能改变，因此，我们面对的疫情风险也就越来越高。有一些是我们可以避免的，比如建立良好的文化生态系统，与野生动物保持距离；强化公共卫生，发展循环经济；等等。当代中国发展迅猛，城市化的比例越来越高，城市在人们生活中的地位也越来越重要。但是城市也是脆弱的，我们就好比把所有的鸡蛋都放在了一个篮子里，管理不善就会带来危险。我们的城市应该像超市的鸡蛋盒一样，它有一个外壳，内部不同鸡蛋之间都有缓冲空间。城市需要建立人工生态系统，而且是可封闭的（至少是暂时性的，由此可能需要发展都市农业），内部不同组群之间应该有足够的缓冲空间。这是我们从人类历史实践中可以总结出来的经验，应该可以代表未来城市发展的一个基本趋势，希望我们的城市规划者与管理者能够汲取这个经验，让人民的生活更加美好！

技术、社会与后果

2020 年 5 月 30 日，通过腾讯会议听了澳大利亚悉尼大学罗兰·弗莱彻教授的"物质性、社会性与后果"（Materiality, Sociality and Outcome）讲座，带来不少的启发。新冠疫情期间的学术讲座很多，网络技术提供了极其有利的条件，我们无须见面，无须场地与经费，几乎不需要限制参会人员数量，就可以举办学术讲座或是学术会议。之所以选择听这个讲座，是因为前一天我刚刚给研究生在考古学理论课上讲了物质性考古，我很想听听西方同行的观点。略微有点遗憾，弗莱彻教授所谓的物质性并不是考古学理论界主流所说的意思，他更多讲的是物质条件，讲的是历史进程中人与物不同尺度的社会关联性，以及由此带来的出人意料的后果。虽然讲座的内容并不是我最初预想的，不过他的思考还是很有启发性的，也促使我思考人在物质条件创造中的精华——技术，以及它产生的后果，也就是它在人类历史进程中所带来的不确定性。

我念研究生的方向是旧石器考古，旧石器考古关注的核心问题是人类的起源与演化。对人类来说，能够使用并制作工具是其成为人的标准，这其中石器的制作尤为重要，旧石器考古的主要研究对象就是石器。目前发现的人类最早的石器，可以早到距今三百多万年前。石器制作技术的出现让人类有了锋利的工具，可以屠宰动物。非洲热带稀树草原地带，也就是人类祖先生活的环境，每到旱季，不少动物会死亡，人类很可能会遇到这样的食物资源。另外，如狮子捕猎后吃剩下的动物骨架，上面也会有一点残肉。如果有锋利的石片，人类就可能吃到肉食（也有人认为运用砍砸工具摄食骨髓更加重要）。肉食是高能量的食物，意味着人类用更少的时间就可以满足能量的需要，剩余更多休闲的时间，可以用于社交、探索（闲暇是发展的基础），这些活动无疑会进一步推动人类的演化。

石器的好处远不止这些，在金属工具产生之前，石器是最坚硬、最耐用的工具，可以用它来加工木棍，做成挖掘棒、木矛，还可以砍伐树木，修建遮风避雨的场所，石器（如手镐）本身也可以用于挖掘。目前发现有些动物也能使用工具，甚至能够简单地加工工具，如黑猩猩能够把树枝修理成合适的形状去钓白蚁，僧帽猴甚至可以生产"石器"——它搬起大石块敲砸坚果的过程中会产生一些石片。但是这些动物使用与制作工具的能力与人类祖先相比还是相差甚远。有了石器，人类就可以说拥有了自然界最锐利、最有效的武器，它比狮子的牙齿更坚韧、更锋利，适应面更广。从这个意义上说，因为有了石器，人类才有了经常食肉的机会，也有了食肉的能力——狩猎。黑猩猩偶尔也会逮住一只红疣猴，撕扯着把它吃掉。如果面对死了两天、已经僵硬的大型动物尸体，没有石器的黑猩猩是没有办法的。石器推动了人类祖先吃肉，也推动了人类去狩猎，由此也必定需要协作、分工、分享……人类的社会性随之进一步发展。这有点类似伊恩·霍德所说的人与物纠缠形成的路径依赖（path dependency）。

就这样，人类拥有了文化、社群、更高效的获取食物的方式，有更多的闲暇去发展社会生活，之后拥有了语言、艺术、宗教，在旧石器时代晚期的最后阶段，人类社会可能有了一定的等级分化。在此基础上，距今一万年前后，农业开始在华北（旱作农业）、长江中下游（稻作农业）、西亚等地起源，人类逐渐掌握了一套新的获取食物的技术，人类历史自此进入了一个新的时代。同样的生存空间，农业所能支撑的人口密度能够数十倍、上百倍地高于狩猎采集。农业还能提供足够多的生产剩余让一些人离开农作专门从事手工业、商业，或是成为专门的战士、巫师，或是成为专门去伺候首领的侍者（奴隶）。我们还不清楚究竟是人口增加导致了农业，还是农业导致了人口增加，或者说两者都是正确的说法。人口的暴增，使社会压力空前增大，社会分层加剧，社会开始复杂化，从简单酋邦、复杂酋邦、早期国家（这里把邦与国区分来看，它们之间存在系统状态的区别；同时认为人类的复杂化进程是多阶段、多模式的）……人类有了"文明"。它的阴暗面是无数的战争，还有剥削与压迫。

农业的产生是一个极为缓慢的过程，这是我们用当代的时间尺度来衡量的；如果从狩猎采集者时代的时间尺度来看，却是极为迅速的。人类以狩猎采集为生，持续了几百万年，结果在短短几千年的时间里，就为农业所取代，这不能不说是一场革命。不过，跟后来的工业革命相比，它完全不像是革命，哪有持续数千年的革命？所以改用"过渡"一词。如今连工业革命也有人称之为"过渡"了，因为它前后持续的时间超过百年，现在似乎还在这个过程中。革命在西方的话语体系中不是一个政治正确的词语，被排斥有现实的原因。另一个更重要的原因，可能是我们采用的时间尺度不合理的缘故。人类技术发展的节奏是逐渐加快的。最早要以百万年为尺度，后来要用万年、千年、百年，如今只能用数十年了。然而，人类身体的演化还是要服从生物进化规律的，生物演化的时间尺度最快也要几十万年（即在人类演化序列中产生一个具有生物学意义的新物种）。可以想象，技术加速更新给生物学意义上的人带来了巨大挑战。我们的身体还是石器时代的，我们的技术早已一日千里。

当部分人类社会还沉浸在农业时代的"世外桃源"梦想之中的时候，工业时代悄然来临。这是晚近的历史，它的前因后果我们了解得比较清楚，这是一系列因素相互作用的结果，前面有文艺复兴带来的思想革命、宗教革命，还有地理大发现推动的经济变革，后面还有政治革命、社会革命等等，最后工业革命首先在英国爆发。工业化的到来，让农业时代最精锐的武装力量——骑射的武士，在机枪、大炮面前陷于彻底的自杀境地，人类杀戮的效率空前提高。在石器出现之前，人类之间最激烈的冲突只能凭借肢体解决，一招致命是罕见的。石器出现后，杀伤力稍有增强，之后有了投射工具，如弓箭、投掷器等，再后进入金属工具时代，杀伤力进一步增强。不过，跟工业时代相比，其危险性还是要小得多。

以前人们玩弄石器，充其量受点皮肉之伤，而今，以美国为例，人们玩弄枪支，每年因为枪支走火就死伤不少人。工业时代人类发明的核武器，可以轻易毁灭全人类乃至整个生物界。谁敢保证这样的大杀器不会走火呢？如果某个核大国遭到偶然的核打击，出于自卫，必定要全面反击，结果可想而知。

技术发展的后果是不确定的。第一个用石器的人绝对想不到这会开启人类生存的新形态。第一个试验农业的人（其实不会有这样的人，因为农业的产生太缓慢了，我们都不知道什么是最早的农业），绝对不会想到以后会有文明。第一个推动工业革命的人，也不会知道工业会带来这样的世界。不过，从另外一个方面说，我们又知道，随着技术效率的不断提高，技术带来的后果是越来越严重，历史进程很清楚地显示了这一点。

技术终究是人的产物，是社会的产物。伴随技术效率提高的是社会的复杂化，也包括社会决策的复杂化。弗莱彻的讲座谈到他长期从事的有关吴哥窟的研究，11—12 世纪时，吴哥窟是一座比当时的伦敦要大许多倍的城市，市中心有三座形制规整、面积巨大的水库，整个城市为大大小小的运河联系在一起。考古研究显示，这座城市使用的时间并不长，不稳定的季风带来暴雨，引发洪水，冲垮堤坝。吴哥窟的宏伟工程制造了难以控制的风险，在洪水事件之前，气候较为干旱，当时的政权动用了巨大的人力物力修建起巨大的水库与运河系统，试图一劳永逸地解决问题，殊不知风险也随之而来。设若当时没有这些工程，洪水事件很可能不会造成如此巨大的破坏，城市也不会被废弃。弗莱彻注意到一个基本规律，城市越大，使用的时间越短；尽管不同城市之间存在较大差异，但是总体上存在难以逾越的极限。

技术通过社会产生作用，更需要关注的是，社会可能会放大技术的影响，尤其是于当代社会而言，技术与社会已经高度融合，成为了技术社会。这样的社会本身就是一个巨大的工程系统，平时我们看到它似乎是无所不能的，上可以登月，下可以给一般民众带来极为富足的物质生活，最有代表性的例子莫过于美国。然而，这样的社会也有它的脆弱性，就在我写作的当下，美国上百个城市发生了骚乱，而新冠疫情正在肆虐，两百多万人感染，上十万人死亡。与此同时，经济学家估计未来几年，经济损失近八万亿美元，目前已有四千万人失业……我们似乎看到了一个完全陌生的美国，怎么会这样呢？那个打遍天下无敌手的美国哪去了？那个无数人心目中的灯塔怎么不亮了？如今有各种各样的解释，从技术社会风险的角度来理解也是可行的。美国是个现代性极强的国家，是个异常发达的技术社会，拥有超强的技术能力。然而，在这些有目共睹的力量背后，同时也要注意到，这个社会是脆弱的。新冠疫情作为一场自然灾难，在这里产生了前所未有的连锁反应，目前还很难预测最终影响的大小，但是作为"后果"而非"结果"的说法是笃定的。

复杂高效的背后蕴含着高风险，从石器、金属兵器再到核武器，非常清楚地显示了这一点。人类即将进入赛博格（Cyborg）时代，当人体的构成部分是机械电子系统，部分是生物有机体，或者对有机体进行类似机器人式的改造，我们将会面临一个难题：究竟该怎么定义人？运用技术改造人的有机体的时候，限度在哪里？赛博格技术对于身体有残疾的人来说无疑是福音，而一旦运用到军事领域，后果则很难预料。赛博格不仅是一种切实的技术前景，我们也可以把它视为一种隐喻——人类所赖以生存的文化就是赛博格。人类自从有了文化，一种超机体的适应世界的手段，就走上了依赖文化的演化路径。这里文化的核心就是技术，技术的效能以控制能量的水平来衡量。过程考古一直就是从这个角度来研究人类过去的，而今我们居然可以继续沿着这个思路去思考人类的未来，也有一点不可思议。

过程考古的思路是简单的，是单一维度的。这也是我为什么认为如美国这样的技术社会虽然强大但是仍然脆弱的主要原因。大自然的生态系统之所以稳定，是因为多样，多样性导致稳定性。回顾中国历史，可能会产生一个疑问，为什么中国历史上统一多过分裂，而且规模还在不断扩大？为什么中华文明能够绵延五千多年？研究中国文明起源的人基本都会承认这其中存在多元一体的格局，中国古人似乎很早就意识到这个问题，而欧洲的先民一直没有解决，至今还是如此。古代中国在政治上维系统一的局面，但并不寻求绝对控制，政治上采用较为灵活的手段，尊重各个地方的多样性，用这些多样性来构建一体性。这种求同存异的包容思维是伟大的文化遗产。它是历史实践的产物，经过历史实践的验证，至今仍然有借鉴的价值。

应对技术社会的风险，必定需要明白所有社会是相互依赖而生存的，需要明白多样才能稳定，需要明白"仇必仇到底"，不是你死就是我亡的思维是不可取的。在技术发展一日千里的今天，我们对技术所产生的后果是很难预测的，但技术终究需要通过社会才能作用于人类，维护一个健康的社会是避免技术后果的有效途径。从这个角度讲，技术问题就是社会问题。而社会问题，其根本还是平衡问题，公平与效率、民主与集中、精英与大众……从来就没有一劳永逸的解决方案。处理这一类问题，需要智慧。技术是否产生后果，是否会导致无法接受的后果，最终都取决于人的智慧。

中　编
农业与文明起源

探讨中国文化基因，最离不开的莫过于中国农业时代与中国文明起源，而农业本身又是文明的基础。中国有漫长的农业时代，其起源可以追溯至上万年前，而且中国史前农业几乎同时起源于华北与长江中下游地区。值得注意的是，除了作物农业，在岭南地区还有一种以根茎种植为中心的热带农业。东北地区虽然没有农业，但是仍然发展出了以渔猎为基础的具有较高社会复杂性的社会。长城之外的草原地带则在农业的基础上发展出来游牧经济……我们经常说中国文明多元一体，其基础是在农业起源时代奠定的，根源深远！距今 8 000 年前后，不同考古学文化区形成，它们就是后来多元文明发展的起始区域：长三角有良渚文明，江汉之间石家河文明，辽西有红山文明……追根溯源，当代中国深受这一万多年来历史的影响，而关于这一万多年，我们拥有丰富的考古发现，可以非常清晰地揭示中国农业时代的发生与发展。这一万多年的后半程，也就是距今大约 6 000 年以来，是中国文明形成与融合的过程。这段历史，直至 1840 年鸦片战争时才被打断。从某种意义上说，要理解当代中国，理解中国文化的特性，就必须了解中国农业时代的开端以及中国文明的形成过程。这是一段辉煌的历史，中国的农业时代是成功的，甚至可以说是幸运的，也正因为如此，中国文明能够绵延 5 000 余年而没有中断。这其中蕴含着我们优秀的文化传统，值得继承与弘扬的文化基因。

回首农业时代

一个时代即将过去，按道理说，要等到这个时代过去之后，才可以回首。人类社会发展不均衡，有的社会已经超越了农业时代，有的甚至还在狩猎采集时代，中国则正处在迅速离开农业时代的关节点上。站在这里，我们既可以旁观，也可以回首与展望。作为考古学研究者，我们的特长就是长时段的考察。长时段的考察会让我们有一种通透的澄明，就像曾经登月的宇航员，站在月球上看地球，瞬间获得了一种超越感。同时，作为一名 70 后，上小学的时候，中国开始改革开放，我亲身经历了时代转折，目睹了翻天覆地的变化，在长时段的理性思考之外，还有切身的体验。于是，我似乎有了理由去回首一个即将过去的时代。回首将让我们看清自己在历史长河中的位置，理解当下正在发生的变化的意义。

就长时段来看，人类数百万年的历史可以非常清楚地分为三个阶段：狩猎采集（或称流动生产）、农业（或称食物生产）、工商业（或称市场经济）。划分的标准是基于人类获取生存与生活资源的方式。上述三个阶段的划分之所以能够成立，就是因为三个阶段的人类社会在不同获取与利用资源方式的基础上，连带着在居住形态（也意味着社会关系）、政治组织、社会管理、意识形态，乃至人自身的发展等方面都存在显著的差异。我们在历史与现实中能够观察到这些差异，尤其是那些表现在实物材料中的证据。作为考古学研究者，我曾经密切关注人类如何从狩猎采集转向农业生产，也就是农业时代的起源；而作为生活在 21 世纪的人，我又目睹了这个时代正在身边迅速消失。三个时代的对比，让我们看到农业时代的特征，了解它留给我们的遗产。

所谓农业，有时又称为食物生产，尤其是后者，其实是一个伪概念，因为农业并不无中生有地真正生产食物，而是让动植物生产食物。农业需要控制土地（包括水源）、人力、动植物，顺应天时，让动植物顺利地生长；在人的控制下，获取与利用相应的资源。农业之前的狩猎采集时代，动植物也在生长，但不在人类的控制之下，人类只能去寻找、去邂逅。尽管人类在迁居的过程中，可能会砍伐树木、播撒种子，如此往复，长期下去，甚至可能影响一个地区的植被，但是人类的行为并不是有意的，也不能控制这个过程。农业时代人类学会了控制，长期的控制导致动植物对人产生依赖关系，最终出现了驯化。于是，这些物种的生存繁衍，再也离不开人类。简言之，农业本身并没有生产什么，农业的本质就是控制！控制物种、控制土地、控制人力，由此，这样的社会必定要以控制关系为主轴来组织。

现代社会也有农业，比农业时代还要发达得多，那为什么我们不把现代社会归为农业时代呢？这是因为现代农业也已经工商业化了。发达的现代农业国家，如荷兰，所有的农业生产都是以市场交换为目的的，而且是以现代工业手段进行的（现代化的温室、灌溉与施肥设备等）。另外，现代农业基本上都需要依靠工商业来补贴。从事农业的人口、产值在现代社会中已经式微。如美国农业人口只占全国人口的2%，农业的产值只占 GDP 的 1.5%（2018 年）。也正因为如此，我们不把现代社会仍归为农业时代，尽管现代农业比农业时代的农业要发达得多。

在现代资本、技术、管理等用于农业之前，农业是一个有明显"天花板"的产业。这个"天花板"就是光合作用，农业的效率最终要受制于光合作用的效率。整个植物在生长季对日光能的利用效率也就只有 1% ~ 2%。运用一定的农业技术，如选择合适的品种与采用轮作制度，可以增加一定面积范围内农作物对日光能的利用。但是，不管怎么去做，光合作用的极限是无法突破的。在农业时代，要扩大产量，就需要扩大耕地面积；对动物饲养而言，就需要扩大放牧的范围。相对而言，天然的草场比农作物种植更受制于光合作用。农业时代能够扩张的资源只能是土地。然而，土地不是可以无限扩展的，世界上可以耕种的土地是有限的，有的地方没有足够的降水，有的地方没有足够的温度，有的地方没有足够的有机质，还有的地方没有稳定的气候，时不时有灾害降临……于是，农业便有了一个无法突破的极限。

即便土地可以无限扩展，农业还是一个受人类身体限制的产业。这句话有两层意思：一层意思是人类身体的能量输出是有限的，因此，虽然有许多土地可以利用，但是一个人能够耕种的土地面积仍然是有限的。有些地方有畜力帮助，力量最大的莫过于水牛。于人而言，的确有所帮助，不过水牛仍然是一个生物体，驾驭、管理与喂养它还需要花费许多能量。另一层意思是农业提供人类身体所需要的基本资源，也就是解决吃饭问题，而人是可以吃饱的，一旦吃饱，无须吃得更饱，即人们对农业的需求有一定的限度。这也是自给自足的小农经济长期存在的理由之一，就像老子所期望的，"邻国相望，鸡犬之声相闻，民至老死不相往来"。不论是产出还是需求，在传统的农业时代，都是为极限所控制的。产出与需求平衡是最为理想的，产出大于需求没有必要，也不大可能。

当然，在农业时代，绝大多数情况下，产出并不那么容易满足需求。农业需要控制物种、土地、人力。前两者的控制相对容易实现，而对人力的控制就不免更困难。狩猎采集时代人们基本是平等的，偶尔有威望上的差异，也很难传宗接代。而农业时代创造了人类历史上最严酷的人身控制，如奴隶主之于奴隶、地主之于农民。如果我们不去划分奴隶与封建时代的话，它们都属于农业时代，此时人身控制只有严酷与相对宽松之分，等级、出身、血统等一切能够代表身份高下之分的东西，都是农业时代偏好的。然而，人身的控制也不是无限度的，无论是通过硬的手段如身体的羁押，还是软的手段如精神麻醉（比如用宗教、道德、礼仪等），还是有人会明白"王侯将相，宁有种乎"这样的道理。有压迫自然也有反抗，农业时代社会维系的成本由此变得极为高昂，为了实现控制的目的，软硬的手段都需要用上。

虽然它非常血腥，但我们仍然把这种复杂社会称为"文明"。甚至可以说，是农业导致了文明。即便是在新旧大陆没有什么联系的时代，两地的农业社会都开始复杂化，发展出了我们称之为"文明"的社会形态。所谓文明就是指国家（或者类似国家的集权式社会管理制度），还有文字、城市、手工业等国家的副产品。当然，这些副产品不是文明必需的条件（南美文明就没有文字，游牧帝国绝少有城市）。国家是农业时代控制权演化的产物，物种的控制通过驯化得以实现，对土地与人力的有效控制是通过国家才得以建立的。对一个社会群体而言，这涉及内部与外部矛盾的处理。对外，它需要跟另一个群体去争夺土地与人口；对内，同样需要处理土地与人口分配的问题。这中间有无数的关系需要协调，极端的手段自然就是战争，或者说得更广泛一点，即暴力手段。内外关系的复杂化最终促成了文明。

暴力与战争并不是农业时代特有的东西，它们在人类的灵长类祖先中就已存在，德瓦尔在《黑猩猩的政治》中有精彩的介绍。狩猎采集时代，人类群体内部冲突导致的伤亡比例比农业时代还要高，这主要是偷袭造成的。即便如此，我们还是很少把狩猎采集社会内部的冲突称为战争。对狩猎采集者而言，他们居无定所，有了冲突之后，可以选择搬离，惹不起，躲得起，因此，高于游群（band）的社会组织难以形成。但是在农业时代，农民是难以逃离的，即便人可以逃走，耕地、庄稼以及牲口是挪不走的。历朝历代，一旦农民流离失所，那么这个朝代的气数也就快到头了。因为难以迁移，控制权的争夺就成了需要直面的问题，非胜即败，几乎没有其他的选择。人口的增加，社会组织的扩大，社会网络的扩展（伴随着结盟与背叛），使社会冲突的规模随之扩大，社会组织的复杂化由此不可避免。

有一种理论认为文明起源或与关键资源（包括威望产品）的交换与分配相关，对于农业时代的文明而言，这些其实只是表象，或者说是副产品，真正的意图都是为了上述有决定意义的控制权。至于说从交换与分配的角度来考虑文明起源的问题，这是把工商业时代的思想用到了农业时代。就像我们考古学家常常把农业时代的思想（以为这就是最古老的传统）用于考察狩猎采集时代一样。商业对于农业时代的人群是可多可少甚至是可有可无的，不具有决定性。农业社会的组织都是围绕土地、人口、动植物的控制权展开的。所谓文明以及由此而形成的秩序，就是农业社会诸层面或系统所形成的结构。不同社会在此基础上发展出了形态各异的文明。

中国是农业时代的幸运儿。遍观全球，在原始技术的状态下，具有广阔农业自然地理区域的地方是很少的。我们首先可以把南半球排除在外，因为那里的温带区域面积十分有限。在北半球，则要排除北美，因为新大陆地区，人类进入较晚，狩猎资源丰富，农业需求并不强烈；另外，这里缺乏适合驯化的大型哺乳动物如马、牛等，驯化动物仅有火鸡与豚鼠，农业系统不完整。然后需要排除北非、阿拉伯半岛，这里是干旱的沙漠，根本不适合农业。欧洲的温带区域大部分为海洋所占领，陆地区域所处的纬度已经跟中国的东北差不多。尽管它属于温带海洋性气候，但是总的热量条件还是不如中纬度地区。最后，我们看到，剩下的适合农业发展的区域不过是西亚的新月形地带（尼罗河流域、印度河流域以及欧洲的农业都是受到西亚影响发展起来的）与中国长江、黄河中下游地区。而且，中国这片区域的面积要更大、更完整，可以说是得天独厚。

正是在这样的条件下，一万多年前，中国发展出了两大农业起源中心：北方以粟、黍为中心的旱作农业与长江中下游地区的稻作农业。从目前的考古证据来看，如果不局限于动植物物种的证据的话，两个地区几乎一样早。正是在这样的基础上，中国文明的基本格局形成。中国文明是一种原生型的文明，它立足于原生的农业社会基础之上，根源深远。当前的研究表明，中国早期文明大约从距今六千年前开始，经历了三波浪潮：第一波是在长江中下游地区，以良渚与石家河文明为代表；第二波是在北方，以石峁、陶寺文明为代表；第三波是在中原。不过越来越多的发现似乎表明中国早期文明更像是群星闪烁，逐渐汇聚，最后形成了我们熟知的中国文明。中国文明的另一个特点就是南北相依，两大农业起源中心赋予它宽广的社会经济基础，这在后来的历史发展中意义巨大。每当北方遇到战乱的时候，人群南迁，保存并扩散了中原先进的文明。不然的话，就会像其他几大古文明一样，中道断裂。中国文明之所以能够成为唯一绵延不绝的古文明，与这样深厚且宽广的社会经济基础是分不开的。

中国文明的基础并不限于南北，它有一个不断融合的过程。从农业起源与发展的过程来看，在作为生态交错地带的长城南北地区曾经存在着一种波动的文化适应，这里环境不稳定，新石器时代早期在农业与狩猎采集之间波动，后来增加了畜牧，引入马、牛、羊之后在商周时期形成了游牧经济。中国东北地区从距今一万两千年前开始，发展出一种渔猎传统。这是一种能够支持复杂狩猎采集者的特殊适应，类似的情况还可以包括日本的绳文时代、秘鲁海岸、北美的西北海岸与北欧沿海。我在《史前的现代化》一书中称之为"强悍的狩猎采集者"。历史上，精于射猎的东北少数民族常有入主中原的机会，从鲜卑到女真。其农业开始较晚，大约在距今六千年前后，水平不高，较成熟的农业直到汉代才真正开始。华南地区新石器时代早期流行的是一种混合着根茎种植、渔猎（遗址中通常有大量介壳堆积）、狩猎采集的食物生产形式。西南地区是狩猎采集者的天堂，是狩猎采集时代的"北上广深"，直到历史时期，这里还一直保留有较多的狩猎采集经济成分。农业的扩散是个缓慢的过程，它需要技术与人口等条件，原始农业大约距今六七千年开始成熟，即农业的文化生态系统形成，此时农业扩散速度大大加快，如南岛语族开始扩散、人类正式进入青藏高原等。

大约在商周时期，中国农业社会融合的形态发生了一次根本性的改变。向西北扩散（黑腾线以西）的农业结合欧亚草原上驯化的马以及其他驯化动物，形成了一种新的农业形式——游牧。这不是一种自给自足的农业，它需要与作物农业社会交换，或是采用另一种更暴力的形式——劫掠。游牧社会形成之后，与中原地区反复拉锯，这三千多年的历史是我们熟稔的教科书内容，中国的西北半壁河山就是在这个过程中与东南半壁逐渐融合。游牧社会威胁中原政权主要发生在战国之后，此时以诸子百家为代表的中国文化已经形成。南北（其实是东南与西北）交锋的局面一直维持到 19 世纪，这时西方帝国开始从海上方向威胁中国，中国文明格局发生了另一次根本性的改变，中国开启了海洋时代，或者说工商业文明的时代。回首中国农业时代的后半程（距今六千年之后），中国文明一直在不断融合之中，这个过程包括和缓的扩散，也包括激烈的战争，其中与西北半壁的融合直到清朝才得以真正完成。

农业文明的秩序并不只是国家政统的存在，甚至也不完全是民族的融合，它是一个全方位的系统结构。由于漫长的农业时代与得天独厚的条件，古代中国把农业文明推向了极致。尽管存在地方的不平衡，通过政府的调配，尤其是沟通南北的大运河兴建之后，中国可以较好地解决饥馑危机，堪称农业时代的楷模。在农业时代维系一个巨大的政权，除了依赖国家力量之外，中国很长时间都依赖乡村社会的自我管理，所谓皇权不下县。尽管地区差异巨大、方言众多，中国有统一的文字。在完善的农业生产与社会结构基础上，中国发展出了堪称农业时代文化结晶的"天人合一"的思想观念。一切是如此完善，以至于"十全皇帝"乾隆面对英国使团代表马戛尔尼时可以高傲地说：天朝统驭万国、抚有四海、物产丰盈、无所不有……中国的士大夫阶层也不愿意去学习西方的

"奇技淫巧"（科学技术），即便康熙皇帝带头示范。

　　然而，农业时代还是要结束了！农业取代狩猎采集，在于它能够提供更高水平的食物保障，能够产生一定的生产剩余，能够在更有限的范围内获取食物。这样的话，可以避免经常遭遇的饥饿（支持更多的人口），打破食物分享上的平均主义（鼓励更多的剩余生产），以及避免群体之间领域的争夺（促进定居）。但是，农业也带来了更多的人口、更大规模的社会冲突、更复杂的社会，最终形成了文明。但是，相比于工商业，农业生产是低效率的，一个家庭或生产单位要生产自己需要的几乎所有东西，而不是去生产这里最适合生产的东西。其生产与消费处在一种根深蒂固的平衡状态，而商业交换可以打破产出与需求之间的平衡，商业刺激下的工业有助于进一步突破生产极限。再者，农业社会的生产都建立在控制的基础上，由此形成各种形式的等级制，以及为之服务的意识形态。商业交换需要的是平等与自由，打破身份控制，需要法治来保证交易与财产，打破社会关系对个体的约束，以及确认作为交换单位个人的主体性。当然，没有时代是完美的，工商业时代也有自身的问题，资本的贪婪、机器的僵化、物质消费主义……人开始异化，社会出现新的分化。但无论如何，它解决了农业时代的一些根本矛盾，这无疑是需要肯定的。

　　我们生活在一个强调多元主义以及对过去充满田园牧歌式回忆的时代。狩猎采集时代人们不会产生任何垃圾，一切都取之于自然，回归自然。农业时代人们开始烧制陶器、冶炼金属，但日常生活之中也绝少有垃圾的概念，所有的东西几乎都会循环使用。这些时代让人怀念，不过我们已经不可能再回去了，中国正在迅速走向工商业时代，作为生活在这个过渡期之间的人，我们有幸看到一段宏大的历史变迁。回望历史，我们需要借鉴和反思，更需要阔步向前。

社会性的思考

社会在人类演化中的位置

读进化人类学家罗宾·邓巴的《人类的演化》，对人类社会性演化印象深刻。邓巴是"邓巴数"的提出者，他注意到人群规模存在 5 人、15 人、50 人、150 人、500 人、1 500 人等不同层次，每个层次之间大约有三倍数的规律，这种规律具有跨文化的普遍性。究其原因，与人类处理社会交往信息的能力相关，交往频率、质量越高，人群的规模就越小。社会性的发展影响到人类的夫妻关系、家庭规模、语言形成，如此等等。在邓巴这里，社会性的发展似乎是人类演化的根本特征。这样的认识倒是很符合马克思主义，按照马克思主义的观点，人的属性可以分为自然性与社会性，其中社会性是人的根本属性。的确，回顾人类的历史，人类几乎所有的成就都是社会的产物。如果让一个人从小脱离社会，孤身生活在自然之中，是很难生存下来的。即便能够生存，就像"狼孩"一样，因为长期跟狼生活在一起，已经失去了人的能力——文化。

考古学者在考察人类演化的时候，一个基本的对象就是文化，我们把文化看作人区别于其他物种的根本特征。当然，动物行为学的研究在挑战这个论断，比如乌鸦也会制造工具，黑猩猩也有复杂的社会交流，僧帽猴甚至能够打制"石器"。文化是人类在身体之外解决问题的能力，但是我们不能把所有在身体之外解决问题的行为都称为文化。人类的文化有特殊的结构，它包括三个相互联系、相互促进的方面。换句话说，人类利用文化从三个方面来解决问题：一是向外求或曰向自然求，比如通过技术发明与革新，利用从前难以利用的自然资源，石器技术的变革、植物栽培、动物驯化都属于这方面的发展。二是向社会求（就是这里所说的社会性），即通过社会组织的变革来解决问题，我们在当代社会生活中对此应该有非常切实的体会；历史上也是如此，许多时候人类面临的不是生存的问题，而是分配的问题。三是向内求，这是人精神性的方面，精神性构成人的主观能动性，人由此改变世界，改变自己。正是因为有这样的结构，人类文化具有其他物种难以企及的复杂性与效率，让人类脱颖而出，建立了近乎绝对的适应优势——只有自己才能毁灭自己的优势。

从这个角度来看，社会是文化的组成部分，社会是人类三种解决问题的能力之一。当然，有人可能不同意这样的观点，比如可以把人类文化也视为社会性的产物。但是，当我们在研究人类演化的时候，文化无疑是一个更合适的概念。我们可以从三个层面来考察文化，尤其重要的是，它能够与经验材料联系起来。比较而言，文化是比社会性更抽象的概念，更能概括人类的特殊性。在文化的范畴内理解社会是一个较为理想的角度。

根源与本质

社会是人的需要，这是我们都知道的。人类的猿科祖先就过着相当社会化的生活，这从与人类关系最密切的近亲黑猩猩中也能看到。当然，不是所有的猿科动物都热爱社会生活，生活在苏门答腊丛林中的猩猩就比较孤独。从这个角度上说，偏好社会是自然选择的结果，它有利于人类的生存。的确，当人类祖先必须要在热带稀树草原上生存的时候，社会协作无疑是非常有效的途径，跟使用与制作工具同样重要。今天我们还能从生活在类似环境中的灵长类如狒狒身上看到我们祖先的影子，当狒狒群体穿越开阔地环境的时候，周围都有雄性青壮年个体保护。有意思的是，既然人类祖先已经掌握了工具，那么为什么还会继续往社会化方向发展呢？是不是有点过度装备之嫌？这可能与两个原因有关：一则早期人类的工具十分简单，发展也很缓慢，由此赋予人类的生存优势有限。一直到一二百万年前，人类工具行为的最高成就也就是打制最简单的石片而已，之后才开始有了成型的大型砍砸工具。二则人类祖先就过着社会化的生活，这是人类继承的遗产。

把社会与工具能力结合起来，可谓如虎添翼。人类演化就在这两条路径上展开，相互推进，相互交融。工具技术的进步是明显的，仅从石器上来看，克拉克就归纳过五个模式，从中能够看到人类对石料品质的选择越来越精良，对石刃利用的程度越来越充分。石器不仅可以直接使用，还可以用来加工竹木骨角等材料，更有意义的是，石器还可以与这些有机材料结合起来形成复合工具，比如带柄的石刀、用于投掷的标枪、可以远程射杀的弓箭等。这里还有一个重要的成就是用火，目前的考古证据把用火推到了上百万年前，不过控制用火（即能够维持火种）可能要晚得多。火的力量毋庸多言，它能够烤制食物、弓箭，给人温暖、安全、光明，还能帮助人开辟林地。民族志中的澳洲土著是经常烧地，小规模地烧，就像给大地打扫卫生一样。所有这些成就又都是社会的产物，技术的进步是积累性的，需要不同人的贡献；石料的来源或远或近，需要有人能够提供信息；用火更是促进了社会化的发展，火可以用来分享，而不损害分享者的利益（不像食物、土地），分享火种可以拉近社会群体的关系。

人类在这两条并行的路上越走越远，这种结合在距今 7 万年前后产生了硕果，那就是人类开始运用外物来拓展社会关系，物质表现形式是艺术品。从前人与人的交往需要面对面进行，就像其他灵长类一样，相互梳理对方的毛发。而今有了外物的协助，即使不见面，也可以进行社会交往。某件物品就能够代表某人或某一群人，外物有了信息传递的作用，表达从具体到抽象，进而形成符号，最后成了我们熟知的文字。有了外物的帮助，人类不仅可以更有效地拓展社会关系网络，从认识几十个人到认识数百人，更重要的是可以更有效地积累知识、传递知识，自然也有利于学习知识。文化的发展也伴随着人类大脑的演化，自从人类能够直立行走之后，后续的人类体质演化基本都体现在大脑上。人类越来越聪明，越来越有创造性。至今我们觉得有点不可思议，两种能力已经很突出，居然又结合产生出更强大的能力。产生这样的演化是来自外在环境还是人类自身的推动？8万年前后，人类已经开始走出非洲，已经开始出现适应辐射，没有物种能够与人类竞争了，由此，解释可以是，人类因为扩散的需要导致新的发展。除此之外，似乎还可以有一种解释。DNA考古学研究告诉我们，一二十万年前人类曾经濒临灭绝，后来挺过来了，两种能力的结合产生硕果或可以溯源于此，即生存压力所致。

在现实生活中，我们总是惊奇于有些人，能够不为利诱、不为武力所屈服，明明知道必死，但仍然一往无前。这很难用生物学的法则来解释，我们称之为信仰。信仰是精神生活的内核，信仰能够让人产生超越肉体的极限。人类的演化似乎不再满足于物质层面上的能力，开始超越这样的存在，即精神领域。精神，或称意识形态，是人类能力新的丰碑。这种能力产生的考古证据至少可以追溯至旧石器时代晚期，此时文化有了爆发性的改变，如欧洲旧石器时代晚期的洞穴壁画、雕塑，都清晰地显示了精神信仰的存在。人的身体、动物的头颅，人与动物融为一体，人仿佛有了动物的力量。精神的发展是一个更不可思议的成就。距今4万年前后的旧石器时代晚期，我们完全可以确知没有其他物种甚至是气候事件能够威胁人类的生存，但是此时偏偏诞生了人类生存的又一利器——精神。有了它，人类就敢深入不毛;有了它，人类就敢登上高峰。有了它，不论是工具还是社会能力，都又有了新的飞跃，因为有的人开始树立理想，要探索世界存在背后的真理，要改变社会现状，建立一个更美好的世界。

　　为什么会这样呢？人类为什么要演化出如此卓越的能力呢？这是因为需要还是因为发展的必然？从前者的角度来说，精神生活似乎是为了协调社会关系或矛盾。广义上，文化本身就是社会性的，精神作为文化的高层组成部分，确实要有服务社会的目的，历史时期宗教的形成就是很好的例子。在史前时代，也有一些关系与矛盾需要协调，除了与社会相关的，还有人与自然的，以及人本身的——人之存在的意义。史前时代的精神涉及的范围非常广，包含了我们当代所有学科的萌芽。相比而言，历史时期形成的宗教似乎更侧重于协调社会关系与矛盾。如果从发展的必然的角度来说，精神应该可以说是物质符号化的延伸，史前人类有了"艺术品"之后，其实就创造了另一个世界，一个虚拟的、存在于人之思维中的世界，后来更加复杂的精神生活，尤其是宗教，都是沿着这条线索发展的。人的世界，一实一虚，相互推动。考察我们当代世界，也可以看到这样的结构。实践的成本是高昂的，在虚拟的世界（理论的）先进行一些推演，有助于提高探索世界的效率。如此说来，人类的演化仍然是在工具与社会两条路径上进行，只不过在此基础上涌现出了新的结合体——精神。

　　说到这里，禁不住想起人类演化的另一个结果：社会等级。它是人类社会演化的副产品，还是说它就像精神一样，是发展的必然？社会等级不是一个令人愉快的话题，但这是一个我们不得不面对的问题，也是考古学探索的核心问题之一。如今，已经很少有人相信人类早期是平均主义的。不是说不存在平均主义，而是说平均主义本身需要解释。人类的灵长类祖先并不是过着平均主义的生活，要实现平均主义，也需要付出巨大的努力，抑制社会一部分人的欲望。也就是说，平均主义也是一种等级，一种反向的等级。考古学者海登（Hayden）等认为，在旧石器时代，资源变化不定，生存风险高，此时抑制等级是有利于人类生存的。这种说法倒是很符合历史唯物主义。但是人类社会后来的发展似乎像是脱缰的野马，在社会等级分化的道路上走向了极致，有些人生而优越，极端的等级社会似乎与农业社会关系密切。进入工商业时代之后，社会等级意识又开始淡化。这也说明，社会等级的演化，或强或弱，并不是单向发展的，它与人类的社会生产密切联系在一起。

历史与现实

有趣的是，不同的社会在历史进程中侧重的文化能力有所不同。世界历史上的轴心时代，大抵相当于中国历史上的春秋时期，此时世界上有三个对后世影响深远的文明：古希腊、印度与中国。希腊半岛及周边海岛，空间狭小、多山，部分资源如林木、矿产分布不均。但这里海上交通便利，人们兼营农业、畜牧与手工，政治上是城邦林立。古希腊文明以商贸、科学（或称哲学，科学的前身）而闻名。在当时的自然与社会环境中，古希腊人更侧重向外求，通过商贸、殖民以及技术手段来解决问题。印度的轴心时代以贡献了佛教而著称于世，当时的印度人选择了向内求，通过宗教来解决问题。佛教的基本旨意是要改造人自身的精神世界，从而超越外在世界的束缚。相比而言，中国当时兴起了儒家思想，孔夫子及其弟子们把解决问题的办法更多地放在社会层面上，强调规范的社会等级秩序、社会道德。孔夫子对鬼神似乎处在半信半疑之间，所以不怎么讨论。对于商贸，中国历代对商人的抑制都很厉害。不管是儒家还是道教，都很满足于自给自足的小农经济，外求的欲望非常有限。三个文明的侧重点存在鲜明的差别，构成了轴心时代人类文明发展的重要特征。

历史的选择在当时或许是一种必然，最终的影响极为深远。儒家思想以社会性为中心，在处理社会关系上走向了极致。这是一种务实的策略，相对而言，在向外求与向内求上存在不足。从东汉时期开始，中国开始引入佛教，它对于现实的超越，在概念与思辨上的发展，弥补了中国文明的不足。至于近世，中国更大规模地引入西方文明，即以古希腊为基础的侧重外求的文明。文明各有所长，本应该取长补短。中国历史上两次大规模的西学东渐，正是因为中国文化能力上存在偏重。能够取长补短、不断学习也正是中国文明能够绵延不绝的重要原因。以社会性为中心的发展带给中国世所罕有的社会整合程度，相比而言，古希腊以及以它为基础的西方文明一直没有完成民族融合，欧洲至今还是四分五裂，族群纷争不断。印度历史上几乎很少有统一的时候，范围大一点的政权，往往都是外来人群强加的，如莫卧儿帝国。即便是现在的印度，也是大英帝国长期殖民后的产物。中国文明在社会整合方面似乎是一枝独秀，五千多年的文明史，形成了统一的中华民族认同，这是了不起的成就。当然，代价也不小，宋元、明清之间，不少发展都在走回头路。如今的中国，融合东西古今，有可能创造出一个新的文明来。

社会发展仅仅依凭社会性是不够的，必须有合适的精神引领，以外求能力为基础。失去精神引领的社会性，就可能只是各种利益关系的勾结、各种权力的斗争，难以形成统一的合力与长远的稳定。没有外求能力的社会性，就是无本之木、无源之水，最终会陷于发展的停滞，或固定的发展循环之中。社会性本身也是双刃剑，一方面，通常成功的社会整合，社会有更大的规模、更高的复杂性以及更强的行动能力；另一方面，这个过程也会消耗大量的资源，尤其是在失去精神引领或缺乏外求能力的情况下，社会整合的消耗会更大，这反过来会对社会造成破坏。对于一个人类社会群体而言，不论其社会组织形式如何，都需要平衡考虑这三个方面的能力，很难说有一个一劳永逸的最佳方案，但是理论上，通过动态的调整，是可以在一定的时期实现最佳的。历史与现实都提供了很多的借鉴，如当代西方社会在社会整合上遇到不小的困难，种族、移民、地方、宗教、阶级、党派等社会利益关系纠结在一起，短时间内还看不到解决的可能。比如，新冠疫情难以控制只是外在的表征之一，如果没有外求能力（如疫苗）帮助的话，情况会更糟。

回到个体层面上，三种能力的讨论也有一些启示。人类历史与现实社会在很大程度上是由三类人驱动的：一类是积极外求的人，各种能工巧匠、科技人才、工商巨子，他们把人的能力无限延伸；一类是向社会求的人，历朝历代都不乏这样的治世能臣、贤明帝王，或是一代枭雄，他们努力调整社会关系，协调社会矛盾；还有一类是向内求的人，他们是时代精神的引领者，也是思想文化的传承者，孔子、释迦牟尼、耶稣以及后世众多的思想家，他们就像是催化剂，既可以催生诸如科学这样的能力，也能推动社会本身的变革。与之相对应，形成了当代学术的三大领域：自然科学、社会科学与人文科学。人世间偶尔有一些天才般的人物，他们能够在两个领域都做出杰出的贡献，如毛泽东，既是社会革命的领袖，又是思想领域的先锋。

无所不能的人是不存在的，但是平衡发展却是人生的需要，至少需要平衡地了解人需要向外求、向社会求、向内求。我们生活的这个时代物质高度丰富，外物的丰足导致一种幻觉，以为个人可以独立生存于世，以为人只要有了足够的物质就可以无忧无虑。但是，频发的抑郁症以及广泛存在的焦虑告诉我们，人不是这样生活的，人需要在外物、社会与精神世界之间保持平衡。这是人经过数以百万年的演化形成的能力，人也由此产生了相应的依赖，脱离就会产生心理失衡，出现健康问题。

社会网络的考古

我们生活在一个网络时代，人与人的联系越来越方便、快捷，在不到三十年的时间里，我见证了电话、BB 机、模拟手机、智能手机的迅速更新换代，更切身体验到由此带来的影响。20 世纪 90 年代初安装一部家用电话还需要数千元，校园里的磁卡电话亭前总是排着长龙，像一块砖头一样的"大哥大"曾经气派十足……如今人手一部智能手机，视频通话、网上购物、信息查询、休闲娱乐，几乎是无所不能。20 世纪 90 年代的达人手拿几本电话通讯录，如今的"网红"拥有粉丝可至数千万。打开每个人的手机通讯录，尤其是微信朋友圈，每个人动辄认识好几百人，社会达人的"朋友"可能有好几千人。而从另一方面看，我们以前还在抱怨人们只是打电话而不见面，如今打个电话要把人吓个半死——多严重的事啊！人与人之间不见面，但是会不断地发送文字、手势、表情，显示自己的存在，显示自己对他人存在的关注。网络似乎越来越发达，同时宅男宅女越来越多，我们究竟是越来越社会化，还是越来越脱离社会呢？这是一个很有趣的问题，人类社会网络的演化与之有着怎样的关联呢？也许真的有必要追根溯源一番才好。

近读罗宾·邓巴的《人类的演化》有些启发。邓巴是牛津大学认知与进化人类学学院的前院长,重量级的进化人类学家。讨论人类演化的著述多如牛毛,但邓巴的视角别开生面,他是从社会认知的角度出发的。他注意到人的社会圈子存在一个"三倍律",最内圈为 5 个人,再者为 15 个人,再者大约 50 个人、150 个人、500 个人、1 500 个人,依次扩大。最内圈为亲密好友,为什么是 5 个人呢? 这基本是一个家庭的规模,由父母与子女组成。狩猎采集时代的妇女生育年限,考虑到平均寿命,无疑比现代人短,我们可以以 20 年为限来计算。因为生活流动不定,一个母亲不可能同时抱着两个孩子走路,必定有一个孩子要自己走,所以生育间隔必须有三四年。的确,我们从狩猎采集者的民族志中看到,他们的孩子会哺乳到三四岁,甚至更晚,从生理上讲,哺乳会抑制再孕。这样一来,一个妇女育龄阶段最多能够生育 4 至 6 个孩子,而从前的婴儿死亡率非常高,能有一半存活下来就很不错了,所以最终能够存活的也就是 2 至 3 个人,这也就是为什么最内圈的人类社会是 5 个人的原因,他们是具有最亲密血缘关系的群体。

《欧洲旧石器时代社会》的作者克里夫·甘博曾经注意到,一个火塘边上能够坐下来、互相能够听清楚交谈并能够看清楚对方面部表情的范围内,能够容纳的也就是 5 个人左右。在我们的日常自由交谈中,大家也会发现,一旦人数超过 5 个人,交谈的圈子就可能分裂。5 个人的规模似乎是人能够同时关注的极限。邓巴注意到,对这最内圈 5 个人的关注,要耗费一个人 40% 的精力。15 个人的圈层代表最要好的朋友或大家庭，这是遇到困难可能施以援手的群体，也是需要经常维护的社会网络。50个人的圈层代表好朋友，是经常见面的人。150个人圈是朋友圈。500个人圈代表认识的人。1 500个人圈指那些脸熟但叫不出名字的人。从民族志中我们知道，一个狩猎采集者的群体通常就是50个人，叫作一个游群（band），50个人也被称作"神奇数字"（magic number）。50也是黑猩猩、狒狒社会群体的规模，但是这些灵长类的社会只达到这个层次，只有人类从这个圈层向外延伸，依次达到150、500、1 500个人的层次。不同物种的社会体系的复杂性就体现在层次的数量上。之所以会有这样的差异，邓巴的研究结论是，这是由大脑容量与社会交往形式决定的。人的大脑额叶负责处理社会认知相关的事务，有趣的是，额叶还与人的冲动控制相关，的确，不能控制冲动容易导致社会冲突。社会交往的形式包括不同发展程度的手势、语言、文化（如艺术创造）、宗教等等。

　　早期人类如南方古猿的社会规模跟黑猩猩相比并不更大，真正有意义的差别是社会组织的方式。从邓巴的书中我们似乎可以得出一个结论：人类是一种中庸、多元（多态）的灵长类。在灵长类中，人类的婚配形态既不像长臂猿那样采用严格的单配制，也不像黑猩猩那样采用混交（多雄多雌）或后宫体制（一雄多雌），现代人的群体中，专情与花心的男性同时存在，有人统计的比例是2∶1，也有人统计的是0.45∶0.55，并没有一个固定的形态。为什么人类要如此弹性呢？按照邓巴的研究，他认为人类单配制的历史比较短，充其量追溯到海德堡人，更可能是解剖学上的现代人起源之后的产物。南方古猿的社会就是多雄多雌同时生活在一起的，随着群体的扩大，后宫体制是不可能有效的。同时，还需要注意的是，南方古猿雄性的犬齿已经缩小，说明他们已经有了相互包容的能力，能够同时生活在一个社会中。在日益扩大的社会中，为了避免杀婴行为，以及为了解决人类成长期漫长的问题，进化更多选择支持单配制。

我所好奇的是，为什么人类没有形成如长臂猿那样的专偶制？尽管我们的文学自古至今不断歌颂忠贞不渝的爱情，可是红杏出墙、一夫多妻既是现实，也是一些人的梦想。人类选择的是中庸、多态，邓巴没有在书中回答这个问题。我想这可能与人类扩散进入多样的环境有关，按照邓巴的逻辑去推理，在一个新环境中，如果社会规模比较小的时候，专偶制就不会有明显的优势。从民族志与历史上来看，人类的婚姻形态的确是多态性的，以单配制为主，同时混合着多样的其他形态，既有一夫多妻，也有一妻多夫，还有走婚制。从宏观的角度来看，大致有个规律，19 世纪的摩尔根与恩格斯有推测，不过太单线条了，而且时间的估计也不对。好的研究都有一个共同的特征，都是很辩证的。单配制虽然有优势，但不是无条件的，对于人类这样一个迅速进入各种栖居环境的物种来说，很难在基因层面上形成统一的形态，而保持中庸、多态的状态无疑是最有利于人类的。

中庸、多态只是人类进化的一面，另一面人类则不是如此，而是选择了社会认知。这是邓巴所强调的，不过，我们似乎不应该忘了人类还选择了物质文化，即利用物质材料而非自己的身体来扩展自身的适应能力，如利用火来加工食物、清理环境、威胁猛兽，利用石器来切割、敲砸、投掷、刺杀。人类把社会认知与物质文化结合了起来，两者的关系是相辅相成的。一个最重要的标志就是人利用外物来发展社会，如扩展社会网络，礼物交换是最常见的；人类还用外物来储存信息，符号应运而生；人类还用外物艺术品创造来构建一个想象的社会世界，规划与实验不同的可能性……物质文化赋予人类更多的适应优势，人口增加，活动范围加大。但是它也带来一个问题，那就是学习时间大大延长，人类的大脑增加，导致女性在生产的时候更加困难（大部分困难是直立行走所致），父母与社会群体需要给婴幼儿更多的照顾，在他们后来的成长过程中给予更多的教育，这些反过来更进一步强化了社会认知的重要性。当人类选择了社会认知、物质文化之后，似乎就成了一个不可逆转的趋势，正面或负面的反馈都会推动人类向这个方向发展。

当然，进化不是人类选择的，而是自然选择的，人类发展之所以会走向社会认知与物质文化，是在各种条件相互作用下不断试错的结果。过去几十年来，我们对人类进化了解的主要进步之一就是，我们知道了人类进化的路径并不顺利，这中间歧路横出，就像树枝分叉，只有现代人真正实现了社会认知与物质文化的充分结合，最终建立起成功的适应，扩散到地球的几乎每一个角落。这个过程是随机与偶然的，并不是一种设计。神创论或神秘论者总是惊奇于人类的表现，比如理性，觉得如果没有设计，简直不可能产生人类这样具有高度智慧的生命。然而，一旦采用了设计论，就需要解释设计者的诞生，究竟是什么让设计者拥有了如此惊人的能力。《复杂经济学》的作者布莱恩·阿瑟认为随机比所谓的"理性选择"更有效，这帮助我们回答了进化的选择问题，也就是说，进化的过程并不需要设定一个理性选择的因素，随机、偶然的自然过程就可能产生人的理性、智慧等等让我们觉得不可思议的人类特质。其实，随着我们对人类进化过程的了解越来越细致，我们也就会发现每一步分化并没有那么惊天动地，可能是很微弱的区别。邓巴采用了"意向度"这个概念，把从黑猩猩到现代人的认知分成 6 个左右的认知维度，黑猩猩具有前三个。随着人类大脑的演化，处理能力越来越强，意向度也就不断扩展。邓巴认为人类大脑的演化主要就是处理社会认知的结果，人类社会群体规模不断扩大是主要原因。

尽管进化选择是随机、偶然的，但是，当我们知道社会认知与物质文化结合在一起的时候，几乎可以肯定，这会催生更加复杂的生命形式。这种必然性是研究者着力探寻的，这也是人类进化故事的另一面。回到历史社会中来，我们可以体会到人类社会发展必然性的方面，如在当代社会，市场经济是社会发展的不二选择。随着社会认知与物质文化的进一步发展，我们还可以有着怎样的期望呢？网络技术似乎是越来越便利，我可以想象未来的网络甚至可能传递虚拟的个体形象，让人们在交往的时候就像在见面一样，如果再加上一点传感设备，握手、拥抱的感觉都可能具备。

但是，从既有的情况来看，网络技术并没有扩展社会交往内部圈层的人数，相反，这些圈层的人数有减少之虞。因为这些圈层关系的维系都是需要面对面交往的，需要长期的生活基础，而当代社会个体流动性提高，即便是父母兄弟姐妹，也不是经常能够生活在一起的，换一个工作的城市，许多朋友就可能失去联系。网络技术似乎让我们拥有了更多见过面的朋友，大家每天通过表情符号或文字相互"梳理"，以示没有遗忘。不过，当代社会经济、社会保障等的发展给个体"赋能"，即个体无须依赖特定群体就能生活。所以，有些人并不关注朋友圈，而且，即便是最简单的表情符号，一个人能够同时维系的社会交往仍然是有限的。社交达人的朋友圈最多也不过一两千人，也就是前面所说的 1 500人限度（这是平均数）。

技术让社交更便捷，但没有从根本上改变以个体为中心的社交维度，其中更有意义的改变是信息的质量，如今我们能够通过网络技术把人类几乎所有的知识拿出来共享。这种行动的影响是惊人的，相比于打个招呼、套点交情的传统社交方式能够产生更加深远的意义。同时，还需要注意的是，人类创造了社会，而社会已然是一种独立的存在，也就是说，我们今天看到的社会的组成成分并不仅仅是个体（西方社会所强调的个体本位），还是各种超越个体的社会网络（不可以还原为个体的存在）。也正是因为这样的社会网络的发展，人类的社会规模才可能超越以个体为中心的限度，发展成国家。我们在理解社会的时候，通常容易把个体视为社会的原子，殊不知在国家这样的层面上，它真正在意的是社会网络（阶级、利益集团、宗教团体等等），个体在它面前是可以忽略不计的。某种意义上说，个体只存在于一定的社会网络之中，而这样的网络不是以个体为中心的社会交往网络，而是如上面所例举的打破了个体中心的社会网络。从这个角度来看，人被自己所创造的社会"异化"了。

饭局的社会演化

　　理解人有许多角度，各不相同，但是既要新颖奇特，又要系统完整，就不那么容易找到了。有一个角度有这样的优势，就是"饭局"，它正好把人的生物学与社会学属性统一在一起。"民以食为天"，没有人敢反对吃饭的重要性，世界上研究者众多；而怎么去吃饭是另一个同样重要的问题，认真考虑的人却很少有。考古学家马丁·琼斯就是专门研究这个问题的人，他用一部近 400 页的著作《饭局的起源》(*Feast*: *Why Humans Share Food*) 系统梳理了人类饭局的历史。读完该书之后，发现它不仅切入人类起源、农业起源、等级社会起源（也就是所谓文明起源）考古学的三大终极问题中，还关注到性别、阶级、宗教、文化差异等现代社会问题，甚至思考了人类生态可持续性这样的难题。视野之宽广，着实让人佩服。学术界中确实有这样一些高人，他们纵横捭阖，跨越不同的领域，游刃有余，最终熔为一炉，修炼出正果。

　　在读他的书之前，我对他的印象可能类似"雅皮士"（宾福德调侃考古学圈内不同群体的用词，指善用科技手段与术语，占领话语高地的研究者），然而，读完之后，发现马丁·琼斯在书中融入了大量人文社会科学的研究，结论也是满满的人文关怀。禁不住让人产生一种错觉，是不是我们的科技考古教错了？我们真应该学习他的人文学术素养。马丁·琼斯的准确身份是英国剑桥大学的生物考古学家，按照书中植物考古学家赵志军先生所做推荐序的介绍，他的头衔是"乔治·皮特-里弗斯科技考古学教授"。按照英国大学的传统，一所大学每个学科方向只能有一名教授席位，著名的牛顿是第二任卢卡奇数学教授，霍金是第十七任。考古学系有点例外，有两个教授席位，这个教授席位据说是专门为马丁·琼斯新设的，他是第一任。皮特-里弗斯有"近代考古学之父"之称，剑桥大学考古系则是科技考古的摇篮，两重身份的叠加让人对马丁·琼斯先生不得不刮目相看。尽管是学界大腕，与他有交往的赵志军先生说他是个很平易的人，喜欢别人直接叫他"马丁"。为了简便，以下我也这么称呼了。

马丁在书中回答了四个问题：第一个问题是人类的饮食究竟有什么特点。他的回答可以归结为社会性，早期人类是通过社会协作，从时间与空间上进行扩展，从而适应环境的变化。到了解剖学上的现代人阶段，更进一步发展出以火塘为中心的交流圈，同时分享食物。再到后来，社群与更大范围的社会网络不断相互作用，人类的饮食越来越复杂。这里或许还可以做点补充，人类饮食的特点不只是社会性，而是文化的社会性。毕竟社会性不是人类所独有的，如蚂蚁就有非常好的社会性。这里的关键区别在于蚂蚁的社会性是由基因决定的，而人类的社会性不仅仅是由基因决定的，还是文化的，可以创造，可以学习，而且可以外化为物质材料，形成人类越来越复杂的物质文化。社会性是全书的核心，它不仅仅指社群内部如家庭、游群等社会关系密切的圈子，还包括广泛扩展的社会网络。就像在当代中国，尽管你只订了一份外卖，独自一人蜗居在家，一边看手机，一边吃饭，好像与世隔绝的样子，但在马丁看来，你其实仍然围绕着一个"火塘"——一个虚拟的火塘，与很多人一起在分享整个社会网络。

第二个问题是人类饮食的特点是如何发生的。这是一个纯考古学的问题。早期人类饮食的变化在考古遗存与人骨化石上都有充分的表现，那就是人类捕获猎物的形体明显增大、人类脑容量扩大、牙齿缩小，高耗能的大脑要求缩小肠胃耗能的比例（人类的小肠更多，而黑猩猩正相反），人类炊煮技术（用火）的发展支持这样的变化。到了现代人时期，人类的饮食有了"内烹饪"与"外烹饪"的区分（列维－斯特劳斯的划分）。所谓内烹饪是以火塘为中心的，属于更亲密的社会群体；而外烹饪属于亲密关系群体之外的关系，涉及与群体之外人的交往，外烹饪也是人们增加广泛联系的方式。解剖学上的现代人学会了运用物品尤其是艺术品来建立扩展网络（extended network），社会网络中开始出现黑曜石、海贝等外来物品。这里马丁吸收了克里夫·甘博针对欧洲旧石器时代所做的结构与认知考古学研究。旧石器时代晚期，随着人口的增加，社群从普惠制（见者有份）到有限的恩惠（限于一定范围内的群体），区域文化的节奏日益多样化，逐渐形成地方文化。

马丁注意到旧石器时代晚期一项重要的发明，那就是编织技术，利用罗网，女性也可以参与到狩猎中，除了捕猎小动物，还可以捕鱼、捕鸟，食谱的范围扩充到天上飞的、水里游的。另外，有了编织的容器，人们还可以很便利地采集植物种子。编织技术由此改变了食物获取中的性别分工，女性在生计中的重要性大大提升。人类广谱的饮食切入到众多的食物网中，按马丁的说法，自然界的食物网并不是很多，仅有一百多个，大自然是排斥杂食者的，因为这会增加生态的不稳定性。由此，我们似乎有理由相信，这可能加速了晚更新世末期的大动物的灭绝，进而导致男性地位的下降。这个趋势一直持续到新石器时代早期，后来，随着男性全面转入农业生产，其地位才开始上升，这是我们最近研究的一个认识。马丁的著作帮助我们认识到男性地位是如何下降的，对于我们理解旧新石器时代过渡期的社会变化很有启发。

第三个问题是人类社会化的饮食对食物寻求本身产生了哪些影响。我们的类人猿祖先吃种类繁多的植物叶子、茎干、水果，偶尔还会捕食小型的哺乳动物，食物来源广泛，这也是为什么人类能够成功的原因之一。当然，后来人类的食谱远远不止这些。马丁用了一个典型例子——汉堡与薯条，形象地说明了所发生的变化。薯条来自土豆这种地下块茎，黑猩猩也有挖掘块茎食物的习惯，土豆代表相对容易获取的食物。不过，块茎植物的味道需要通过炊煮才能体现出来，油炸薯条香气四溢，则是其他动物无法实现的。汉堡中夹的牛肉来自大型食草动物，这无疑是处于食物链顶端的象征。史前时代猎杀与消费牛这样的大型动物必定需要群体成员广泛的协作，后来人类社会还通过驯化完全控制了牛，发展出畜牧业。汉堡与薯条的第三种构成物——圆形小面包，来自粮食作物中产量最高的一种，也就是小麦。尽管有些灵长类也会食用禾本科植物的种子，但是它们不能选育出适合做面包的小麦。我们如果再深究一下的话，汉堡加薯条这样的快餐中还远远不止上面所说的三种，还有奶酪、盐、辣椒、芥末、生菜、洋葱、植物油等许多东西，虽然所占比例有限，但是其中包含了千百年人类控制、加工食物的历史，以及广泛的食物交流。就是这样简单的一顿饭可能包括来自不同大洲的动物与植物，地球上没有哪个物种像人类这样利用如此丰富多样的食物资源。我们可以说，人类社会的文化革新掀起一场又一场食物寻求的革命。

最后一个问题是食物寻求缘何成为社会生活的中心。这个问题追问的是人类饮食对社会本身的影响。马丁参考了三位人类学家的研究：玛丽·道格拉斯、列维-斯特劳斯、杰克·古迪。在玛丽·道格拉斯看来，饮食就是一种话语表达。列维-斯特劳斯则发现其中暗含的类似语法一样的稳定结构，如内烹饪与外烹饪。杰克·古迪则发现"普通料理"与"高级料理"的区别，前者是社会下层的食物，总是与当地特定的生态环境联系在一起，后者属于精英阶层，它本质上反映一种社会政治结构。在英格兰这样的罗马帝国的边缘地带，统治精英们竭力保持罗马的饮食习惯，把遥远地中海的食物带到了英格兰。法国大革命之前的欧洲宫廷，几乎千篇一律地雇佣法国厨师，共同的饮食风格与通婚把上流社会联系起来。这些高级料理制作越来越精细，食材的味道为调味汁所掩盖。中国传统的官府菜也是如此，熊掌、鱼翅本是索然无味的东西，用鸡汤来煨煮，用鲜笋来提味，最后做成烂乎乎的菜肴，早已没有食材的原味。

不过，重要的不是吃到什么，而是吃的形式与背景，以及由饭局而产生的社会联系。

这里，饮食与阶级、宗教、性别、种族、民族等社会因素联系了起来。马丁注意到小麦、葡萄酒在基督教生活中的特殊含义，其中面包还有黑白之分，白面包代表西欧，黑面包代表东欧，饮食中暗含着欧洲文化的内在裂痕。当西方侵入到新大陆之后，也带去了小麦，殖民者把玉米这种更适宜当地气候环境的谷物看作更低等的食物，饮食成为种族的标志。哥伦布的时代带来了物种的大交换，许多美洲的植物传到了欧洲，欧洲人的饮食资源变得更加丰富，土著的饮食依旧单调。总的说来，马丁对历史时期饮食的这些关联因素没有太多深究，一方面可能因为他是生物考古学家，并不是历史学家；另一方面，这里黑暗的地方有点多，就像伤疤一样，过多的揭露可能会引起读者不适。所以，在这些问题上，马丁基本上点到为止，把思考的空间留给了读者。

正因为马丁是生物考古学家，他所有的讨论大多是从考古材料出发的，尤其是有关史前时代人类的饮食，通过多学科的分析获取确凿的证据，其中植物考古、动物考古、同位素考古等手段是提供信息的主要途径。考古学是一门高度依赖推理的学科，它就像刑侦一样，从蛛丝马迹中展开推导。高明的考古学家能够基于有限的材料，结合丰富的知识，把推理的链条尽可能延长，而不是仅仅局限于现象的简单复原。马丁从英国汉布尔登山遗址（公元前 3500 年左右）材料推断出那里曾经存在过季节性的宴飨，林地蜗牛壳的分布显示当时这里还是林地环境，而非像现在所看到的开阔草地；陶器残留物的同位素分析表明那时的人们已经能够挤奶；同时，分析还发现，虽然这个遗址靠近河流，但是人们并不吃鱼，这里的人们存在食物禁忌……通过考古推理，我们从古代有限的物质遗存中看到了早已湮没的历史。考古学正是在这个过程中发挥了关键的作用。当然，考古学还是一门非常依赖想象的学科，马丁著作的每一章几乎都是从对过去生活的想象复原开始的，让我们如同身临其境，让我们仿佛体验到那早已消失的生活方式。好的考古著作是科学与人文的结合，是严谨推理与丰富想象的结合，马丁的著作正是这样一本书。

读罢掩卷，我久已沉睡的神思也被唤醒。我想起小时候在农村生活的时候，我对家里的餐桌几乎没有什么印象，因为我们总是端着盛好饭菜的碗到外面去吃，尤其喜欢到祠堂前大人们聚会的地方，边吃饭边听大人们讲一些村子里的新闻与故事。那个时候，我碗里的食物来源不会超过周围两公里的范围。如今，我们一家三口都是围着餐桌吃饭的，晚餐往往会比较丰盛，互联网时代给我们带来全中国乃至全世界的饮食。早上喜欢闻到煮咖啡的香气，午餐时因为家有读高三的孩子，妻子时常会变换花样，做牛排饭、咖喱饭或意大利面。互联网让我们有机会分享到全世界的饮食。马丁的书写于2007年，当时他就感叹全球化带来普遍联系，不过，他用的例子是汉堡与薯条，好像这些东西会一统全球饮食江湖一般。在2019年的中国，我们看到的是普遍联系中那些可爱的多样性。互联网正在让人类的饮食进入一个新时代，它是普遍联系的，又是多元的，这也许正是中国在理解全球化上不同于西方的地方。

裕民：草原新石器时代的开端

　　近两年颇关注内蒙古乌兰察布发现的裕民遗址，裕民文化由此得名，最近又调查与发掘了一批遗址，包括河北北部康保的兴隆遗址的早期遗存，也可能属于这个文化。我现在有个比较明确的认识：裕民遗址及其类似的遗存可能代表草原新石器时代的开端。它关乎中国西北半壁河山（以黑河－腾冲一线划分）新石器时代的历史，其发现意义深远。

裕民遗址由北向南望（由赵潮提供）

在距今一万年前后，以华北为中心的区域（尤其是太行山山麓及以东区域）发展出了种植粟、黍的旱作农业，兼有家畜饲养。与此同时，在以贝加尔湖为中心的区域，发展出了渔猎型的狩猎采集，社会复杂性程度较高，具有一定程度的定居能力。在两者之间是广阔的草原地带。早期人类如何利用草原地带是一个迄今为止悬而未决的问题。既有的世界民族志材料中没有发现过曾经生活在草原地带的狩猎采集者，但是草原地带的确发现有旧石器时代的遗存，目前我们不知道人类是如何通过狩猎采集的方式长期（很可能是季节性的）利用草原地带的。进入新石器时代之后，华北地区出现旱作农业，长江中下游地区出现稻作农业，岭南地区出现根茎种植并辅之以渔猎的适应方式，东北地区出现渔猎型复杂的狩猎采集，辽西地区史前先民在农业生产与狩猎采集之间波动……但是，有关中国西北半壁也就是草原地带（包括新疆、青海、西藏等区域）的人类适应知之甚少，裕民的发现开启了我们对草原新石器时代的认识，对于我们进一步认识中国西北半壁的史前史具有非常重要的意义。

欧亚草原地带是史前时代东西交流的主要通道，草原新石器时代的起源开启了东西方史前文化交流的新篇章，裕民本身也是这种交流的产物。这个时期，欧亚大陆中西部驯化的动植物如小麦、马、牛、羊等先后传入中国，同时传入的还可能包括金属冶炼技术，深刻地影响了中国文明进程。这些交流都是通过欧亚草原地带的传递才可能发生；穿越戈壁、沙漠、高山的丝绸之路南线是有了马、骆驼等驯化动物之后才成为可能的。草原新石器时代欧亚草原带的文化交流是古丝绸之路的前身，了解草原新石器时代的起源与发展对于贯通古丝绸之路的历史有不可或缺的作用。与此同时，它也有助于我们从欧亚史前文化联系的大背景中来了解中国文明。草原地带是沟通东西文化的桥梁，长期以来，由于材料缺乏，有关该问题的研究一直是个空白地带（《史前的现代化》一书就没有探讨这个区域）。裕民及其相关遗存的发现填补了这个空白。从既有的考古材料来看，裕民可能是欧亚草原新石器时代遗存中最早的。贝加尔地区出土了早于 1 万年的陶器，但是生活在这里的渔猎型狩猎采集者所处环境为森林地带。裕民本身可能是东西文化交流的产物，研究裕民将大大延伸东西方文化交流的历史，对于当前国家"一带一路"倡议提供历史知识基础。

欧亚大陆东部卫星图

欧亚草原的自然环境，环绕蒙古高原南、北、东三面都是森林草原生态交错地带，也是文化交汇地带。

从现有的材料来看，裕民及其相关遗存代表一种具有较高流动性的、比较复杂的狩猎采集生活，同时可能辅之以少量的种植。由于史前裕民群体具有较高的流动性，从而导致在较为广泛的区域里都能发现类似的遗存。就这一点而言，它与细石叶技术的遗存具有较好的可比性。以细石叶技术的遗存为例，它的分布范围南到河南（新石器时代晚期广东还有发现），北到西伯利亚，东到阿拉斯加，西到中亚。虽然不同地区各有特色，但是也很难划分出一个考古学文化来。究其原因，就是因为细石叶技术遗存所代表的是一种高度流动的生活方式。裕民遗存所代表的文化可能没有这么高的流动性，但是它显然有别于中原地区以定居为特征的新石器时代考古学文化。

习惯上，我们对考古学文化的定义是分布在一定时空范围内具有共同特征的遗存组合，它可以代表生活在一定时空范围内的社会群体。考古学文化划分的经典做法来自定居的新石器时代农业社会。这些群体分布范围明确，面积有限，从数千到一两万平方公里不等。而就裕民及其相关遗存而言，其东、南方向边界较为清晰，西、北方向，也就是草原方向的边界十分模糊，目前蒙古国境内、内蒙古西部也有相关发现，分布面积超过百万平方公里，相似性较为笼统，并不适合称为一个"考古学文化"，或者说，它不同于我们一般定义的考古学文化。因此，当我们在称呼"裕民文化"时，需要注意这里所谓的"文化"更像是一种"传统"（类似于广泛扩散的庙底沟文化）。这种具有相似性的遗存特征更多与草原地带相似的适应相关，而与社会群体的族群认同关系不大。

在裕民文化（姑且先用这个概念）出现之前，草原地带以及周围地区流行以细石叶技术为代表的遗存，代表高度流动的生计方式。细石叶技术的起源是欧亚大陆西侧以勒瓦娄哇技术（也就是预制台面技术）与华北小石器（尤其是棱柱状石核技术）相结合的产物。裕民文化也很可能如此。从目前的考古材料来看，圜底筒形罐最早出现的年代是在贝加尔地区，年代约为距今 1.2 万年，裕民文化的圜底筒形罐形制与之类似，而与东部毗邻的辽西地区流行的平底筒形罐不同。这里显示出裕民与北方地区的文化联系。但是，为什么裕民文化没有起源于北方的草原地带呢？原因可能是渔猎型的狩猎采集社会无法提供适合草原地带生活的文化要件，也就是农业生产，而这恰好只有南方地区（华北）能够提供。裕民文化可能有少量乃至微量的农业生产。表面上看，它所提供的食物量非常有限，但是这些食物能够弥补青黄不接时的欠缺，所以，虽然农业生产的比重低，但其作用仍然是关键的。而且，即便裕民没有农业生产，裕民先民也可以通过交换就近从南方获得农业产品。如果这个解释能够成立的话，那么，我们就可以说，裕民文化是南北文化交流的产物！理解这一点的关键在于了解草原地带的北方森林地带（贝加尔地区）存在一个具有一定定居能力的渔猎型狩猎采集生活方式，南方的华北地区已经形成了旱作农业。草原地带夹在中间，在全新世大暖期时，蒙古高原的戈壁地区出现若干大湖，有利于人类的穿越，便于文化交流的发生。

从文化生态学上来说，草原地带初级生产力低，单位面积每年能够生长的植物量少，能够承载的动物量也低。所幸的是，这里生活的多是人类偏好的食草动物，所以这个地区非常适合狩猎。但这并不能够改变草原并不是一个高产地带的事实。另外，草原温差大，生长季短，冬季漫长，气候不稳定，这些条件无疑都会严重挑战人类的生存。基于狩猎采集者的文化生态学、民族志以及现有的考古材料信息，我们大致可以归纳出草原新石器时代的三个特点：

（1）季节性利用资源，其聚落的组织围绕这一点展开。其居址至少可以分为秋冬（或称冬季或越冬营地）与春夏（或称夏季营地）两种类型，分别如裕民遗址与四麻沟遗址。前者至少需要从晚秋开始启用，在营地储存越冬的食物、燃料等。这类营地的使用可能要持续到次年春天新的食物可以利用的时候。另外，鉴于这里的气候特点，避风是营地选择的重要考虑因素，因此，越冬营地应该选择在三面环山避风向阳的地带（营地不能离山太远），附近最好有泉水、石料以及丰富的燃料供应（即附近应有生长树木的缓坡）。清洁的水源、石料、燃料以及避风是选择冬季营地的四大要素（前三者都不适合搬运）。春夏之时，裕民人群可能分散开来利用资源，以便更好地利用稀疏、分散的食物资源。冬季营地与其他季节营地之间的比例至少超过 1∶10（按 50 人的群体分散为五个生活单位，每个单位在夏季迁徙三次计算），即存在大量的其他季节的营地，而只有少数的冬季营地。这种季节性的差异反映在居址地理位置的选择、石器组合的构成、石制品的空间分布、陶器数量、动植物遗存构成等方面。既有的证据不是单线条的，我们现在能够较为肯定地确认季节性的存在。

四麻沟遗址（由王懿卉提供）

白灰标记的小圆圈是室外火塘，显示的是在天气较为暖和的季节利用该遗址。

（2）虽然裕民人群过着以狩猎采集为主的生活，但是他们的狩猎采集与旧石器时代的狩猎采集是有所不同的。他们能够制作陶器，建造房屋，制作耐用的工具，这些都反映了他们的流动性存在较低的一面，或者说，至少群体中有一部分人的流动性比较低。另外一部分人过着高流动的生活，以细石叶技术产品为代表，这部分人可能为专门的狩猎者。也就是说，裕民社会群体内部存在明显的劳动分工。再者，裕民社会中，非狩猎的社会成员则可能在强化利用某些植物资源，由此诞生了少量的作物种植，少量的农具即是证据。正是因为有这样的社会分工与资源利用方式，才使得裕民的狩猎采集生活与旧石器时代的狩猎采集者区分开来。

（3）草原新石器时代的发展至少经历了三个阶段：第一个阶段为裕民时期，人们狩猎、强化植物资源利用以及可能存在作物种植。第二阶段为仰韶到夏商阶段，人们同样狩猎采集，但农业的成分明显增加，尤其可能增加了家畜饲养（其间可能分化出来畜牧这种生产方式），甚至是驯养本地的野生动物（虽然后来为来自西亚、中亚的物种所取代）。从陶器烧制的品质来看，这个时期人们的流动性总体降低，但是部分专门的狩猎者流动性仍然非常高（以细石叶技术产品为代表）。第三个阶段始于春秋时期，随着马牛羊的引入，草原地带形成了游牧经济，有了马匹的帮助，草原人群的流动性空前提高，陶器制作粗疏化。随着金属工具的引入，草原地带最终建立了冷兵器时代最有机动性、最有杀伤力的武装力量，草原地带进入青铜时代，也迎来了它的黄金时代。相对而言，裕民时期的草原新石器时代，人类的生存风险还是比较高的，裕民文化的最终消失可能与气候变迁还有仰韶文化的挤压相关。

中国史前农业的扩散、交流与竞争

近年来，最火的词莫过于"一带一路"，这个当代的发展概念植根于中国古代历史时期陆上丝绸之路与海上贸易航路。有趣的是，它居然影响到史前考古学，这不禁让人想起克罗齐的那句话，"一切历史都是当代史"。东西方交流考古成了中国考古学的第四个大问题（习惯上把人类起源、农业起源、文明起源列为考古学的三大问题）。如今满耳听到的是，新石器时代，小麦、马牛羊、金属冶炼术先后传入中国；更早的旧石器时代，还有至少两波人类扩散，直立人与现代人。甚至又有了中国文明西来的说法，当然，这有点荒诞不经了。中国的四大发明、丝绸、茶叶、瓷器向西方的传播倒是少有人提了。让人感叹，风水真是轮流转，以前我们似乎什么都要在中国找个渊源，现在又倒过来了。回到现实中来，发表论文必须是英文的，讲课需要有英文的，奢侈品自然是西方的，教育必定是西方的，制度也应该是西方的……考古学研究与现实的氛围似乎也有相似之处，不得不让人感到考古学研究是一种当代史。

有感于此，觉得有必要说说另一个故事，或者说是故事的另一面。历史本来也需要从不同方面来看才会显得丰富多彩，而且丰富多彩才是历史最有趣味的地方。这里想说的是中国史前农业的扩散，因为史前文明的经济基础就是农业。当代社会虽然以工商业为基本特征，但农业仍然是人们赖以生存的方式。"民以食为天"，我们的基本食物来源还是农业。饥饿仍然是困扰当代人类的问题，据说每天有 8 亿人要饿着肚子睡觉；饥荒仍然是未来人类的威胁，水资源匮乏，耕地因不合理利用而日益贫瘠，气候变化等等，如果这些因素叠加起来达到了极限，人类的末日也将近了。总之，农业在史前、现在与未来都是至关重要的东西。梳理一下中国史前农业的扩散，让我们感受一下中国古人的贡献，或许有助于我们挺起胸膛，激励一下自我。按照网上的说法，跪久了，都不知道什么叫作站起来。当然，我们也没有必要搞自恋，争什么宇宙第一强国，把什么世界第一都揽到自己怀中。一句话，妄自尊大与妄自菲薄都是要避免的。

众所周知，史前中国有两个主要的农业起源中心：一个是北方的旱作农业，一个是南方的稻作农业。还有不是众所周知的地方，中国史前农业存在若干变体，比如北方的旱作农业，一般都知道是以粟作为中心的，不过，在生态交错地带的辽西，黍更重要，因为它更耐旱，更耐贫瘠的土壤。另外，这里还可能种植大豆，这是天然固氮肥田的作物，有利于农业生态，它还提供非常重要的蛋白质来源。大豆在中国饮食中的作用就相当于西方的牛奶（西方有牛奶，我们有豆浆；他们有奶酪，我们有豆腐；他们有干奶酪，我们有干豆腐；他们有奶皮，我们有腐竹；他们有臭奶酪，我们有臭豆腐……），它的种植意义重大。因此，从这个意义上说，辽西从事的是最正宗的旱作农业。

华南地区还有一种根茎农业，主要栽培芋头。这种根茎植物非常有利于种植，切成若干块后，还可以发芽。它究竟什么时候被人类驯化了，我们不是很容易知道。考古学上，我们知道华南地区新石器时代萌芽极早，陶器、磨制石器两项新石器时代指标性的器物上万年前已在这里出现。尽管我们现在还不能肯定这里就比长江中下游地区早，至少可以说是同样早。但是，非常不可思议的是，这里稻作农业出现很晚。要知道，这里的野生稻资源要比长江中下游丰富得多。宾福德的边缘区农业起源理论似乎可以解释这个，因为野生稻资源少，所以更需要种植。实际上，这只是一个方面的原因。如今，我们了解得更多更清楚了，末次冰期结束之际，当气候还没有完全恢复到现在水平的时候，华南是有驯化水稻的可能性的。但是，随着不断升温，海平面上升，降水增加，诞生了新的可以利用的资源——水生资源，鱼类、贝类、鸟类，甚至包括一些水生植物。濒水地带如沼泽湿地是自然生产力最为丰富的地带之一，资源域广阔（比如鱼的来源可以是千百里之外的），可以经久利用。于是，华南地区走向了一种以根茎种植、水生资源利用为主的文化适应。

华南的稻作农业是由长江中下游地区传播过来的。我们现在知道，长江中下游的稻作农业起源可以上溯到上万年前，早期的渊源有湖南道县的玉蟾岩、江西万年的仙人洞与吊桶环。之后有了浙江的上山文化、湖南的彭头山文化，稻作已经明确起源。当然，时不时有人质疑，比如说发现的野生动植物非常多，工具中农具似乎很少，等等，似乎表明当时还是以狩猎采集为生。这实际上是没有从文化生态系统的角度来考虑问题，定居之后，是很少有地方能够依赖狩猎采集的。民族学上仅有的例子就是那些依赖海洋资源为生的狩猎采集者，因为他们所利用资源的资源域往往十分丰富，如日本、秘鲁、美国西北海岸等地，洋流带来丰饶的海产。利用陆生资源，尤其是长江中下游地区，当时长江流域的湖泊还没有形成，没有多少水生资源可以利用。稻作带来食物的比例也许并不高，但是它弥补了一年食物匮乏的空缺。人能活下去并不取决于哪一天食物多么丰足，而是每一天都要有食物，尤其是青黄不接的时候。早期农业解决的就是这个关键问题。就像现在进城打工的农民，他家里有田地，不打工他也能活下去，但是打工能带来农村缺乏的流动资金，他由此可以送孩子上学，应对人情世故等，让他为社会所接纳。农村就是这样不知不觉城市化了，农业的过程也是如此。

稻作的传播似乎要早一些，七八千年前淮河流域的河南舞阳贾湖遗址就发现了水稻。目前的问题是，这是不是由于稻作农业传播所致？抑或是因为当时正值全新世的大暖期，淮河流域的环境与长江中下游地区相差不大，它们本来就属于同一文化生态区域，所以也就从事稻作了？问题讨论到这一步就会发现我们所用的概念出了问题，究竟什么叫作传播呢？稻作农业的传播如何界定呢？稻作无疑是从无到有的，我们并不想追溯第一个吃螃蟹的人，因为一则这不可能，二则也没有什么意义。稻作起源的时间长度非常大，从最早的利用到驯化，持续时间可能超过上万年，你很难准确界定哪一天稻作产生了，你只能大概说距今多少千年有了稻作。也正是因为时间漫长，人们在社会交往过程中不知不觉会相互影响，看到邻居种了稻子，收成不错，自己也决定尝试一下。这是否叫作稻作传播呢？我想没有人会这么认为。显然，我们所谓的农业传播是一个事件性的东西，具有空间上的跨越性、时间上的跳跃性。

从这个角度再来看稻作传播的话，就会发现，稻作虽然上万年前就起源了，但是真正有规模、有影响的传播已经到了新石器时代中晚期。目前还不好给出一个特别准确的年代，因为这也是一个持续的时间段。我们并不是从长江中下游地区的考古材料中看出来的，而是从周边地区看到的，比如中南半岛、印度次大陆此时有了稻作。台湾岛、菲律宾群岛，然后是印度尼西亚、大洋洲诸岛，这涉及南岛语族的扩散问题，他们的迁徙能力超强，借助洋流与海风，覆盖了太平洋。如今水稻是人类最主要的粮食作物，养活了世界上人口最稠密的地带，贡献极其巨大。我们现在知道这些周边地区的稻作是由于传播而来。可能有人会说，有些地方本来就有野生稻，未必不会再驯化一次。然而，这种可能性很小，一方面，驯化野生稻是很麻烦的事，不是几代人就能搞定的，长江中下游地区实验了几千年；另一方面，如果当地有实验的话，一定也会像长江中下游地区一样，有长期实验的考古证据。别人有了发现，直接拿来就用，省时又省力，何乐而不为。不能否认，当地人根据实际条件，又有改良。

下面的问题是：为什么传播发生在此时，而不是更早或更晚？考古学家基本习惯两种解释：一种，从外因角度来讲，环境恶化，迫使人口南迁，于是扩散了；或是环境改善，吸引人们去开辟新的领地，如全新世大暖期北方新石器时代早期（有的划分体系称为中期）新石器文化的涌现。另一种，农业导致人口膨胀，多余的人口不得不向外迁移。毫无疑问，这两个因素的作用是肯定存在的，但又都不充分。如果是环境上的原因，那么北方的农业应该迁到了南方或是南方迁到了北方，而我们看到南北农业的范围基本是稳定的。从人口的角度来说，人口增加是逐渐的，人类社会也有调节机制，至少到汉代，如司马迁的《史记·货殖列传》所记载，南方还有许多土地没有开垦出来。历史上所谓的人口压力，人祸的因素一点儿也不少于天灾，天灾有时候不过是个幌子。几十年前中国人口比现在少不少，但是人口压力巨大，不得不计划生育，而今似乎到处缺劳力（机关事业单位除外），还要引进外劳，计划生育也放开了（人口能带动消费）。所谓人口压力都是相对于社会与技术组织而言的，人口问题，换句话说，就是社会与技术组织问题。

回到史前农业传播问题上来，这带来一个概念，我们可以把史前农业想象成一个"软件包"。其中不只有水稻或粟的种植，还有配套的其他作物，如大豆、高粱（？），甚至还有蔬菜；还要有配套的动物驯化，如猪、鸡、狗等。这些只是些看得见的构成，还有看不见的，如种植技术、劳力组织等等。只有当这些东西组织到一起，形成了足够完备的体系的时候，它才能够有效地扩散。这有点儿像战争，要有体系优势，只有火力，没有侦察能力，火力就是乱开炮，海陆空、制电磁、制信息，战争就是体系的对抗。史前农业传播某种意义上说也是两个社会系统的体系对抗，只是不一定通过武力（当然也可能通过武力）。有关中国史前农业的体系我们现在的研究还很不充分，相比而言，我们对西亚史前农业的软件包倒是了解比较多，它包含大麦、小麦等主要粮食作物，还有若干种豆类作为蛋白质来源，另外还有亚麻这种作物提供纤维；动物方面有山羊、绵羊、牛，还有猪（后来没有了）、狗。这个软件包相当有吸引力，后来还引入了马，等于开启了外挂，沿着欧亚草原一线，几乎所向无敌了。

我们现在知道在史前新疆，粟与小麦几乎同时到达这里，华北形成的北方旱作农业软件包与西亚形成的农业软件包在这里交汇，粟还往西传播到了很远的地方，小麦、黄牛、羊、马等逐渐传到了中原。从后来的发展史来看，西亚史前农业的软件包似乎要更有优势一些，前面所说的那些动植物在中国扎下根来，而西亚或更远的西方少有中国北方旱作农业的成分。

当然，开挂的并不只有西亚史前农业，长江中下游的稻作农业也是如此，它后来有了牛耕，至少良渚文化时期有了犁耕。我是在长江边上长大的，对于稻作的方式有切身的体会。水田土壤粘性巨大，黄牛根本拉不动，而且它也不能忍受水田泥泞的环境。某种意义上说，有了牛耕，也就有了水田，稻作也就成了体系。另外，稻作与养猪的协同性较之北方的粟作加养猪要更好，可能是因为稻作产生的废弃物如糠壳、茎叶更多，而且南方的野菜种类繁多，很适合养猪。这里还有一个北方没有的优势，所谓"饭鱼羹稻"，南方的鱼虾龟鳖贝类丰富，可以补充蛋白质的不足。还记得我的童年正值改革开放前，吃肉是相当困难的，住在大湖边上，偶尔还是可以吃到鱼的，至少自己就可以动手抓。鱼有大有小，抓一次吃两顿正好。杀猪是大事，不可能经常有新鲜肉食的供应。"饭鱼羹稻"当然是要有条件的，即水体丰富，长江中下游的大型湖泊如太湖、洞庭湖、鄱阳湖形成年代都是在新石器时代中晚期。简言之，长江中下游稻作农业到新石器时代中晚期形成了较为完善的农业文化生态系统。

世界上的热带、亚热带地区没有可以与长江中下游稻作农业匹敌的农业生态文化系统。热带地区如新几内亚，和华南一样，采用的也是根茎农业，另外就是种植香蕉。非洲就更不用说了。热带地区蚊虫肆虐，传染病多，疾病压力大，丈夫早夭，劳力缺乏。还记得读到过一个游记，1938年，探险家伦纳德·克拉克穿越海南岛腹地，五周时间，雇佣的十几号脚夫中最后只剩下一位健康的。疟疾、霍乱与各种感染，杀伤力巨大。其次，热带地区植被生长旺盛，杂草众多，耕种除草的工作量巨大。这里的植被就像是人类的敌人似的，稠密到能够把人挤走。玛雅的城市被废弃之后，居然会被热带丛林重新覆盖。再者，热带土壤有机质积累少，相对贫瘠。热带居民之所以刀耕火种，不仅仅是因为落后，也是不得不然，通过烧荒留下的木炭作为吸附剂，增加土壤中的有机质，亚马孙丛林的居民就是这么做的。但即便这么做，一块土地用不了几年就必须抛荒。相比而言，长江中下游地区的稻田通过良好的墒情管理，居然可以形成如鳝血土这样的优良土壤，土地越耕作越肥沃！因此，没有相当完善的文化生态系统，是无法在热带地区立足的。

　　这里我强调的是环境变化、人口增长之外的内部原因，即文化生态系统的发展。我认为，农业之所以能够传播、能够被接受，离不开成熟、有效的文化生态系统。当然，不能否认接受区域的自然条件的限制以及当地文化生态发展的状况，就像稻作农业进入华南与其他热带地区的过程，自然条件的限制非常明显，当地既有的根茎加上水生资源利用，本身就是一个较为完善的文化生态系统，稻作农业并不比它更有吸引力。稻作向西南地区（贵州、云南）的传播同样如此，这里古称瘴疠之地，地形分割，只有一些小盆地可以利用，地表水缺乏（云南的情况好一些，有些湖泊）。稻作的进入比较明显的证据是广西资源晓锦遗址发现的稻米，几乎快到商周时期了。稻作农业向这些区域的传播，除了稻作文化生态系统上的优势之外，我考虑存在社会政治因素，没有社会组织上的力量，是不足以深入到这些地区的。这种组织力量与社会复杂化的程度相关，有关新石器时代中晚期之间社会复杂性的发展，我们现在还了解很少，只知道新石器时代晚期文明开始起源，之前的发展过程，尤其是其中的阶段性并不清楚。在稻作农业向南扩散的过程中，社会复杂化进程是需要考虑的。

　　稻作农业还向北、向东扩散，北方本身有旱作农业，文化生态系统也很完善，并不是非常需要稻作。另外，水是一个重要的限制条件，稻作之所以能够用于北方，是因为它能够拓展利用沼泽环境，这是旱地之外的区域。如果是陆稻，就与粟作产生了竞争；如果是水稻，就需要保障水的供给。水稻在龙山时代山东栖霞杨家圈遗址有发现。再往北，年代就更晚了。向东，我们知道日本的稻作是差不多相当于中国汉代时才推广开来的，方向是由南往北，似乎是中国南方居民越海带来的，而非经过朝鲜半岛。这样的扩散不可能是大规模的，更像是我们所说的交流，或者说是某种探险，让稻作扩散出去了。

相比而言，北方的旱作农业扩散是面向内陆的，与更多面海的稻作扩散构成了中国新石器时代农业文化的基本结构。旱作农业最早的扩散方向是向北，趁着全新世大暖期的有利气候，辽西地区出现了兴隆洼文化，这支文化可能向北拓展过。目前有关富河文化的年代有争议，有种说法，认为它可能就是兴隆洼文化，不过是位于北部边缘地区。向草原地带扩散是有风险的，向北土壤层越来越浅，气候也不稳定。史前农业在辽西地区也是时好时坏，红山文化之后气候恶化，小河沿文化农业成分降低，之后夏家店下层文化史前农业达到了高峰，我说它达到了原始的精耕细作水平，因为它有中耕除草并在河谷中耕种，可能有灌溉了。夏家店上层文化时农业又衰落了，随着马牛羊的到来，草原利用开始了新的时代，游牧经济形成。辽西地区是农牧交错地带，是文化交流之地，也是两种力量博弈的场所。

北方旱作农业向东北地区的扩散过程遇到了类似华南的问题：一方面是环境的约束，另一方面，也是更主要的方面，就是当地渔猎采集者文化。更新世结束，气候转暖，降水增加，东北在距今 1.1 万年前后开始形成渔猎采集者文化，或称为"渔猎新石器文化"。它跟欧洲的中石器时代文化、日本绳纹文化的性质类似，建立在渔猎采集基础上，但能够在一定程度上定居，因此社会群体规模较大，社会复杂性程度较高，如黑龙江新密的新开流文化。我称之为"强悍的狩猎采集者"，他们接受农业的过程是缓慢的。距今五千多年在吉林西断梁山遗址看到一点农业的证据，较大规模的农业一直要等到汉代才建立起来。理论上说，东北冬季漫长，需要大量的储备才足以度日，应该说是很需要农业的，不过冬季是东北狩猎、捕鱼的好季节，这里资源丰富，寒冷也有利于猎获物的保存，于是农业最大的优势也没能发挥出来。

向西北方向的扩散，前面已经说过了，在这个方向上遇到了顶尖的高手——西亚的史前农业，它的文化软件包更加丰富。双方在新疆接触碰撞交融，不论是农业，还是物质文化，抑或是体质人类学的证据都肯定了这一点。很难说谁占了上风，只能说在某个时期某个地方有优势，换个时期换个地方就不一定了。从人口构成、物质文化特征以及后来的历史上都可以这么说。这个方面如今关注的人众多，也就无须我再多言了。

还有一个方向值得一说的是青藏高原，这里大部分环境类似北极苔原，干旱低温，自然生产力低；而且海拔高，人们行动困难。不过，青藏高原并不都是高原，边缘与藏南还有些谷地，水热条件比较好，加之阳光充足，比较适合农业。目前的核心问题是，最早生活在青藏高原上的是农民还是狩猎采集者？或者说，没有任何农业生产成分的狩猎采集者能否在青藏高原上生存？理论上来说是不可能的，因为这里资源十分稀薄，不论是动物还是植物，要靠步行狩猎采集是不可能生存的，就像我们没有在北极苔原上找到狩猎采集者一样（爱斯基摩人利用海洋资源，还有部分猎人在泰加林带利用驯鹿，都不是利用苔原上的资源）。不说食物，仅仅是燃料就足以让人头痛。我们知道历史时期的藏人采用的是游牧经济，依赖牦牛驮运，烧牛粪，同时在河谷地带兼有农业。更早的材料显示，这里的人们首先种植的是粟，如贡嘎昌果沟遗址；然后从粟作－狩猎采集转向游牧，如昌都卡若遗址。更早在万年前后，在青藏高原边缘发现有人类生存，年代比较确定的有黑马河遗址。DNA、体质人类学、语言学的证据都支持人类进入青藏高原是全新世的事，比较确凿的考古证据也是这样的。文化生态学的理论证据同样如此。所以，有理由认为青藏高原是北方农业全新世大暖期扩散浪潮中拓殖的，而非旧石器时代的狩猎采集者，真正全面的利用是农业与游牧的结合。

总而言之，农业是人类一种新型的文化生态系统，它可以帮助人们去利用一些狩猎采集者难以利用的地区。中国史前农业的扩散是南北呼应，一个向海方向，一个向内陆方向，都深刻地影响了人类文明史。农业扩散的机制是多样的，除了全新世大暖期环境改善的诱惑，当然也有人口增加的原因。不过，我更强调农业文化生态系统本身的作用，只有当文化生态系统成熟之后，其扩散才更有效率，尤其是面对本身就有较为复杂文化的地区时，就像我们在东北与华南地区看到的。同样，接受农业的区域，并不是全盘接受的，而是根据当地的实际情况，选择某些适用而且自己又特别需要的因素，或者是对所接受的文化生态系统进行改造，就像稻作农业向大洋洲的扩散那样。不同农业文化生态系统的竞争是体系的对抗，北方旱作农业与西亚农业相互在中亚地区碰撞、交流，构成了古丝绸之路的基础。农业是过去一万年人类生存的基本策略，古老的中国在这一万年里在人类历史上留下了浓墨重彩的一笔。

史前经济学的思考：社会冲突与农业起源

最近读了本颇好的书，林毅夫先生所著的《解读中国经济》，不仅因为其中贯穿的乐观精神与实事求是的态度，更因为他所谈的经济学原理对于我理解史前人类社会的演化颇有帮助。

书中林毅夫先生回顾了一百多年来中国的发展道路，中国经济占世界的份额从 1820 年的三分之一左右一路跌到 1950 年的不足 5%，并且一直持续到 1979 年。之后，终于迎来了大发展，中国已经成了世界第二经济大国。按照这个趋势发展下去，中国将在可以预见的将来，重新回到世界第一的位置。林毅夫先生回答了几个关键的问题，为什么中国被西方迅速赶上来？为什么中国经济发展长期停滞？为什么后来又有了飞速发展？书写得深入浅出，即使不是出于学术的目的，仅仅为了理解现实中国的发展，也值得读一读。

为什么中国在近代被西方迅速赶上了呢？最明显的原因就是工业革命，机器大生产取代了人力，效率有了惊人的提高。中国从前的人力优势不复存在，技术进步成为经济发展最重要的推动因素。难怪人云"科学技术是第一生产力"！欧洲国家大多面积比较小，人口也比较少，自然资源条件并不见得有多么优越，至少农业条件就不是很理想（因为纬度的原因，热量条件不佳）。但是欧洲通过殖民与贸易，积累了非常雄厚的资本，把近代科学的成就转化成了实用技术，通过迅速的技术进步实现了经济的大超越。

回顾人类历史，技术要素的重要性是不是一直都如此呢？实际上，在农业时代，人口才是第一生产力，或者说是生产力中最重要的元素。那个时代技术的进步是相当缓慢的，中国犁的式样从汉代到清代变化都不是很大。不能说没有变化，而是说其时间尺度可能是以百年，甚至是以千年计算的，比如铁制农具的使用，美洲农作物玉米、红薯的引种。相对于技术的缓慢进步，土地的供给一直是比较充裕的，只是到了宋明之后，耕地才显得有点紧张。土地的问题某种意义上说，也是劳力的问题，如果劳力资源充裕的话，就可以把一些难以利用的田地利用起来，如围湖造田、开垦荒山等，解放后这些事都曾经发生过，几乎都是纯粹用人力去做的。然而，充裕的劳力是以足够大的人口规模为基础的，因此，尽管中国早就是世界上人口最多的国家，但还是希望生养更多的人口。以农业为生计基础，期望更多人口是合理的。农业社会有稳定的食物来源，在中国，更确切地说，在整个东亚，因为稻作农业的支持，人口养育的成本相对较低，所以人口密度都相当惊人。林毅夫先生书中有专文论述这一点，经济学上讲得通。

更古老的狩猎采集时代，什么又是第一生产力呢？那个时候技术变迁速度是缓慢的，时间尺度不是以年，而是以千年乃至万年来计算的。

而且还不是每个地区都会有技术革新，流行于中国北方的细石叶工艺，在长江以南地区几乎没有踪迹。人口的出生率也很低，也不可能有效提高。相对比较容易实现的是人口的聚集。狩猎采集者群体其成员通常是流动的，不固定，如果某个群体能够凝聚更多的人口，并且实现更好的劳动组织，那么就有可能获得更高的生产力。但是由于群体成员不固定，即便偶尔能够聚集，但是要建立稳定长久的关系，仍然不是很容易的。那么，如何实现这一点呢？我现在想到一个策略，那就是制造冲突，制造较大规模的冲突，比如说猎头。狩猎采集者与某些简单农业群体中就有这样的行为习惯。一旦处于猎头季节，各个群体的人们就很少离开自己的营地，担心被人偷袭。如此这般，就会让人们更多地聚集在一起，以寻求安全。

那什么会导致社会冲突呢？制造冲突太容易了，资源紧张可以，一言不合也可以，人越多冲突也越可能增加。在我们既有的知识中，大多认为狩猎采集者是非常和平的，即便有什么暴力行为，那可能也是因为受到文明世界的影响或挤压。这样的说法可能只是一厢情愿的推断。没有充分的理由认为史前狩猎采集者一直是和平的。从高等灵长类的行为观察中，我们已经知道黑猩猩有明显的暴力行为，包括阴谋诡计。人类学家认为狩猎采集者群体，一旦有了矛盾，更可能采用分裂的方式来化解族群内的矛盾。这是就同一群体内而言的，如果是不熟悉的人群呢？情况就可能完全不同了，他们可能直接杀掉陌生人，占有他们的资源。而且按照血亲复仇的原则，只要恩怨一旦结下，那么就可能不断循环下去。

　　社会冲突有什么意义呢？第一，它可以迅速地扩大群体的规模，实现劳力的聚集——这正是农业生产所必需的。第二，因为社会冲突会导致更严格的地域限制，导致狩猎采集者群体的成员不敢随意流动，迅速有效地降低狩猎采集者的流动性。失去流动性是开展农业生产的前提之一。如果不能停下来照顾动植物，驯化就不可能发生。第三，如果群体成员不能随意流动，那么聚集起来的人群就可能对当地的资源形成足够的压力，必须想办法提高本地食物资源的产量，即开始强化利用某些增产潜力较大但是需要投入大量劳动的物种，如野生的谷物。恰好聚集的人群能够提供较为充足的劳力供给。第四，当群体失去流动性且社会冲突加剧的时候，群体内的组织就需要得到加强，这样才有"战斗力"，群体内成员威望的竞争无疑会加剧，像"宴飨"这样能够提高威望的活动就可能出现，增加食物剩余也就有了动力。第五，一旦社会分层加剧，狩猎采集者社会常见的平均主义的社会结构就可能被打破，这种社会结构极大地限制了有能力的人生产剩余的积极性，只有打破它，农业生产的积极性才能得以释放。

　　我如果说是社会冲突导致了农业起源，是否可以呢？目前的主流理论很少考虑到社会冲突因素。这么说是不是对于人性过于悲观呢？人类世界有史以来就没有和平过，没有国家的时代，屠戮几乎无法管控；进入国家社会之后，冲突的规模更是进一步扩大。社会冲突之普遍让人不禁怀疑人性本身是否就是恶的，或者说至少有恶的一面。回到人性最基本的层面,社会冲突理论也可以成立。也许可以不用"社会冲突"这个词,不过人类种群社会的内部竞争肯定是存在的, 即使是蚂蚁这样的社会性动物中都不可避免地存在竞争。有竞争也就会有冲突, 只不过因为人类能够不断发明更高级的技术, 所以竞争也更血腥。

用社会冲突理论解释社会变迁并不是什么新发明, 马克思其实早就将矛盾看作事物发展的基本动力了。就社会科学研究而言, 问题的关键往往不是得到一种规律性的认识, 而是要弄清楚规律在何种情况下发挥作用。比如《孙子兵法》中有"出其不意, 攻其不备"的作战基本原则, 知道它固然重要, 更重要的还是要知道在何种情况下运用。如果社会冲突是人类社会的普遍现象, 那么为什么它会在更新世全新世之交导致农业起源呢? 为什么只是发生在某些地区呢? 哪些条件发挥了作用呢? 以华北地区为例, 一个重要初始条件是海平面的上升, 即使人口没有增长, 随着渤海、黄海由末次盛冰期时的陆地重新成为海洋, 这个地区的人口密度也会翻倍。与此同时, 随着气候的变暖, 新的生境形成, 人类的生态位需要调整。也就是说, 不同群体的角色要重新洗牌, 从前习以为常的角色需要改变, 这也为社会冲突的形成提供了条件。社会冲突一个重要的特点是, 如果没有有效的管控, 如国家法律, 就有可能不断结怨, 矛盾不断激化, 直到一个群体把另一个群体消灭或赶走。这样的例子在草原部族中表现得相当充分。狩猎采集者社会内部与群体之间的冲突可能没有这么激烈, 但解决问题的方式大致如此。通过生态模拟, 中国农业起源发生区域都是不那么适合狩猎采集者的区域, 当然也不是最差的地区。资源不足，人口增长迅速，而且这些区域（华北与长江中下游）又都是便于人类流动的地区，一个群体的成员可以很方便地走进另一个群体。这也就使得某些群体人口膨胀成为可能。

下面我也许应该提及考古材料证据了，我是否有足够的证据印证这样的理论假说呢？社会冲突会表现在什么地方呢？我能否找到社会威望竞争的证据，证明社会存在一定程度的分化？我还需要找证据证明人类群体的领域（territory）观念的确比以前更加严格了。当然，如果有武力冲突的证据那就更好了，即便没有，也不表明社会冲突就不存在，如群体的分裂。社会冲突的直接后果是人类聚群，流动性减小，有可能出现一定程度的定居。也许还可以发现一定程度的防卫设施。如此等等的证据，绝大多数都是可以找到的。只是社会冲突并不是唯一解释得通的理论。不过，社会冲突理论是一种非常简洁的理论，按照奥卡姆剃刀法则，若能用简单的原因解释，就无须寻找复杂的原因。社会冲突理论似乎符合这一原则。

社会权力的空间表达

　　"五一"小长假带孩子到天津看了看，成为人潮的组成部分，走马观花，算是到过。我们住在海河边上，海河两岸是天津的门脸儿，高楼林立，十分气派。文化中心一带的博物馆、美术馆、图书馆、剧院、科技馆、自然博物馆等文化机构散落在一片人工湖边，边上还有一个超大的购物中心，吃饭很方便。那些文化建筑都是国际著名建筑设计机构或大师的作品，美轮美奂。整个文化中心经过系统规划，以人工湖、生态岛为中心，建筑密度低，建筑物也不高。走在这里，跟行走在海河边一样，恍惚之中，不像是在中国。

　　作为谷歌地球的旅行达人，我经常是通过卫星照片旅行世界各地的。从天津回来，马上又通过谷歌地球与百度地图（有详细的地名）回味了一下旅程。无意中发现文化中心的西北部有一个巨大的类似公园的地方，中间稀稀落落地散布着几栋房子。根据我常年卫星照片旅行的经验，我猜这十有八九是迎宾馆。上百度地图一核对，果真如此。每个省会都有迎宾馆，又称国宾馆，是最顶级的酒店与会议中心。虽没有星级，但那些所谓的五星级酒店跟它们相比其实相差甚远。在人烟密集的都市，哪

天津市文化中心平面图

个五星级酒店有如此奢侈的空间使用？建筑几乎都掩映在森林之中。这片城市森林的边上倒是有几家五星级酒店，挂个小角，算是能够眺望森林吧。文化中心的正西面是市政府与大礼堂，这就不用说了，严整疏阔。还好不像许多县政府，前面都是巨大的广场，所以在卫星照片上还不那么容易一眼就看出来。

迎宾馆的西边就是马连道，那里曾经是天津顶级的居住区，租界中阔人们多住在这里，工作的地方则在解放北路一带，这里多有银行，听说还有一片休闲的地方，出租车司机跟我聊过，我忘记了。马连道一带的住宅密度也很低，都是些小洋楼，这些建筑见证了洋人在中国曾经的优越地位。记得在谷歌地球上看日本，城市都是十分拥挤的，但是驻日美军基地十分疏阔，跟在美国生活一样。两种空间对比十分强烈，不难看出美军还是日本的占领军！

和政府机构的疏阔空间相比，经济实力的表现就是摩天大楼与商业吸引力，毕竟它们需要赚钱。优越的地理位置是首选，然后就是要彰显商业吸引力，广告牌、霓虹灯是比较明显的，特殊的造型、文字则是暗含的诱惑。我们所住的地方离天津环球金融中心不远，这栋摩天大楼，我们称之为"丝瓜大厦"，因为远远看去就像一根丝瓜。隔河相对的是四角方正的茂业大厦，到了晚上，整个摩天大厦的四面变成了巨大的电视幕墙，不断滚动各种标语与广告，十分壮观。往西海河的拐弯处，是一片公园广场，隔河相对的是圣瑞格斯酒店。建筑不高，上面只有英文，用手机搜了一下，才知道这是一家顶级奢华的国际酒店。建筑的形状如巴黎的拉德芳斯大门，中间是空的，有很高大的台阶。奢华是无言的，最佳的位置，浪费的空间。这些建筑都让人过目难忘。

与向上生长并极其在意位置的经济空间相比，我还注意到一类极其注意位置的空间，那就是军事空间。作为军事发烧友，在谷歌地球上，我几乎一眼就能看出哪里是军事基地。它们都处在军事要冲，建筑密度极低，进大门是长长的马路，有的能够长达数公里，两边都没有建筑，最后才能看到房子、运动场，建筑布置十分严整。基地多位于城市郊区，与周围凌乱不堪的民房相比，它们简直是鹤立鸡群。军事空间的地位在过去几十年里是毋庸置疑的，是必须优先保证的。军事空间的优越性几乎是政治与经济空间的总和，既强调位置，又十分空阔。这些空间都是秘密的，以前不是一般人可以了解到的，也就是因为如今商业卫星发展的缘故，我们可以一睹其概貌。

与政治、经济、军事空间相比，文化空间也是值得一说的。拿天津来说，租界的建筑是历史文化古迹，海河边上的天津古文化街是旅游的热点区域，也是民俗文化的集中展示区。文化是旅游观光的主要卖点，我们或可以称之为"文化经济""文化工业""文化产业"等，这里文化空间与经济空间镶嵌在一起，难以区分。前面提到的天津文化中心则是集中展示区，与市政府比邻、与迎宾馆相望，也彰显了文化空间的重要地位。这四类空间都是经过精心建造与维护的，就像我前面所说的，行走其中，气派、现代化、干净、严整，不像是在中国这么一个发展中国家。离开这些空间不远，尤其是城乡接合部，脏、乱、差，一下子就让人回到了现实。我所说的四类空间也许可以代表社会顶级的权力空间，或者说是这四种权力的空间表达形式。

在卫星照片上还有一个现象值得注意，天津城郊正在兴建的区域中，可以看到大片类似军事空间的布置，严整、空阔，仔细一瞧，发现是大学城。大学算不算文化权力空间呢？可能也是，比如我曾经工作过的吉林大学，1946年建校，搬进长春的时候，占用了日伪政权好几栋重要的建筑，包括煤炭株式会社、祭祀馆（鸣放宫）、新皇宫（后来补建完成的）、军事部等，老吉大五六十年代所建的理化楼很长时间都是长春的最高建筑。国民党从大陆败退台湾的时候，除了搬黄金、撤军队，就是抢文物与大学。

不过，从我们的现实感受来说，文化像是依附性的，似乎可有可无。而从空间表达上来看，文化是权力表现的一种不可或缺的形式。这里的文化不仅仅包括狭义上的教育、研究机关，还要包括体育、新闻传媒、文化娱乐休闲等产业。从天津的卫星照片来看，体育中心、媒体大厦、高尔夫球场、水上乐园等等，其空间表现都是相对"奢侈"的。文化是渗透性的东西，离开它，社会就很难运作。福柯讲"知识就是权力"，文化作为知识的提供者，它获取权力的途径可能不那么直接，但它在空间表达上却是实实在在的。

迈克尔·曼的《社会权力的来源》把社会权力分为政治、军事、经济、文化四种。从当代社会的空间表达上来看，这个划分还真是有依据的。以前只有一种抽象的认识，而今化为具体的空间形式的时候，当城市空间（房地产）日益昂贵的时候，则让人切切实实地感受到了什么是权力！当然，这些权力可能属于精英的权力，它们的空间表达是具有优先性、排他性的，于是，你可以看到城中村、郊区、大片的耕地，乃至成片的街区都可以被征用、拆迁。

与之相颉颃的是让城市空间无序化的力量，这里面包含着大量的小商铺、打工者租住的房屋、没有规划的小工厂等，它们代表社会的活力。在中国过去几十年的高速发展中，它们也是野蛮的象征。某种意义上说，它们代表的是中国在国际上的形象，假如我们把西方视为精英社会的话。迈克尔·曼似乎没有意识到这种精英权力之外的权力，它无序、资源紧张，甚至有些野蛮，但是它整体规模巨大，足以让人畏惧。

随着中国在国际分工体系中位置的上升以及中国社会的发展，从卫星照片上看，这些无序化的空间正在减少。从现实的观察来说，就是中产阶级的队伍在迅速扩展，中国正在走向中产阶层占主体的橄榄型社会的路上。

迈克尔·曼似乎还忽视了一种权力，那就是宗教。历史上，中国也不是一个宗教社会，所谓佛教、道教在中国社会的地位一直是相对边缘的。"天下名山僧占多"，反映的还是避世。与西方的教堂在社会组织、权力运作（尤其是中世纪时）上的中心地位形成鲜明的对比。西方的乡镇乃至城市基本都是围绕教堂发展的，西方人在教堂建设上的投入是不惜工本的，一座教堂往往要花几十年乃至数百年去建设，所用物力之奢侈是无以复加的。我们知道，在权力分化为政治、经济、军事、文化之前，神权几乎就是社会权力的全部。

权力的空间表达或空间的权力属性很早就为研究者所认识到，按社会理论的说法，从恩格斯的《英国工人阶级状况》到列斐伏尔的《空间的生产》，都注意到空间作为一种技术在社会控制中的作用。重要的社会思想家福柯、布迪厄、吉登斯、哈维等，都把空间纳入自己的理论体系中，把空间视为权力技术的载体与工具，有塑造社会结构的作用。考古学中，聚落考古早在20世纪50年代就注意到空间体系与权力组织的关系，之后的过程考古学也十分注意空间分布形态的研究，不过更多侧重的是功能适应性质的。对权力的普遍关注是从后过程考古学崛起之后开始的。

迈克尔·曼所说的四种权力，抑或是我后面添加的两种权力，都是历史分化发展的产物。我现在有一种认识，至少是在中国，真正的军事权力是青铜时代的产物，青铜合金在制造刀剑、箭头方面是石质工具所无法比拟的，有更高的强度、韧性以及重量。而经济权力的分化形成是铁器时代的产物，铁的易得性与物理属性，使得它适合制作农具，铁制农具的应用使得犁耕、家畜的役使真正普及；石质的犁头适用的土质是十分有限的；青铜昂贵无比，难以普遍用于犁耕。铁器时代使得一家一户在经济上足以独立，经济权力开始有利可图。相比而言，文化的权力出现更晚，它应该是"罢黜百家，独尊儒术"的产物，文化思想堂而皇之地成为了社会控制的工具。

最早形成的是政治权力，它表现出来的是神权。这种权力某种意义上说是一种软性权力，它是在威望的基础上结合仪式形成统治者对神性的垄断，通过仪式、祭祀，让群体成员把剩余劳动"奉献"出来，于是乎有了古城、祭坛、大墓等等。在这样的时代，对空间的神性塑造是不可避免的，部分景观空间成为"圣地"，如红山文化的祭坛；部分建筑空间具有了"神性"，只有少数群体可以进入，比如南美前印加时代的政权用水声营造一种圣境之感。可以想见，随着考古发现的增加与工作的细致化，我们将可能在新石器时代晚期发现越来越多的"神器"与"圣地"。

不过，我个人更感兴趣的是权力的渊源，它最早的形态是什么样的？它的空间表达形式是怎样的？简言之，新石器时代早中期的时候，空间形态的分析是否可以发现权力技术的踪迹呢？除了区隔、象征、布局、营造……还有哪些策略可以应用呢？这些问题都是很值得进一步思考的。在此之前，先了解当代社会权力的空间表达以及社会思想家们的理论还是很有必要的。

作为体系的中国文明溯源

我们当下对于文明起源、农业起源、现代人起源乃至人科起源的研究都偏重于同一个模式，那就是寻找其标志性的特征。于文明起源，标志包括文字、金属冶炼、城市、国家政权；于农业起源，则包括定居、陶器、磨制工具、驯化动植物；于现代人起源，则是艺术品、复合工具等；于人科起源，则是直立行走、工具制作等。考古学研究中频频爆发的有关文明起源的争论围绕的中心就是这些标志的普遍性与局限性，如南美早期文明就没有文字与金属冶炼，游牧社会的政权就没有稳定的城市，至于说复杂社会的组织形态那更是千姿百态，任何标准都有简单化之嫌。这种关注标志特征的研究非常具体、便于操作。不过，我们不得不说这种研究方式还是还原论式的，它忽视了文明发展的整体性。文明起源仿佛是星星之火，点燃之后逐渐扩散，我们可以称这种解释为"火种模式"，研究的目标就是寻找最早的文明萌芽以及文明扩散的证据。但是这种模式既不能解释文明何以能够发生，也不能解释历史上中国文明多元一体的格局何以能够存在。因此我们需要新的视角，一种强调整体性的视角，或可称为体系的视角。

体系的视角与流行于当代世界史与社会学研究中的"世界体系"理论近似。沃勒斯坦的这套理论原来用于晚近世界历史的分析，强调经济上的联系。布赞与利特尔在此基础上进一步发展为国际体系理论，并扩展出"前国际体系"的概念，它适合用来探讨文明起源。国际体系理论更强调体系内部不同层次单位之间在不同部门（如军事－政治、经济、社会等）的互动关系。不论是世界体系还是前国际体系理论，都偏向于在整体性的基础上来考虑社会发展。更重要的是，这些理论具有丰富的内涵，而不只是一个框架或笼统的观念，可以成为我们解释文明起源的新思路。采用体系的视角考察中国文明的起源，我们可以得到如下几点认识。

这里要说的第一点认识就是，中国文明的起源首先就是一个体系的形成，而不只是某个地方率先出现某些文明的特征。我们去良渚国家考古公园参观，会看到一句话，"实证中华文明五千年"，它代表围绕良渚遗址的一系列发现可以把我们对中国文明的认识扎实地推进到距今五千多年前。但是，我们还需要看到的是，良渚只是这个时期中国文明的一个代表，从北方的红山文化（也称文明）、山东的龙山文化到长江中游的石家河文化，稍晚还有陶寺、石峁古城的惊人发现，可谓是群星璀璨。此时，我们不能没有疑问，为什么这些文明几乎在同一时期出现？而且它们之间又具有相当的共性，而在周边地区却没有看到类似的文明形态，比如说良渚与上千公里之外的石家河、石峁在社会发展的相似程度上要高于毗邻的福建地区。由此，我们不能不从体系的视角来考察，也就是说，中国文明兴起的时候，它就是一个体系。

为什么会存在这样一个共同的体系呢？因为它立足于共同的基础，也就是我们的第二点认识，这个共同的基础就是新石器时代农业社会。农业是文明的基础，农业提供文明社会所需要的生产剩余，支撑精英阶层及其附属专业群体的存在，其中包括专业化的手工生产、军队、官僚阶层等。从民族志中我们知道，少数依赖水生资源的狩猎采集者社会，尤其是在近海海洋资源丰富的区域，存在人口稠密集中的复杂社会，如美国西北海岸。但是这样的社会规模和复杂程度与立足于农业的文明社会还是有很大差距的，没有证据表明这样的社会建立了国家与城市。史前文明的形态各异，但经济基础都是农业，无一例外。当然，我们对农业的定义需要澄清，它不同于狩猎采集从自然界中获取食物，而是通过驯化、栽培来生产食物，这其中包括畜牧、游牧，以及以种植根茎为主的园圃农业。农业生产需要稳定地控制资源，不论是动植物、田地、草场、水源，还是人口，控制导致冲突，而管控冲突导致更复杂的社会结构。

中国史前农业最早起源于两大区域：华北与长江中下游地区，更准确的说法是华北与长江中下游的山前地带与盆地边缘区域，而在华南地区发展的是一种混合根茎种植、狩猎采集以及渔猎的生计方式，考古学家称之为"低水平食物生产"。距今八千年前后，史前农业开始逐步向平原地区扩展，这样可以获得更平坦、更肥沃、更容易灌溉的田地。当然，开发这样的田地需要排干沼泽或抵御洪水，需要投入更多的人力与更复杂的社会组织。此时涌现出了以辽西的兴隆洼文化、华北平原的磁山－裴李岗文化、山东后李文化、陇东大地湾文化、关中老官台－李家村文化、长江中游的彭头山文化、长江下游的上山文化等为代表的一系列考古学文化。它们发展程度与形态类似，时间阶段大体相当。而由它们发展出来的新石器时代文化区正好也是中国史前文明体系所覆盖的区域。从这个意义上说，是农业起源滋养并限制了中国史前文明体系的范围。

新石器时代中期开始，史前农业已经形成完善的文化生态体系，不仅有驯化的作物，还有家畜，以及配套的工具与社会组织管理能力，它开始向周围边缘区域扩展。非常有趣的是，中国史前文明体系仍然是以上面所说的新石器时代文化区为中心建立起来的，农业扩散的区域是文明体系的影响区域。这些文化区可能与边缘区域互动关系频繁，比如说辽西地区与东北以及草原地带的交往应该比中原更便利，但是在文明的发生上，辽西与中原的关系更密切，而不是东北与草原地带。这里可能有两个原因：一是文明的基础是农业，没有农业社会的长期发展，就不可能形成文明，而这些边缘地带的农业发展相对滞后，虽然后来有农业扩散过来，但是发展水平还是不能与中心区域相提并论。二是农业社会之间的互动问题，尽管东北、草原地带距离辽西更近，但由于生活方式、社会结构差异巨大，它们之间社会互动的层次、渠道不如辽西与中原地区来得深入和丰富。由此，形成我们的第三点认识，文明体系内成员之间互动的层次和渠道要多于成员与周边地区之间的关系，空间上的距离并不是最重要的影响因素。

基于第三点认识，我们可以进一步认为，中国史前文明体系是在农业起源的早期阶段就已经奠定了格局，至少是在距今八千年前，中国新石器时代早期（有观点将之定义为新石器时代中期）文化涌现出来的时候。农业起源是个漫长的过程，从旧石器时代之末就已经开始，如今我们常用旧新石器时代过渡（或为了顺口，叫作新旧石器时代过渡）来表述，它持续的时间长达七八千年。一万年前后，我们在长江中下游地区、华北看到了农业起源的萌芽，时隔两千年左右，突然出现了一系列新石器时代早期文化，然后形成了不同的地区中心，并开始影响周边区域。不过，史前农业发展过程中有两个例外：一是华南地区，作为农业起源的另类区域，其新石器时代萌芽（如磨制石器、陶器等）的出现甚至比华北与长江中下游地区还要早，但是其谷物农业的出现要晚得多。二是四川盆地，它的表现正好跟华南相反，其新石器时代开始较晚，但是发展迅速，后来成为巴蜀文明的中心。究其原因，那就是史前时代四川盆地发展农业的条件要好于华南，华南"低水平食物生产"不足以支撑复杂的文明。随着史前农业的扩散，周边区域逐渐融入了中国史前文明体系。另一种模式是在农业边缘地带发展出游牧经济，这不是一种自给自足的生计方式，它与谷物农业社会形成共生关系。传统观点强调两种社会之间的冲突，而忽视了它们仍然属于同一个体系。这个中心带边缘的结构构成了后来中国文明体系发展的基本特征。

最后要说的是，我们对这个体系的追溯是有限度的，基本止于旧新石器时代过渡阶段。再往前追溯的话，我们已知的旧石器时代文化格局与作为体系的中国文明，结构差异明显。旧石器时代晚期后段，中国北方地区流行的是细石叶技术，这种技术的分布范围还包括朝鲜半岛、日本列岛、西伯利亚，乃至北美的西北部。它作为一种标准化的技术策略，非常适合高度流动的狩猎采集生活。它的流行与末次盛冰期前后开阔的冰缘、草原环境密切相关。而在长江中下游及其以南地区，这个阶段盛行的是一种以燧石小石片为代表的技术，石器技术的面貌远比北方丰富多样。末次盛冰期所带来的环境影响相对于中国北方来说要小得多。这种南北相对的格局一直可以追溯到旧石器时代早期，跟我们在新石器时代看到的由诸考古学文化谱系所组成的文化格局明显不同。这反过来正说明，中国史前文明体系是农业社会发展的产物，与狩猎采集时代关系较远。

　　如今我们可以确定地说，中国文明体系的格局是一万年前后奠定的，其中包含着华北与长江中下游地区两个农业起源中心。这个格局支持中国文明后来绵延五千年不绝的文化发展，直到近代为以工商业为中心的文明所打断。从这种宏观的历史视角来看，过去的一百多年，中国文明体系进行了最大程度的转型，我们处在一个伟大的时代转折之中，中国文明进入了一个新的体系。旧邦新命，值得期待。

为什么夏是一个问题？

中国考古学研究的两大工程——"夏商周断代工程"与"中华文明探源工程"，探索的一个核心问题就是夏，包括夏代存在与否、年代与范围、标志性遗存等等。项目结果公布之后，中外知识界与大众的反应各不相同，但是热度类似。最近《鼏宅禹迹：夏代信史的考古学重建》一书出版，又为夏问题的讨论添了几分热度，网络上下都在发表对夏问题的看法。同在考古学界内，这本书的作者孙庆伟兄与我在北大上研究生时同住一宿舍，上下铺。他是商周考古的专家，侧重专门的学术讨论，而这我是没有资格参与的。我所能做的是考察知识生产的背景关联（context）以及有关夏问题考古学研究的理论前提，以期获得某种程度上的"旁观者清"。

考古学家从事的研究工作是一种知识生产，由此，它必定涉及两种背景关联：一种是外部的，一种是内部的。前者主要指与时代背景、社会思潮与相关科学进展的关联，后者主要是指考古学理论、方法与实践之间的互动。还记得多年前，在斯坦福大学工作的刘莉教授给我发来一份电子邮件，针对某些西方学者的指控，她想调查中国学者是否认为自己是在民族主义的指导下从事考古学研究。对这个指控我很惊讶，按我的理解，民族主义相对的是帝国主义和殖民主义，如果没有帝国主义，没有殖民主义的话，哪里来的民族主义？哪里有压迫，哪里才有反抗！单方面指控中国考古学者的民族主义，而不去反思自身的帝国主义和殖民主义，是有失公允的。将肯定夏的存在就视为民族主义的"愚妄"，那么否定夏的所谓"科学态度"难道就不是帝国主义的话语霸权么？

我在学校教授考古学史课程，相对熟悉考古学的渊源。回顾考古学史的发展历程，近代考古学兴起的标志就是丹麦人克里斯蒂安·汤姆森提出"三代论"。其背景正是拿破仑入侵丹麦，同为近代考古学先驱、汤姆森的同侪詹斯·沃尔塞在他 1843 年出版的《丹麦的原始古物》一书开篇就写道："没有关注独立与自身存在的国家会忽视其所立足的过去"。考古学本身是一个跟民族主义密切相关的学科，这是无法改变的事实，这就是考古学知识生产的背景关联。如今当我们进行知识生产的时候，可能会带着它，这是我们这个时代决定的，因为我们可能还处在文化帝国主义的霸权下。

《人类的起源》作者理查德·利基曾经注意到学术界有关人类进化的解释与时代背景的关联。20 世纪 20 年代流行雷蒙德·达特"人、凶杀者的猿"的假说，其背景正是第一次世界大战，人类自相残杀，流血漂橹。20 世纪 60 年代强调狩猎的重要性，流行"人、狩猎者"的概念以及狩猎采集者与环境的协调关系，当时正值第三次技术浪潮时期，同时环保主义开始流行。之后，强调女性采集经济对人类生计的重要性，

"女性、采集者"假说大行其道，而此时正是女权主义运动风起云涌的时候。

无独有偶，在中国考古学史上，1949年以前，我们讲很多东西都是持"外来说"。陈星灿《中国史前考古学史研究（1895—1949）》中详细罗列了有关中国人外来的诸种说法，有外国人提出的，也有中国学者提出的。不仅中国人外来，中国文化也是外来的，其中就有彩陶。李济先生早期的田野考古工作很大程度上就是想证明这个说法是错误的。1949年以后，有一段时间因为遭到帝国主义的封锁，民粹盛行，此时多流行"本土说"。改革开放之后，尤其是现在，通常的说法是"外来＋本土创新"。这样的耦合很有意思，它并不是说学者们都在迎合时代的需要，而是说学术总是一个时代的学术，是无法摆脱时代的影响的。时代的关联让学者们更关注某些现象、某些问题。我们对夏问题的关注正值中国作为一个新的民族国家（以前是帝国）进入世界体系之时，这是我们对自身文化定位的需要。

我们应该清楚，一个失去历史的民族是不能称其为一个民族的，就像一个没有过去的人我们无法对他进行定位一样，历史渊源是民族赖以存在的基础。夏之所以成其为问题是与中国进入现代世界体系同时的，一方面我们需要重新审定自己的文化历史身份；另一方面，我们的身份也在为主导这个体系的西方世界所审定。正是在这样的外部背景关联中，夏成为了一个问题：中国历史上有没有夏代？两种话语权力在相互较量，过去百年中，绝大多数时候，西方的话语是占主导地位的，受过西方话语影响的中国人也借鉴这种话语来进行自我审定。20世纪初的疑古思潮首先解构了历史文献的可靠性，夏之存在的文献载体遭到了颠覆，于是夏本身也就成了问题。而此时，中国考古学还在幼年时期，还不能提供什么有说服力的证据。

世纪之中到改革开放前，有关夏的问题消失了。当然，按照另一种话语来解读，质疑夏是一种政治不正确的行为，中国知识分子没有人敢这么做。这是话语体系本身的问题。回到知识生产的背景上来看，此时夏的问题其实根本不成立。按照中国人对自身历史的理解，我们是炎黄子孙难道还需要证明吗？从另一个角度来说，商的存在已经证明疑古思潮走过了头，龙山文化以及二里头遗址的发现已经一定程度上证明了夏的存在。只是我们有必要证明给自己看吗？此时中国学者想到的不是去质疑夏，而是如何去更准确地丰富有关夏的认识。

夏又成为一个问题是改革开放后，中国重新进入西方主导的世界体系之时。夏就像一种历史身份证需要接受重新审定，在新的体系中中国需要这样一张历史身份证来证明自己的存在。这个话语体系的一个维度叫作"科学"。夏的存在需要接受科学的审定，即必须有充分的资料来证明。这里需要排除对历史文化的理解，需要排除"民族中心论的偏见"，让我们对夏的历史追溯回到元叙事。作为处在历史情境中的中国人，实际是不可能做到的。于是，质疑远远要好于肯定。这样既符合科学，也无须承担新话语体系的任何指控。

从考古学的内部背景关联来看，说到夏，我们首先要问的是，它是否成其为一个问题（学术议题）？我的研究领域主要是史前考古，自然我偏重从长时段的角度来看。从中国文明诞生的整个背景来看，夏问题涉及中国文明起源的问题。中国文明起源究竟是在什么时候形成的？是怎么形成的？跟其他的文明有什么差异？这些问题才是最重要的，也是中国人所关心的、世界所关心的，至于它叫不叫夏那是另一个问题。我曾在《读书》（2016 年第 10 期）上著文溯源中国文明的经济基础，距今一万年前后，中国就产生了华北（旱作农业）与长江中下游（稻作农业）两个起源中心，历经五千多年的发展，中国文明形成。这决非学界曾经以为的中国文明是"早熟型"文明，而是正相反。中国文明正是因为有极其深厚与宽广的农业根基，才保证了后来五千多年绵延不绝，形成了世界上极其罕见的完整的农业文化系统。不久前结项的"中华文明探源工程"最大的贡献是理清了夏之前或同时期文明的发展脉络，辽西的红山、浙江的良渚、陕西的石峁、山西的陶寺、湖北的石家河等等，其发展水平无不可以称之为文明，尤其是其中的良渚，大型的城址、复杂的水利工程、明显的等级制度等，都已经为王朝统治奠定了良好的基础。

　　如夏这样大型的学术议题往往需要多学科的合作研究，不可能由一个学科独立解决。说到这里，我不禁想起最早的美洲人研究。当年留学的时候，作为最早的美洲人研究三大权威之一的戴维·梅尔茨教授开了一门课，专门讲这个问题，综合学术史、环境、语言、考古材料、年代、DNA 等许多学科的研究来讨论这个问题。美国有成百上千的学者研究最早的美洲人问题，但是到现在为止这个问题还是悬而未决。不过，通过多学科的研究，学术界对该问题获得了较为充分的理解，这种理解不是仅凭考古学一个学科所能获得的。

当前有关夏问题的焦点是夏王朝的确认，对于这个问题我们很多时候是受到确认商王朝模式的影响，也就是需要有文字，有明确的纪年，有得到甲骨文与历史文献二重证据确认的先王世系。大家认为必须按照这个模式，才能够确认夏，否则的话，都不能叫确认。这个模式的简化版就是，文明必须有文字，如古埃及文明、苏美尔文明、古希腊等等，一个例外是印加文明。我们是否有可能满足这个模式呢？应该说是有可能的，中国新石器时代晚期已经有一些类似文字的符号，商朝的文字已经比较成熟，处在中间的夏王朝是可能有文字的。早期王朝的文字都是庙堂性质的，多与祭祀相关，而考古遗存中祭祀遗存是相对保存比较好的（因为不实用以及对神灵的畏惧），所以，找到夏王朝的文字是有可能的。

二重证据法如此深入人心，以至成为一种规范，认为考古与文献证据相互印证，能最好地解决问题。其实，二重证据中，物质遗存（考古材料）本身并没有发言权，它需要接受文献资料的审定，否则仍不足以说得到证明。说到这里，禁不住想起艺术史中的图像分析法，作为大师的潘洛夫斯基运用这一方法可以去分析许多问题，但有趣的是，他还是要不断地引用文献来证明他的图像分析法的合法性。面对文献材料，以物质遗存为中心的考古学研究在证明夏问题的时候，并没有大家想象的那样有说服力。换句话说，即便考古学上找到了夏代的遗存（很可能已经找到了），仍有可能得不到确认。这也正是当前夏问题研究的纠结所在。

许多人，尤其是学科之外的人，认为夏就是一个神话传说——而非历史。这让我想起考古学上的一位传奇人物，一个被天上掉下的馅饼反复砸中的人，德国人海因里希·谢里曼（或译为施里曼）。他从小就迷信荷马史诗，虽然别人都觉得这只是神话，他却字斟句酌地按照其中的记载去寻找特洛伊古城。最后，他真的找到了特洛伊遗址，只不过地层找错了，但这是技术方法的问题。他还找到了"阿伽门农"的墓（其实是时代更早的青铜时代酋邦首领的墓），并且差一点就找到了米诺斯王宫，只是因为他不愿多赔几个橄榄树的钱，以至于失之交臂。因此，我们对传世文献应该更宽容一点，迷信也好，怀疑也好，可能都不一定绝对正确，保持一点开放的头脑，可能会更好。

《鼏宅禹迹》开头引用邹衡先生的话，"夏文化不是没有发现，而是用什么方法去辨认它"。这里涉及一个考古学理论的核心问题：通过物质遗存研究能否确定族属。物质遗存本身不会讲话，它不会告诉我们它属于夏。之所以有夏，是因为有历史文献的记载。这里的"夏"，可以是夏王朝，也可以是夏族或夏人，还可以指夏代。我们通过物质遗存能够进行怎样的回答呢？物质遗存与族群之间的关系问题是极其复杂的，相当于考古学中的哥德巴赫猜想。而夏问题不是，因为通过文字的发现是有可能解决夏问题的（中国社会科学网 2018 年 6 月 8 日文章称夏问题是哥德巴赫猜想，这是一个误解）。

考古学中物质遗存与族群之间的关系问题由来已久，20 世纪 60 年代末，先师路易斯·宾福德与法国考古学家弗朗索瓦·博尔德就石器组合的意义进行论战，博尔德认为石器组合可以代表人群，宾福德认为可能代表不同的活动。在新石器时代考古中，研究者常用"考古学文化"（一定时空范围内的物质遗存特征组合）来指代族群，但这个理论前提是未经证明的。物质遗存跟族群之间究竟有没有关系呢？有！但是我们知道族群不是从来就有的，它是历史过程的产物，不同文化背景，甚至不同社会情境中，它的表现方式也不同。民族志的研究告诉我们，不同的族群标志族群身份的物质遗存是不一样的，有的用刀子，有的用罐子，有的用文身，有的用祭祀，表现方式多种多样，并不是每个族群在任何时候都用同样的方式来表示自己的族群身份。除非我们知道具体文化历史背景、社会情境，否则我们难以做出准确判断。用物质遗存研究来界定族群问题，这触及了考古学研究的边界。

如果我们从当代来看族群，就会发现它是一个多层次的、具有相对性的存在，可以按国家、民族、宗教、语言、部落等不同标准来划分，而且在不同情境，人们所强调的族群范围是不一样的。与此同时，现代意义上的族群并不是一种静态的存在，而是一个历史构建的过程，从无到有，从小到大，还会经历分裂、离散、融合、归化等过程，并没有一个一成不变的族群概念。因此，我们也许需要反思，我们是不是在寻找一个标准的"夏"？有没有一个标准的"夏"在那里等着我们去发现？如果夏是一个文化构建的过程，这意味着它可能是一个扩展、交融、再创造的过程，其中可能充满着杂糅、混合，我们很难找到一个"血统纯正"

的夏。由此考古学研究通过物质遗存的特征分析去识别夏就会变得更加困难，我们很可能已经走出了考古学的边界。

我们需要特别注意的是，考古学的边界并不是一成不变的，随着研究范式的更替与拓展，考古学的边界也在扩充。比如说，如果我们把夏当成一个文明起源的问题来研究，它就是一个国家政权构建的过程，我们就需要去研究国家组织下的经济生产、权力运作、社会组织、意识形态的控制，以及意识形态的表达等等，我们就可以解释世袭的夏王朝为什么能够取代之前非世袭的"古国"（苏秉琦先生语）或"神王"（张忠培先生语）社会。这种视角让考古学家更多地关注复杂社会组织的运作机制，解释文明起源的原因。即便我们不能肯定夏的存在，但我们就这个时代的认识也会非常扎实深入。

夏是青铜文明之始，取代了一个以玉器及其他非金属器物为表征的时代。青铜适合用于制作礼器与兵器，另外就是经济交易的通货。因为昂贵，还很难大规模用于农业生产。这样的政权是立足于政治与军事权力之上的，相比之前以政治权力为中心的古国阶段，它拓展了军事权力。这种侧重物质性的研究属于一种新的理论范畴，它再一次拓展了考古学的边界。这里夏不仅仅是一个族属的问题，我们可以从物质性、能动性、景观、性别、阶级、惯习等角度去阐释，由此我们将可能看到一个宛在万花筒中的夏。

20 世纪 90 年代以来，中国考古学已悄然转型，从以文化历史重建为中心逐渐转向以社会功能重建为中心，也就是更强调理解社会如何运作。就像良渚文明的研究所展示的一样，从大墓追溯到城墙，从古城到外围的支撑聚落与稻田，从城墙的构筑到几十公里开外的水利系统工程，一环一环地解开一个曾经辉煌灿烂的文明。这里我们已然不需要再争论它的"身份"，考古学的发现与研究就已经充分地进行了证明。

　　简言之，为什么夏是一个问题？这是由知识生产的外部与内部背景关联所决定的。它曾经不是，20世纪中也不一直都是。当前夏的问题，从学科外部背景关联来说，是中国重新进入世界体系的历史身份证。回到学科内部的背景关联，夏的问题涉及作为考古材料的物质遗存需要得到文献、传说的确认；在学理（考古学理论）层面上，需要解决物质遗存与族群的对应条件问题，其难度近乎哥德巴赫猜想。但夏问题本身并非不可能解决，通过多学科的工作，尤其是文字的发现，是可能做出回答的。考古学的边界正在不断拓展，考古学可以从其他方面为夏问题贡献更丰富的内涵。

文化－生态交错带：中国史前文化格局的重要一环

文化－生态交错带的分布及其影响

上个世纪末，中国考古学的泰斗苏秉琦先生在论及中国史前文化格局时提到，中国存在面向内陆与面向海洋两大板块。苏先生过世后，学界更多在微观上深入，而很少研究再讨论中国史前文化的宏观格局问题。宏观上说，我们实际上可以把中国史前文化格局分为四个板块：西北内陆（其中还可以分为青藏高原、蒙古草原以及沙漠戈壁绿洲三个小板块）、东南腹地（其中又包括东北、华北、长江中下游、岭南、西南等小板块）、东北－西南交错地带、海岸地带。四大板块相互依存，相互影响，共同构成中国史前文化发展的总体格局，而不是像历史时期那样以中原为中心形成中心－边缘的环形发展模式。这后两大板块都是生态交错地带，东北－西南交错地带是森林与草原的交错带，海岸是陆地与海洋的交错带。生态交错带也是文化交错带，是文化交流碰撞的地区。考古学上有关西北内陆与东南腹地的探讨非常多，而有关两个文化－生态交错带的讨论很少。两个交错带对中国历史的影响巨大，其中海岸交错带产生的影响主要是在近代，这里暂且不论。

中国从东北到西南的文化－生态交错带是一个弹性变化的区域，大致以 400mm 降水线为中心分布（西南方向受地形影响变化较大），它是森林与草原的交错地带。对于史前的狩猎采集者来说，生活在这个区域，意味着同时可以利用两个地带的资源，具有更大的资源丰富性。当然，凡是机会都是有成本的，交错地带存在一个问题，叫作"森林边缘效应"，即这个边缘是不稳定的，经常变化。狩猎采集群体需要适应这种变化不定的环境条件。历史时期，这里是农耕与游牧群体的交接地带，是双方争夺的战场。气候条件较为温暖湿润的时候，农耕群体向北扩散；气候转为相对干冷的时候，游牧群体南下。有史记载以来一直到清朝，都是如此，直到为海洋方向来的威胁所取代。这个地带决定了农业人口密集分布的范围，早年地理学家胡焕庸先生注意到这条从黑龙江黑河到云南腾冲的分界线，东部人口稠密，西部人烟稀疏。这样的文化地理分布也严重影响了中国文化传统中的方位观：当我们说东西的时候，其实也是南北，南北也是东西。

文化－生态交错带的适应策略问题

从理论上思考文化－生态交错带，首先要解决适应策略选择的问题。这是一个文化适应风险较高的地带，资源多样的同时又变化不定。风险缓冲策略之一就是社会网络，由此我们不能孤立地考虑这个交错地带，而要把它与草原、森林两个地带的总体变化结合起来。2006 年考古学家华伦（Whallon）曾经提出一个理论分析框架，他从资源变化的稳定（可预测）/ 不稳定（不可预测）、同时 / 不同时两个维度上来分析四种策略的选择：同时稳定、同时不稳定、不同时稳定、不同时不稳定。前两种情况下，意味着所有地带同时在发生变化，要么大家的日子都好过，要么都不好过，发展两地的联络没有太大的必要。在后两种情况下，就需要发展稳定的社会交往关系，或是礼仪性的，或是实质性的，礼仪性的交往在考古学上意味着非实用物品的交流，实质性的交往意味着两地物质文化的相似性。生态交错带地区不同时不稳定的情况更多，温带森林地区通常比草原地带的环境更稳定，理论上，生态交错带中应该看到更多东南向的交流。历史时期的情况确实如此，游牧与农耕群体形成共生关系，不过游牧要更多地依赖与农耕群体的交换。

与之相应，有效策略之二就是加强流动性，这意味着人们更经常地迁居，在更大范围内寻找食物资源，而且对于获取资源的不确定性要有所准备，比如说采用更合用的工具，这个策略尤其适用于处在狩猎采集阶段的人群。对于已经进入农耕阶段的人群来说，相对应的策略是分散风险，即不把所有鸡蛋放在一个篮子里，比如种植尽可能多样的植物，饲养尽可能多样的动物。这样的话，遇到灾年，不至于颗粒无收。这样的策略二三十年前还可以在生态交错带地区看到，生活在这里的人们种植作物种类繁多，每一种作物的种植面积都不大，动物饲养上也是如此（在资源供给不稳定的时候，其他地区也可能这么做）。混合的策略意味着更大的弹性，从而更好地应对不确定性。其他的策略还包括广谱，因为这里的资源类型比周边两个地带都要丰富，必定会利用到更多样的资源，与之相应，我们将会在考古遗存中看到更多类型的工具。不过，所有这些策略并不能保证绝对成功，生活在这里仍可能存在失败的风险。

文化 – 生态交错带适应变化的考古学证据

具体到考古材料层面上来说，目前有关东北 – 西南文化 – 生态交错带存在的最早证据可以追溯到旧石器时代晚期的早段。在这个地带发现了类似莫斯特的石器技术，除了宁夏灵武的水洞沟、内蒙古赤峰的三龙洞、东乌珠穆沁的金斯泰等遗址外，云南富源的大河遗址也有发现，显示这一技术可能沿着东北 – 西南的文化 – 生态交错带在传播。到了旧石器时代晚期的晚段，整个北方地区流行细石叶技术，这一技术后来也通过川西走廊向西南地区扩散，代表这个过程的典型遗址有四川广元的中子铺遗址。整个文化 – 生态交错带具有类似的环境，生活在这个地带的狩猎采集者需要保持较高的流动性，所以，尽管西南方向这个地带地形崎岖，但仍然出现了与东北方向文化的相似性。以细石叶技术为例，华北与长江中下游地区并无险阻隔开，但是这一技术基本不见于长江中下游地区。它沿着东北 – 西南交错地带传播，正印证了这个文化 – 生态交错带是确实存在的。童恩正先生最早注意到青铜时代从东北到西南的文化交流；蒙元之初，包抄南宋政权的路线就是沿着这个地带南下。从旧石器时代晚期到历史时期，一直都存在这样一个文化 – 生态交错带。

进入新石器时代，农业逐步形成，距今八千年前后，生态交错带中的辽西地区（考古学上的辽西包括赤峰一带）的兴隆洼文化开始种植黍、饲养猪，同时兼营狩猎采集。我们从考古材料的分析中可以发现，这个时期还没有形成稳定的定居，人们还会周期性地迁居，不同季节利用不同的资源。有关季节性利用，更直接的证据来自内蒙古中南部地区，近几年在这里发现的裕民文化，年代与兴隆洼文化相当，其遗址存在明显的冬、夏之分，夏季营地的典型代表四麻沟遗址有众多的室外火塘，遗址坐落的地理位置也不像冬季营地那样注意避风。在新石器时代的辽西，我们看到不同考古学文化在农业与狩猎采集之间摇摆，在条件更恶劣的内蒙古中南部与冀北一带，我们看到的是文化发展的中断以及文化面貌的急剧变化。距今四五千年，这个地带还发现了两处灾难性的遗址：通辽的哈民忙哈与乌兰察布的庙子沟遗址，两处遗址可能都是由于瘟疫引起灾难，导致突然被废弃。究其原因，这个地带是农业生产的边缘地带，歉收之年，人们不得不利用一些穴居动物，导致病原体扩散到人类社会中。

令人惊奇的是，也是在这个时期，辽西产生了红山文明（或称文化），陕北至内蒙古中南部一带产生了石峁文明，前者以巨大的积石冢、祭坛以及丰富的玉器著称，后者则以 400 万平方米的城市规模称雄当时的中国，瓮城、马面等城防设施出现的历史被大大提前。石峁遗址近百年前就已经发现，但是迟至十年前才认识其性质，虽然有许多原因，但其中有一个不得不说的因素，那就是研究者不敢相信这个地区在如此之早的时代能够有如此之高的文化成就。文化－生态交错带是个创造文化奇迹的地方。如今这个地区的自然景观相对荒凉，但因为有"扬（羊）眉（煤）吐（稀土）气（天然气）"，而成为陕西与内蒙古最为富庶的地区，奇迹似乎又重新出现了。距今四五千年，这个地带产生了特别有利于文明发展的因素，但是这个因素不会是农业，因为这里是农业生产的边缘地带，即使是在气候条件最好的时候，也不大可能超过中原地区。这个因素必须是文化－生态交错带所特有的，它应该是文化交流，很可能是由于生态交错带便利的文化交流成就了这两个文明。然而，我们又不得不承认，这个地带的文明是脆弱的，环境条件的不稳定性决定了这里无法长期支持一个较复杂的社会。红山与石峁兴盛一时，但后面都没有连续的发展。

结语：文化－生态交错带的性质

我想用一个比喻来形容文化－生态交错带，它就像一个"泵"或"鼓风机"。在气候环境条件较好的时候，它就把南边的文化吸引过来，把北边的文化吐出去；条件不好的时候，则把北边的文化吸引过来，把南边的文化吐出去。在文化吞吐的过程中，来自欧亚草原与东南腹地的文化交汇融合，从旧石器时代到历史时期都是如此。我们在旧石器时代晚期的水洞沟遗址看到，一开始这里出现的是具有欧亚草原风格的类似莫斯特的石器技术，但随后出现的是类似华北的小石片技术。新石器时代早期的裕民文化，它的陶器风格类似西伯利亚，都是尖圜底的筒形罐，石器工具则与南边的泥河湾盆地一样，以锛形器为代表，裕民文化之后这里出现的是仰韶文化。简言之，东北 - 西南文化 - 生态交错带是中国史前文化格局的重要一环，它的重要性目前还没有得到足够的重视，理解它的存在，有利于我们把握中国文明形成的基础条件。

文明起源多元视角下的中国文明起源

　　2017 年《中国国家地理》十月特刊的主题是"黄河、黄土"，其中有个部分叫作"在黄河畔寻找中国文明的主干"，请了一批学者就此发表意见。不同学者的观点差异甚大，究其原因，主要是大家对"中国文明"的理解不同。中国文明何所指？何为"中国"呢？有学者侧重于文化典章制度的形成，有学者侧重于都城（因为国不好说，都却是可见的），有学者侧重于疆域（既然是中国，必定有个范围），还有学者侧重于过程（结果其实是清楚的，我们需要了解的是过程）……毫无疑问，中国是个多维的概念，不同视角看到的方面是不同的。何又为"文明"呢？文明更是一个多维的概念，中国与文明两个多维概念就形成了更加复杂多样的组合。于是，大家对何为中国文明莫衷一是。

　　但是，从考古学的视角来看这个问题还是相对明确的。考古学研究史前文明如古埃及文明、玛雅文明、古希腊文明等，都有其明确的研究对象，这个对象是与后来的历史相联系的。我们很难简单地设立一个准确的时间标杆，说从这里开始可以叫作埃及文明或玛雅文明了，之前不能叫。这些古老文明的发展都是一个过程，更合适的做法是列出一个时间段。本身模糊的东西只能模糊处理，一定要精确化反倒适得其反。考古学的目的与优势就在于探究文明的渊源与脉络，这是考古学家能够做到的。具体一点说，考古学家需要基于现有的理论、方法与材料确定中国文明形成的过程。

我们怎么来研究这个过程呢？大型中心城市的出现、广阔的疆域、典章制度等等都是结果而非过程。这些东西怎么来的呢？社会是怎么变得复杂的？怎么复杂到了国家的程度？马克思主义讲国家是暴力机器，是统治阶级控制被统治阶级的工具，国家本身是一个社会内部阶级斗争的产物。马克思主义是宏观政治原理，跟考古材料的结合还有较大的距离。我们还是要问，阶级是如何产生的？为什么某些人与群体变成了统治阶级？我们知道人的能力、机运有差别，而这自有人以来都存在，为什么是在五六千年前，而不是更早才有高度复杂分化的社会形成呢？带着这一系列问题来看史前史，考古学家能否给予合理的回答呢？幸运的是，过去一百多年的考古学研究，尤其是20世纪中后期世界史前史的形成（碳-14技术普遍应用之后），让我们看到了多样的文明起源形式与过程。

文明的发生是多样的，这是我学习世界史前史最深刻的体会。当然，这里可能首先需要澄清一个问题：文明的原因与结果的区别。比如柴尔德所强调的城市、金属冶炼，它们是文明形成的原因还是结果呢？这里不想争论这个问题，因为先有鸡还是先有蛋式的争论是没有建设性的。从复杂性理论的角度来考虑，文明可能就是一个自组织的现象，不同因素构成超循环，相互强化，越来越复杂，当然，其中也经历许多崩溃与消亡。就这一点而言，文明起源跟农业起源的机理并无二致。真正有意思的也不是这个用一两句话就能概括的机理，而是历史过程，充满细节乃至戏剧性的历史过程。

文明起源的多元模式

当代学者在马克思主义的基础上提出了许多有趣的模式，大抵可以归纳为这么几个模式：商路、生产、水利、战争、仪式等。这个归纳跟一般教科书的说法有所不同，是基于我自己的理解归纳的，算是一点思考吧！

首先说商路型文明，即在贸易交换过程中兴起的文明，典型的如古希腊文明、南非的大津巴布韦、西非的马累与桑海等。古希腊文明兴起于爱琴海地区，海洋贸易交换频繁，交换的对象从食物、原材料到各种装饰品，乃至奴隶。交换古已有之，贸易是专门化的交换。交换的好处是互通有无，对社会成员而言，至关重要的不是交换本身，而是谁能控制从远方得来的东西。本来如果没有这些稀罕之物，不会衍生出那么多问题来。这有点像抽彩票中大奖，一旦有人能够控制从远方交换而来的物品，就可能建立更广泛的控制权。

生产型文明指那些关键资源就是食物生产的文明，如秘鲁海岸。这里因为临近秘鲁寒流，鱼类资源丰富，再加上从安第斯山流向太平洋的若干小河谷适合开展灌溉农业，于是形成了非常好的生产基础，在有限的区域内生活着较多的人口。对这个区域而言，控制自己的地盘至关重要，因为没有地方可换，周围都是沙漠。除了生产区域重要之外，这种丰饶的地方可能存在较多的生产剩余。于是又回到了上面的问题：生产有剩余不是事，谁能控制它才是事！

水利型文明的说法来自韦特弗格尔（或译作魏特夫），强调防洪与水利灌溉工程建设对发展国家组织的推动作用，我将之发展成为工程型文明，其核心观点是，重大工程的建设，不管建设的是水利，还是金字塔，或是其他设施，建设过程本身就在不断强化社会组织，包括其复杂性、效率与组织架构——这些都是国家运作的基本条件。工程的完成需要国家组织，国家组织也需要工程建设带来的物质条件，还需要它所带来的社会组织管理。这一类文明有美索不达米亚文明、印度河文明与埃及文明，也许还可以包括玛雅文明，这些地方的水资源控制都十分重要。这类文明最终都会留下非常宏伟的工程遗迹，让后人震惊不已。

再有一类也许可以叫作战争型文明，这类文明十分好战，最典型的莫过于草原民族。那里的经济体系不够完善与稳定，相互攻伐已是习惯，社会上形成抢掠光荣的习俗。类似的还有起源于墨西哥高原上的阿兹特克文明，他们打仗是为了抓俘虏，顺便掠夺资源。历史与民族志上我们看到的战争多发生在群体之间，而非群体内部，这似乎与阶级斗争的说法有点矛盾。某种意义上说，是战争制造了阶级，因为打仗的话，某些人就能够脱颖而出，一个严密高效的社会组织动员体系也因此形成。我们还可以说战争制造战争，因为杀戮带来报复，带来结盟，战争的规模不断扩大。

最后一类就是仪式型文明，这类文明极其强调仪式，把社会上大量的资源投入到仪式活动中。我注意到一种现象，当现实的困难在当时条件下实在难以解决的时候，加强仪式活动似乎是一种比较有效的途径，通过制造神性、恐怖、大量的社会活动达到社会控制的目的。玛雅文明可能算是一个典型，这里地处热带丛林地区，水资源也不丰富（石灰岩地形），农业条件不佳，更糟糕的是缺乏驯化动物，同时面积有限，备选资源贫乏。然而就是在这种不理想的文化生态条件下，文明形成。可以想象，要建立有效的统治，不强化仪式是不行的。玛雅社会在仪式上投入了大量的资源，即便是工程、贸易等都服务于这个目的。大量的图像充满了令人恐怖的描绘，这种精神一直影响到了后来的中美洲文明。

毫无疑问，没有一种文明仅仅依赖一条途径来形成复杂的社会组织，同样，也并非所有的文明都采用完全相同的方式。每种文明形成时的自然与社会历史条件各不一样，人们在面对相同或类似选择时采用的途径因此也丰富多样。从前的文明起源研究侧重研究文明起源的统一机制，后来大家发现，这可能是件徒劳的活动。换句话说，我们只能在宏观层面上形成共识，而在文明形成的途径上根本不可能找到共识，而且随着考古材料的增长与研究的深入，这样的分歧会越来越多。于是，我们的研究目的也发生了改变，统一的模式本就是个乌托邦，文明起源的研究就是要去发现那丰富多彩的历史细节。统一性与多样性实现了对立统一，就像大自然的生态系统因为多样与普遍联系才显得生气勃勃一样，文明也因为多元融合才能够历久弥新。

中国文明起源的模式

从多元的视角来看中国文明起源，就会发现所谓中国文明其实立足于多元融合基础之上，在文明起源阶段并没有一个单独的中国模式。如果一定要说有的话，那也就是多元融合。按照我们现在既有的研究，从时间进程上说，中国文明起源至少可以看出三波浪潮，第一波发生在长江中下游地区，以良渚、石家河文明为代表，年代可以早至距今 5 800 年；第二波发生在中国北方，以红山、石峁、陶寺文明为代表，年代可以早至距今 5 000 年（石峁、陶寺较之红山稍晚）；第三波发生在中原，以二里头文明为代表，距今 3 800 年左右。

从文明形成的模式上来看，良渚更像是一个以生产为中心组织起来的社会，这里广泛利用水生资源，包括海洋鱼类，还有集约化的稻作农业（有大型稻田遗存为证），其生产基础相对于其他文明而言要更好。当然，这里面临的主要是洪水，为了保证良渚古城安全，人们兴修大型的水利设施。良渚社会的仪式，采用大量的玉器随葬，同样让人印象深刻。不过比较而言，还是它的生产特征更加突出。与之相比，石家河文明多有城池，以石家河为中心，大大小小的古城星罗棋布。石家河的玉器有发现，但规模很小；生产方面也没有什么特殊的地方，最突出的特征就是城池设施。这似乎是一个强调防卫设施的社会，战争是一个更加可能的主题。

如果要找一个以仪式为中心的社会的话，我相信没有哪个地方比红山更合适了。红山文明至今也没有发现大型的聚落、城池，但是祭祀用的坛、冢发现不少，用玉也是相当发达，还有其他地方难得一见的偶像崇拜，体现出与欧亚草原周边文化的类似特征。辽西地区位于生态交错带，生活环境不稳定，农业发展水平有限。物质不足精神来补也是理所当然的事，红山文明把大量的资源投入到了礼仪活动中。通过这些活动把居住松散的群体组织起来，形成一个复杂的社会组织。

中国是否有商路型文明呢？石峁与之最为类似。它位于农业生产的边缘地带，不可能是生产型的文明，这里及其周边的人口密度有限，但是它位于草原与华北农业区域的交接地带，是一个适于贸易的地方。明朝晋商闻名遐迩，石峁的时代，陕北的人们可能是很精明的商人。遗址中发现的大规模的手工作坊、种种外来的物品似乎都显示这个社会在通过商路获得好处。

二里头是集大成的，它的水平比早先的文明要更复杂，生产、仪式、军事、商路等都要更出色，它是融合了早期中国文明成就之后的产物。在这个意义上，称之为"中国"是合适的。中国（用中华更合适）文明是多元融合的产物。在二里头之前的那些文明之间是存在普遍联系的，所以良渚的玉器到了石峁，牙璋一类的礼器广泛发现于中国各地（参见邓聪先生的文章）。我想把距今五六千年前以来的中国称为一个"世界体系"应该是合适的，正是立足于多元文明的基础上，才有了后来流传千古的三代文明。

"海纳百川，有容乃大"，中华文明五千年，因为包容，因为不断融合，所以才不断成长，源远流长。历史证明了这一点，史前史更进一步证明了这一点。

下 编

文化基因的形成与传承

　　回顾文化的形成，我们知道文化有三个层次，分别是在不同阶段形成的。完整的文化是在旧石器时代晚期最终形成的。不过，非洲作为现代人的发源地，这个年代可以早到非洲的石器时代中期（Middle Stone Age），也就是距今7万年前。其标志是艺术品的出现，它也是人类精神世界成型的标志。尽管文化的构成有三个层次，但是最后形成的精神层次是更高层次，更能体现人类特殊性的方面。在我们探讨文化基因的时候，精神是其中最值得探讨的内容。考古学如何能够研究史前文化的精神呢？这里的前提就是因为现代人有一种能力，他们不仅仅利用物来解决问题，同时在生产生活中会赋予物以意义。于是玉石代表温润与坚贞，青松代表高洁与逸致，人们反过来为所赋予意义的物所影响。史前人类早已消失，但他们的文化遗留在物质遗存上，成为文化遗产，我们通过揭示其中的文化意义，重温史前的文化精神。还需要注意的是，在当下这个时代，之所以要提文化基因，那是因为我们这个时代存在文化建设的需要。考古学由此承担着重要的文化使命。"为天地立心，为生民立命，为往圣继绝学，为万世开太平"。考古学是这个伟大事业的组成部分。当代中国在政治、经济、军事等方面都取得了长足的发展，正在走向文化复兴，在可以预期的将来，文化必将是中国社会关注的焦点，考古学躬逢其盛，责无旁贷。我们期待在新时代的背景下，考古学能够充分发挥其文化建设的作用。

文化基因何以可能？

　　进化论（旧译天演论）是有关生物演化规律与机制的理论。1859 年达尔文出版《物种起源》一书，进化论正式进入人们的知识视野，并在生物学研究中得到检验，但是有关生物进化的机制一直没有得到很好的解释，直至它与基因学说结合起来。20 世纪中期更进一步发现了基因染色体的双螺旋结构，在微观层面上更深入地掌握了生物进化的机制，完成了生物学的"大综合"：宏观与微观研究结合起来。

　　进化论是关于所有生物的理论，人类是生物界的组成部分，进化论自然也适用于人类。1871 年达尔文出版《人类的由来》一书，直接提出人类并不是独一无二的，也不是如宗教信条所言，乃是上帝创造出来的，而是漫长的生物进化的结果。跟所有其他物种一样，人类的一切都是进化的产物，从我们的生理特征到行为特征。进化论的根基就是基因，也就是生物基因。既然是这样的话，为什么我们还要提文化基因呢？这要从文化进化的特殊性说起。

文化进化 vs. 生物进化

当今时代，除非某些笃信宗教的人，已经没有人会反对进化论，反对人是进化的产物这一基本的认识。但是，研究者之间还是就人类进化的特殊性存在广泛的争论。生物物种在遇到挑战的时候，会产生生理、行为乃至基因上的改变，这是自然选择的过程。生物进化的基本特征在于，自然选择的对象是生物有机体本身，而人类进化的方面并不止于此。人类在进化过程中，发展出来一套超越有机体本身的适应策略，比如说制造石器、形成语言、创造文明等，都可以统称为文化。文化的基本特征在于，它是人类利用外物，而非仅仅依赖人类有机体本身，来解决生存与生活问题的手段。文化是人类的一个部分，自然它也应该符合进化论。但是，文化究竟在什么意义上符合进化论，则不是一个容易回答的问题。把文化视为类似生物行为那样的东西，显然过于简单化，既不能很好地解释人类文化高度的复杂性与多样性，也不能解释人类进化的特殊性——为什么其他物种没有也发展文化进化？

文化作为人类利用外物来应对生存挑战的手段，它并非只是制造工具，而是一个系统。这个系统至少具有三个层次：其底层是以技术为中心的适应策略。既有的考古证据表明，人类在距今 300 多万年前开始制造石器工具，运用石器工具还可以去加工竹木乃至骨角等有机工具。考古证据还表明，人类可能在距今上百万年前开始用火，到数十万年前已经能够较好地控制用火（有了明确的火塘），用火不仅可以烤熟食物，让食物更容易消化吸收，还可以改造自然景观，塑造人类偏好的开阔环境。人类不只是适应环境，还塑造环境，相比动物被动适应环境，文化赋予了人超越自然条件的能力。

文化的上层是精神世界，或称意识形态。现有证据表明，人类至少在距今 7 万年前已有了明确的艺术品。艺术品是符号象征性的代表，它意味着人类能够利用符号表征特定的信息，储存特定的信息，它也是人类具有明确语言能力的间接证据（人类的语言能力实际要更早）。人类开始建构自己认识世界的模型，可能是荒诞不经的神话，可能是异想天开的传说，它们是我们现在熟知的科学、思想的前身。有了它，人类的知识、经验可以更有效地积累；有了它，人类的社会交往范围与质量可以有显著的提高；有了它，人类个体与群体的能动性就能够得到更好的激发。

沟通文化底层与上层的是人类社会，它是文化系统的中层结构。许多动物都有社会性，所不同的是，人类的社会性立足于以技术为中心的适应策略基础上，同时为文化的上层结构所指引。人类社会结构（组织形态、制度等）的变化，能够强烈地放大文化底层与上层的影响力，我们从人类已知的历史上，能够清楚地看到这一点。人类社会经历了从狩猎采集时代简单的游群到农业时代的传统国家，再到我们现在更加复杂的民族国家。人类社会复杂性的演化，深刻地改变了世界的面貌，也在深刻地改变人类自身。

文化让人利用外物超越自身有机体的限制，无疑也是人类进化的结果，但它是人身体之外的东西，其进化不能简单地用普遍的生物进化法则来规范。文化所具有的三层复杂结构与生物有机体存在极大的差别，必然需要我们分开来加以研究。

生物基因、结构 vs. 文化基因

文化与生物的双重进化是文化基因理论的基础。双重进化理论（Dural Heritance Theory，DHT），主要倡导者是英国生物学家理查德·道金斯。相对于生物遗传的基本单位"基因"，他提出文化进化的基本单位为"模因"（memes），也就是文化基因。

按照双重遗传理论，生物变化的来源是基因突变、重组与迁移，而文化变化的来源在于创新、综合、迁移与扩散。也许可以把创新与基因突变对应，综合与重组对应，但是文化基因可以迅速扩散，不需要人类本身的迁移，仅仅通过语言、文字或其他信息手段就可以实现。由此，文化基因具有非常多样化的遗传机制，相比而言，生物基因遗传的机制只能是垂直的，双亲把基因遗传给一个或多个后代。而文化基因的遗传机制既可以是垂直的，也可以是水平的，甚至是倾斜的。文化基因通过交流传递，一个"父母"，可以有不同的后代。文化可以"看一眼就怀孕"，并且产生重要的影响。从变化的机制上来看，生物基因的变化固有四个机制，而文化基因的变化机制则复杂得多，不仅包括与生物变化机制对应的机制，还包括诸如传播、文化选择等生物变化所没有的机制。此外，文化基因还需要考虑传递中的文化与社会差异，因为不同文化对同一事

物的看法可能存在明显差异，在一个文化中合理的东西在另一个文化中
却受到严格排斥。

生物进化与文化进化的区别

进化构成因素	生物进化	文化进化
传递的单位	基因	模因
变化的来源	基因突变、重组、迁移	创新、综合、迁移、扩散
遗传的机制	垂直的，双亲与一个或多个后代	垂直的、水平的以及倾斜的，一个"父母"，不同的后代
变化的机制	突变、迁移、漂变、自然选择	频率依赖、创新、迁移、传播、漂变、文化选择、自然选择、传递中的文化与社会差异

资料来源：R. A. Bentley, C.Lipo, H. D. G. Maschner, B. Marler. *Darwinan archaeolology. Handbook of Archaeological Theories*. AltaMira, 2008.

从这个简单的比较中可以看出，文化与生物基因都会传承，都会有
变化；同样，不是所有的变化都会传承下去。但是从遗传与变化的机制
来看，两者存在比较大的差别。文化进化很大程度上超越了生物进化的
范围。但是，生物进化是得到普遍承认的自然规律，人本身又是自然的
一个部分，所以部分研究者认为没有必要承认两种进化，只应该存在一
种进化，所谓文化只是与"基因型"相对应的"表现型"。同一基因可
以有不同的表现型，文化的众多差异就是表现型的差异。不过，按照这
样的理论，文化本身的特点几乎不值一提，对于我们理解人类复杂的文
化现象没有什么帮助。

道金斯及后来的研究者没有注意到文化是一个有不同层次的复杂系
统，文化基因可以在不同层次上以不同的形式表达，在不同文化层次上

发挥影响。以中国人吃饭的方式为例，我们用筷子，这是一种简单的吃饭技术。由此，食物更可能分享，大家围坐在一起形成一定的群体。用筷子与蔬食关系更大，如果以肉食为主，就一定需要切割工具；反过来，用筷子会更有利于蔬食。而蔬食会影响到人的体质、性格等，也会影响到人的活动范围、人与环境的关系。一项简单的技术如果在文化系统的关联结构中来考察，就会呈现出广泛的影响力。

在技术层次上，文化基因最简单的形态可能是"操作链"，比如不同古人类群体在打制石器时，存在不同的习惯性的程序，尽管最终的产品大致相同。文化基因还可以表现在社会层面上，类似布迪厄所说的"惯习"（habitus），通过吉登斯所言的"结构化"（structuration）过程，在人们的生产生活中形成，镶嵌在文化之中，又反过来影响人们的行动。同样，在精神领域，我们会看到更加稳定的传统，福柯称之为"知识型"。技术、社会与精神之间会相互影响，形成更加广泛的统一性。

操作链、惯习、知识型等概念源于法国结构主义的思想。技术、社会、精神中都可能有稳定的结构。文化基因也具有结构性，具有高度的稳定性，是否文化基因就是结构呢？值得注意的是，文化基因是片段的，是可以学习交流的，而且，不同于结构只是被动的呈现，文化基因可以继承、学习与交流，更重要的是，文化基因还可以创造、人为选择，这些特征都是结构所不具备的。

归纳起来说，文化基因具有这样几个特征：（1）片段性，由此它可以重组；（2）它可以是中性的，它的好坏取决于自然与社会环境条件；

（3）它是多层次的，可以在技术、社会、精神层面上表现出来；（4）基因是可以不断创造的，充分体现人的能动性；（5）结构是死的，基因是活的，它是可以不断传递的。

文化基因概念的性质与意义

人类的历史以文化作用来划分，可以分为前文化时代、文化初级发展时代与文化主导时代。前文化时代是指人类与黑猩猩分开后（至少是距今600万年前）到稳定制作石器之前（距今约300万年），这个时代人类可能会使用工具，但工具的制作还不足够稳定。文化初级发展时代是指稳定石器制作到艺术品出现，即从距今300万年前后到距今7万年之间，此时人类文化逐渐有了技术、社会、精神（意识形态）三个完整的层次。所谓文化主导时代，或称文化时代，就是指人类文化有了完整结构的时代，它也是人类适应主要通过文化而非体质改变应对挑战的时代。这也就是说，如果我们要谈文化基因的话，最早可以上溯到距今7万年前。不过，解剖学上的现代人从非洲扩散到欧亚大陆的时间要更晚，通常把现代人进入欧亚大陆之后的时代，称为旧石器时代晚期。以中国为例，文化基因的追溯最早可以上溯至距今4万年前后。

需要特别指出的是，文化基因是一个人文社会领域的概念，而不是一个自然科学概念。当前研究的主要问题就是将文化基因自然科学化，导致这个概念因为缺乏客观性而受到诟病。文化基因是帮助我们理解文化传承与变化的概念，而要理解文化的传承与变化，必须考察文化特定的历史、社会背景。

这里可能还需要考虑比较的一个概念是"文化传统"，文化基因所描述的东西，通常就是文化传统。那么，我们为什么不直接用文化传统，而要用文化基因这个概念呢？文化传统是个日常用词，相比于生物基因所依赖的进化论，文化基因所依赖的是双重遗传理论，结构所依赖的是结构主义思想，文化传统没有特定的理论基础，难以在学术研究上加以利用。再者，文化传统的表述还是类似于结构，是一种静态的东西，是对文化历史现象的概括，不能像文化基因那样可以灵活地、不断地去学习、交流与创造。最后，文化传统所表现的稳定性不如文化基因，比如我们说"和平是中国的文化基因"，如果改成"和平是中国的文化传统"，就会感到描述的深度不如前者。

为什么我们要用文化基因的概念呢？因为不论是生物基因，还是结构或文化传统，都不如文化基因能够更好地解释人类文化的基本属性，解释人类文化的传承与变化机制。我们在研究中采用一个概念或理论，是与一定的任务相关联的。比如中国考古学研究中经常采用"考古学文化"的概念，它与 19 世纪末 20 世纪初重建史前史的框架以及探索祖先族群历史的任务密切相关。我们今天采用文化基因的概念，目的是为了更好地探索中国文化传统的形成与发展，帮助我们更好地认识中国文化精神。

大趋势

研究历史的人爱谈历史趋势，这是历史学擅长的方面，从长时间尺度来看变化的方向。年鉴学派历史学家所说的长时段是以世纪为单位的，时间更短的话还有中时段与短时段。与历史学相比，考古学的时间尺度更大，可以延伸到千年、万年。长时间尺度看问题，自然是宏观的变化趋势。就像贾雷德·戴蒙德的《枪炮、病菌与钢铁》所展示的，农业起源的差异很大程度上规定了人类社会的命运，旧大陆因为有更系统的农业，不仅有谷物种植，还有马牛羊等大型的家畜。在此基础上，旧大陆发展出更复杂的文明，不仅发明了金属冶炼，还经历了更多疾病的考验。这些疾病大多与农业所带来的高密度人口以及环境影响相关。所以，当新大陆的土著面对骑在马背上身着金属盔甲、手持火枪刀剑的殖民者时，几乎毫无抵抗之力，再加上殖民者带来的传染病，美洲土著人口急剧减少，以至于殖民者不得不从非洲引入黑奴用作劳力。戴蒙德开篇就问，为什么不是美洲来殖民欧洲呢？社会命运早在数千年前农业形成时就已经决定了。不论你喜欢还是不喜欢，社会发展的结局仿佛命中注定一样。

从长时间尺度来看这个问题，农业起源就是历史趋势，是不可抗拒的历史趋势。美洲其实也有农业，那里驯化了玉米、土豆、红薯、辣椒、花生、向日葵等许多重要的农作物，但是美洲的农业系统中没有大型的可以役使的哺乳动物，就是这个差别决定了社会的命运。与之相似的是工业革命，没有赶上这一步的社会，面对西方的坚船利炮，基本就只有挨打的份。当然，工业革命并不是无缘无故突然发生的，它的前面还有科学革命、启蒙运动、宗教改革、文艺复兴等一系列解放思想与社会的运动，为工业革命的发生奠定基础。它们连在一起也许可以叫作近代化（或者叫作现代化）进程。中国正是因为缺乏这个阶段的充分发展，所以遭遇了一百多年的半殖民地的历史。清朝的皇帝号称没有昏君，有史记载，道光皇帝还相当节俭、勤勉，但是就是在他的手上中国开始签订丧权辱国的条约。处在没落趋势中的中国，仅仅靠一个不那么昏庸的君主是无法改变命运的。这其中具有决定性的因素就是"势"。大势所趋，世界必须向工商业文明发展，必须发展科学技术，必须进行社会革命，破除封建生产关系。中国社会各阶层从君主、士大夫到民间百姓大都不愿意改变，但是最终不得不变。

农业起源、近代化进程是人类历史上几乎最大尺度的趋势：整个人类历史分为狩猎采集、农业、工商业三个阶段，这样的趋势是非常明显的，其主导性是毋庸置疑的。不过，人们通常争论的是短时段的趋势，比如七七事变前夕，汪精卫之流在对比中日力量之后，认为中国抵抗的话，必定亡国，不如投降。而以毛泽东为首的中国共产党认为日本军国主义是国际公敌，不得人心，只要我们发动民众，建立统一战线，日本是不可能战胜中国的。蒋介石也有类似的判断，他是注意到日本与英美的矛盾，以及日本的国力不足以支持长期作战。面对即将到来的战争，对形势的判断是至关重要的，汪精卫从英勇的革命志士蜕变成了可耻的民族败类。为什么他不能准确判断形势呢？因为他在孤立、静止地看问题，没有看到中国人民的力量，没有看到国际反法西斯统一战线的力量，没有看到中国建立抗日统一战线的可能。他不是一个真正懂政治的人，他只知道个人的权力斗争，而不知道民心所向，不知道人间正义，不知道坚定的政治意志可以产生难以战胜的力量。21世纪初武装到牙齿的美军从阿富汗铩羽而归，以及更早的越战都充分地显示了这一点，力量是可以转化的。民心、正义与坚定的政治意志都是更长时段的趋势。判断短时段的趋势需要有宏观的视野、动态的角度，以及对更长时段趋势的把握。

中国现在面临的是百年未有之大变局，也有研究者说是千年未有之大变局。所谓百年未有是指中国的迅速崛起，中华民族的复兴不再遥远。所谓千年未有，按我的理解，是指西方文化即将面对一个各方面都可以与之相匹敌的文化。按照前面所说的，中国其实还在一个万年尺度的大变局之中，即从农业文明向工商业文明的发展。三个尺度都可以说是长时段的趋势，当然，百年尺度的变局要服从千年的，千年的则要服从万年的。如今三者叠加在一起，形成了一个超强的"势"，也就是说，即使百年、千年尺度的趋势不能实现，万年尺度的趋势仍然可以实现，中国发展出工商业文明是必然的，在不久的将来就会完成。而今我们并不仅仅在完成社会经济领域的变革，中国在以人工智能、大数据、5G 网络通信等为代表的新工业革命中已经位居世界前列。过去一百多年里，中国完成了深刻的社会革命，经过辛亥革命、新民主主义革命以及改革开放，中国分别完成了上、下、中三个现代社会阶层的构建。推翻了阻碍社会发展的阶级、出身、血统、性别等因素，为未来中国社会的顺利发展奠定了基础。

中国正在发生的还有城市化进程，目前城市化率已经将近 60%，平均每年可以增加一个百分点，按这样的增速，20 年内可以达到 80%，可以说实现了全面的城市化。也就是说将近增加 3 亿人进入城市生活，中国几乎要再造一个美国。这将产生巨大的规模效应，让中国的发展势头更加强大。在市场环境下，规模能够有效增加竞争力。巨大的人口规模是优势所在，当所有人口构成统一的大市场的时候，优势尤为明显。与此同时，这一优势还与中国人重视子女教育的传统结合在一起，人口素质不断提高，人力资源的积累日益丰厚，为中国的后续发展提供保障。

如今的中国，生态环境已经越过低谷正在恢复之中，走到各地，可以看到植被覆盖明显比十多年前好了许多。中国有广袤的疆域，虽然绝大部分人口集中在黑河－腾冲线以东地区，但是随着科学技术的发展，西部的价值与日俱增，为中国整体的发展提供了资源保障。丰富多样的自然环境本身也是重要的财富。最后，助力中国百年大变局的还有中国丰富深厚的文化历史传统。社会研究不同于自然科学，它非常依赖历史，历史底蕴就是财富。中华五千年提供了大量社会治理经验，还有大量文化艺术资源。好莱坞的故事翻来覆去只有那些，而从中国历史中随便抽出一个片段，都可以提供许多影视的创意。正是基于工业、社会、规模、环境、文化等多方面的有利条件，我们才敢于相信百年、千年尺度的趋势也能够实现。

有大势的支撑，短周期的不利事件也可能朝有利的方向转化，最鲜明的例子莫过于最近发生的新冠疫情。疫情刚发生的时候，大家普遍的反应是，中国真倒霉，又摊上了坏事。加之前期情况复杂，应对上也确实存在一些不足，一时间国内外舆情凶猛，西方以为这可能是中国的"切尔诺贝利"事件，可以好好利用一下。然而，疫情随后的发展让人大跌眼镜，西方发达国家纷纷中招，情况较之中国要严重得多，中国努力争取的近两个月的黄金缓冲期完全被浪费了。当疫情在西方全面暴发的时候，中国已经走出了国内疫情，把主要精力用来防止外来输入病例了。新冠疫情是一个突发事件，十足的坏事，但是在当前的大环境中，它很大程度上变成了好事，国内空前团结，公知迷信的西方在新冠病毒面前彻底崩塌了，民众深切体会到哪一种体制更有利于人民，哪一个国家的国民生活更幸福。在国际上，我们所希望去做而做不到的事情，新冠病毒似乎都做到了，我们建立了更广泛的、更有利的国际关系，世界各国深切体会到谁才是真正的朋友。

坏事变成了好事，为什么会这样呢？如果理解大环境中暗含的种种大趋势，这个问题不难回答。设若中国不是世界最大的工业制造国，我们能够迅速建立十几所医院么？设若没有在新技术革命中的领先地位，我们如何能够在疫情期间保障物资而不出现抢购潮？设若中国不是一个长期统一的国家并经过社会革命，民众没有国家认同，没有组织力，如何能够有那么多英勇的逆行者？设若没有国家迅速发展积累的雄厚经济实力，如何能够做到免费医疗？如此等等的问题背后，都是支持中国发展的大趋势。正是在大趋势的支持下，一件坏事改变了性质。国家基于此事的教训，还会重塑应急医疗体系与社会治理体系。

对于正在发展进步的国家、社会而言，危难的背后都是机遇；而对于固化与用偏见把自己迷倒的国家、社会而言，一个危难可能会导致一系列危难。屋漏偏逢连夜雨，老龄化碰上脆弱的医疗体系、以邻为壑的邻居、缺乏社会责任感的民众……公共卫生危机变成了经济危机，再后酿成政治危机，最后变成了文化危机，整个以西方为中心的世界体系分崩离析。新冠病毒有这么大的力量？非也！也是大趋势使然！那个世界体系本来就不合理，其文化价值本来就偏颇，其政治本来就亟须改革，其经济本来就泡沫严重（都只是自我感觉良好而已），新冠疫情不过是一个推手而已。

这个世界比较搞笑的一件事就是，有些社会把暂时的工业化领先的优势化为种族生物学上的优势。种族的优势，比如解剖学上的现代人相对于尼安德特人，其时间尺度是以十万年计的，而工业化不过两三百年的时间，而且它是一种文化，是可以学习的。相对于生物学意义的尺度，文化的尺度还是短暂的，不能把文化的尺度替代生物学意义的尺度。如今世界上还有些人有莫名其妙的种族优越感，殊不知文化（尤其是其中的科技）是可以为所有群体所掌握的。当然，短时段的趋势积累有可能会发展成为大趋势，解放战争时期，国民党政权从貌似强大到彻底崩溃用时仅仅四年，腐败，各个部门、各条战线上的腐败像瘟疫一样迅速蔓延，其政权失去了民心，军事上的失败是迟早的事，崩溃已经是大势所趋。毛泽东杰出的军事与政治才能加速了其崩溃的过程，原以为需要五年，结果在战场上三年就取得了决定性的胜利。大趋势的形成是有条件的，这个条件不是人为设定的，是事情方方面面发展的汇集。

考古学是一门关注人类整个时段的学科，它具有超长的时段优势。从大趋势的角度来说，考古学关注的最终目的乃是人类的命运。作为物种，人类在自然界中建立起了超强的主宰地位，但人类仍然需要依赖生态系统才能生存。现代人，作为种群，取代了尼安德特人、丹尼索瓦人以及世界各地的土著种群，如今地球上所有的人尽管肤色不同、文化不同，其实分开的时间不过数万年，四海之内皆兄弟，并不是虚言，但是手足相残、同根相煎的例子又比比皆是，这是人类的悲剧。作为文化，我关注的中国文化的命运，通常称为五千年文明，实际历史可以追溯到万年前的农业起源之时。这样一支人类历史上唯一没有中断的文明如今又焕发了新的生机，中华文明历久弥新，又进入了一个新时代。

史前中国的文化基因

　　讨论这样一个问题多少有点危险，因为搞不好就成了种族主义或是极端民族主义的宣传。塔吉耶夫所著的《种族主义源流》界定的种族主义是，每个种族都有固有的东西，与其他群体不可通约。而这里把文化看作一种生活方式，是学习与适应的产物，是所有族群都可以共享的，每种文化都有其优势，没有什么不可学习的先天优越性。也正是基于此，有关文化基因的问题又是可以讨论的，文化基因论本身也是当代考古学理论中达尔文考古学范式的一个分支，并不是什么学术禁区。最近读尼古拉斯·韦德（Nicholas Wade）的《天生的烦恼：基因、种族与人类历史》(*A Troublesome Inheritance: Genes, Race and Human History*)，有些启发。韦德的观点是，既然我们承认人类是进化来的，那么我们就应该承认人类迄今为止一直都在进化之中，而不是在一万年前，也就是农业起源之后就停止了。人类当下的存在是过去所有时间不断进化的产物，自然也包括历史时期在内。人类进化的单位可以是人类整体，也可以是稳定的社会群体单位。在千百年的历史进程中，基因会产生变化，最终会影响到当下的存在。

以犹太人为例，这是一个基因交流相对封闭的群体，即便散播世界各地，其通婚范围仍限于群体内部，尤其是在其人口相对集中的欧洲。犹太人的人口只占现在世界人口的 0.2%，但犹太人获得诺贝尔奖的人数在 20 世纪上半叶占到总数的 14%，20 世纪下半叶占到了 29%，21 世纪初更是达到 32% 这个令人惊叹的比例。不能不承认犹太人的确聪明。当然，回顾犹太人的历史，就会发现他们并不是一开始就是这么聪明的。犹太人因为受到罗马人的压迫，不得不放弃庙宇祭祀，转而通过读《圣经》来维持群体的认同，由此发展出了较高的识字率。在中世纪的欧洲，绝大多数人是不识字的，于是犹太人得以操持需要识字记账的放贷行业。这是一个极为赚钱的行当，有了钱，就可以让子女受到更好的教育。同时商业接触到的人与信息更丰富，相互激发，于是乎犹太人就更聪明了。所谓聪明都是适应与学习的产物，是历史过程中机会与磨炼的结果。

正是基于此，这里想追溯部分中国文化基因的史前渊源。文化基因是个模糊的概念，它是文化与生物过程长期相互作用的产物。它一直在变化之中，并不存在先天的优越性，更不存在永久的优势。史前中国从距今 1 万多年前开始出现农业的苗头，或者称旧新石器时代过渡，中国的华北、长江中下游地区率先出现了谷物农业，形成南北两个农业起源中心。华南地区的旧新石器时代过渡同样开始很早，不过由于自然地理条件的限制（热带气候、土壤、疾病压力等）与新的资源机遇（根茎、水生资源），这里走向了一种依赖根茎种植、水生资源利用与狩猎采集结合的低水平食物生产。与之类似，东北地区气候寒冷，农业条件不佳，而全新世气候变暖变湿带来利用水生资源的机会，这里发展出一种依赖渔猎的复杂的文化适应。最适合狩猎采集的是西南地区，这里地形变化大，资源多样，狩猎采集持续的时间最长。北方草原地带发展出来一种新的农业形式——游牧经济，解决了如何有效利用草原地带的问题。中国的西北半壁采用的基本都是游牧经济方式，在部分水热条件较好的地方辅之以谷物农业生产。

这是我们从考古材料中看到的变化，史前中国的旧新石器时代转型并不只有一个模式，中国不同文化生态区域的选择并不相同。这其中北方的粟黍农业、南方的稻作农业，影响最大，周边地区逐渐接受农业，或与之形成稳定的交换关系（游牧经济不是自给自足的）。中国是农业时代的幸运儿，史前时代的温带区域，具有农业起源条件的地方并不多，旧大陆以西亚与中国为代表。中国同时拥有南北两个农业起源中心。历史时期面对游牧民族冲击时，南方可以作为缓冲，这也是中国文明五千多年绵延不绝的重要原因之一。中国所在的这片土地，雨热同期，尤其是稻作的产量比较高，能够支持更高的人口密度。当然，它所需要投入的劳动也非常惊人，挖掘沟渠、平整土地、翻耕移栽……小时候的印象是，农忙季节，水牛都要累瘦一圈。习惯上说，农业是靠天吃饭，而在农民的心中，最重要的是勤快，唯有勤快，才可能有好的收成。唯有勤俭，才能发家。勤劳是构成中国文化的第一美德。

可以想象上万年的农业历史对中国人的影响。跟狩猎采集相比，农业是劳动密集型的产业。从民族志中我们知道，农民往往瞧不上狩猎采集者，其中的一个重要原因就是狩猎采集者是真正靠天吃饭的群体，他们不会种植，很少储备，日子过得似乎很是自由潇洒，但缺乏保障。狩猎采集者之所以不愿意从事农业，多因为农业太辛苦，工作单调、繁重，需要长时间等待才有收获。1910 年前后，俄罗斯地理学家阿尔尼谢耶夫带队考察外乌苏里山区，这里居住有中国人、少数民族土著、俄国人、朝鲜人等，是一个相对隔绝的环境，可以考察不同群体的文化特性。他在《在乌苏里的莽林中——乌苏里山区历险记》中说："中国人的进取精神令人惊讶。他们有的猎鹿，有的挖参……只要有一座房子，便有一种新的营生……只要能使财源不断，他们是不怕花费力气的。"中国的刻苦耐劳是写在"基因"里的，这一点也是世界各地的人们对在外打拼的中国人的印象，这背后无疑有千百年来吃苦耐劳生活历练的影响。应该说生活于当代的所有人类群体都是吃苦耐劳者的后裔，否则他们是不易度过历史上一次次生存挑战的，中国文明因为经过漫长的农业文化熏陶，稍稍显得突出一点。

中国文明还有一个文化基因比吃苦耐劳更突出、更稀有，那就是包容。五千多年的文明史，是一部不同文化、不同族群融合的历史，非常幸运的是，中国完成了这一过程。相比而言，欧洲错过了融合的最好时机。生物学家施一公讲过一个故事，说他在瑞典参加一个科学盛会，席间与一位瑞典学者聊天。当时正值中国成功发射了神舟载人飞船，施先生为此深感自豪。瑞典学者颇不服气，说是如果瑞典有中国的规模，早已把 500 人送上月球并安全返回了。施先生一时语塞，不知道该如何回答，甚至有几分惭愧。这个事情传到网络上，有个网友给出一个非常精彩的回答：请瑞典先解决如何成为中国这样一个规模的问题。瑞典的力量最雄厚的时候也不过在北欧称雄，被彼得大帝打败之后四分五裂。而中国五千多年把 960 万平方公里范围的人们融为一体，不需要乞求神灵（宗教），这是多么伟大的成就！历史上的中国统一局面远多于分裂，这其中文化发挥的作用至关重要。五千多年的文明史中无疑有许许多多的矛盾与冲突，最终都为文化包容所化解。当代世界上许多地方还在因宗教矛盾而对立，中国早在上千年前就解决了这个问题。两千多年前中国开始通过考试选拔人才，打破宗教信仰、阶级出身、血缘世系、地域乡土以及族群认同上的限制，把差异巨大的社会统合起来。也正因为如此，马克斯·韦伯、弗朗西斯·福山都把中国视为最早的现代国家。

相比而言，欧洲历史上似乎就是四分五裂的，有种观点认为这应该归因于欧洲破碎的自然地理格局。这种说法貌似有理，但禁不起推敲，比较欧洲大陆与中国，其地理上的阻隔、生态上多样性远不如中国。欧洲大部分地区地形平坦，河流便于航运，还有海洋交通的便利，地区之间的交流至少不比历史上的中国更困难。倒是将欧洲的离散格局归因于文化基因，似乎要更加合理一点。欧洲继承的是古希腊的文化基因，而古希腊文明的特点是城邦林立，各自独立。而中国作为原生文明，早在五千多年前，就开始了中原逐鹿的过程。现有的考古材料显示，第一波文明高潮始于长江流域，以良渚（浙江）、石家河（湖北）为代表；第二波始于北方，以红山（辽西）、石峁（陕北）为代表；第三波高潮才轮到中原。入主中原才能够说真正拥有天下，中国历代政治人物，哪怕是在割据时期，无不心心念念于一统山河，而以偏居一隅为耻。这个历史过程中尽管也包含着无数的冲突，但最终通过包容融为一体。包容给今天的世界留下了一个超大型的文明，包括广大的疆域、巨大的统一市场、丰沛的人力资源，以及丰厚的文化遗产。对中国人来说，北方白雪皑皑，南国烈日炎炎，西边黄沙漫漫，东部烟雨蒙蒙，人们已习以为常。东南西北的人们口味差别更大，八大菜系只是代表而已，地方菜肴各有特色，中国人同样视之为当然。虽然就味道高下各地常有争论，但是人们总是乐于换换口味。包容作为一个优秀的文化基因，在这个分化对立严重的世界上显得非常珍贵，设若这个世界多一些包容，何至于有那么多的冲突，那么多的流血。

长期的农业历史还造就了另一个关联的文化基因——和平或称平和。中国文化尊崇的道德典范是中庸，所谓"极高明而道中庸"。玉作为代表性的物质很好地表征了中国文化包容与平和的特性。中国是玉文化的故乡，近万年前就开始用玉。玉的特性温润，虽然品质坚硬，但色泽柔和。中国人也喜欢用玉来形容君子之德、女性之美。这一文化偏好在长期的农业社会生活中得到了进一步的发扬。中国农业社会的基础是小农经济，自给自足，对外界的欲求非常有限。农业驯化了动植物，同时也驯化了人自身，经过驯化的动物失去了野性，人也如此，有了农业之后，人类才有了文明（civilization），文明的原意就有遵纪守礼的意思。儒家思想反对暴力，"子不语怪、力、乱、神"。中国历史上的战争绝大多数可以分为两类：一类是游牧群体对中原农业社会的劫掠，中原农业政权为防御而战；另一类是农业社会的内部动乱，底层农民受到的压迫剥削太重，难以生存，于是揭竿而起。近现代中国社会开始转型，通过社会革命来扭转乾坤；对外战争还是为了抵御外侮，但战争形态还是没有改变。相比而言，美国建国二百余年，只有几年没有战争，不断扩张，从最初 13 个州扩充到了 50 个州。和平是中国的文化基因，非不得已，中国不会诉诸武力。

漫长的农业生活还塑造了中国人偏好的思维方式或思维习惯，即整体性思维。中国人思考问题的习惯总是先整体而后局部，比如中国人对战略一词的定义，就认为它是整体性、全局性的问题；而西方对战略的定义就是如何去战胜对手的、非战术的策略（金一南先生语）。整体性思维赋予我们在思考问题时有较好的宏观把握能力，而对微观、中观较为忽视。考察西方当代社会科学，就会发现他们在中层的理论方法方面做得非常好，很值得我们学习。整体性思维与以分析为中心的近代科学观相矛盾，于是很长时间成了笼统、肤浅的代名词，不过它与后现代的科学观倒是非常契合。后现代科学强调整体性、非线性、混沌、自组织等，中医的精神与之契合。这一思维的根源就是中国漫长的农业生活史。农业是一个自给自足的文化生态系统，它的实质并不是人类在生产，而是人类让动植物生产，农业的成功取决于人与自然的和谐，人类生产与自然节律一致，与动植物的习性一致，与人本身的需求一致，整体性是生存的保证。相比而言，西方所继承的古希腊文明，其农业不是自给自足的，谷物农业与畜牧经济存在固有的矛盾，还需要通过远距离贸易才能满足生活需要，由此更偏向对抗与外求。

中国人还有一个特点——合群，换个说法，就是喜欢扎堆。在国内时，这一特点很少有人会注意，但是一到国外，就会特别引人注目。中国人之好合群甚至可以追溯到三四万年前东亚人与高加索人群分开的时候，中国人中有体臭的很少，按韦德的说法，这可能是因为我们的祖先经常挤在一起，或是为了御寒，或是因为其他原因，体臭者的基因没有留存下来。这个说法有点夸张，可供一哂。上万年的农业生活，强烈的家乡、宗族观念形成一个个关系密切的群体，不合群的人是难以把基因传递下去的。也正因为合群，中国人也就成了世界上最难被同化的族群之一。文化是社会性的存在，因为有社群存在，所以文化不容易丧失。合群影响到中国文化中一个极其重要的基础，那就是集体本位（与整体性思维一致），与西方文化的个体本位形成特别鲜明的对比。家庭是最小的集体，单位是基本的集体，集体是个体行动的目的，大的可以为国家、为民族，小的可以为家庭、为单位（甚至是单位下面的部门）。不过，这一点目前变化比较大，随着工商业的发展，个人经济能力与地位的提高，个人的独立性越来越强，再加上西方文化的影响，年轻一代合群性弱了许多。

中国人聪明，智商高，有研究表明包括受中国文化影响的整个东亚地区的人群智商都比较高，为什么会这样呢？韦德的书中提供了一个解释，听来比较有道理。中国人聪明很大程度上要归因于过去两千多年的考试制度，考试能够提供一定的阶层流动性，社会底层有可能由此进入上层，明朝时这个比例能够达到三成。朝为田舍郎，暮登天子堂。一族一村会选择同族同村聪明的穷困家庭的孩子，资助他们读书，就像风险投资基金一样，一旦这些孩子考中，就可以回馈乡梓。这一传统由来已久，画家傅抱石自幼失怙，孤儿寡母，生活非常艰难，他留学日本的钱部分就是宗族筹集的。中国人就这样形成了重视教育、勤学苦读的文化基因。富贵难过三代，聪明者的后代又会逐渐回到社会底层，文化基因也会往下传。《曾国藩家书》有言，不要代代有人当大官，但是希望代代有秀才。他说秀才是读书的种子，耕读才能真正传家，传递七八代也很正常。中国人聪明是教出来的，是学出来的。这一传统影响之深远在当代社会是看得非常清楚的，每一个家庭几乎都是在子女教育上竭尽所能，投入之大，世上罕有。当然，过于重视考试导致思想一致性太高，重视博闻强记，忽视求异思维与逻辑推导以及动手能力，这是另一方面的问题了。无论如何，重视教育以及由此而致的聪明应该算是中国文化的优秀基因。

作为身处在中国社会中的中国人，我们看自己，不大容易注意自己的特色，也就难以发现哪些是有意义的文化基因。网络上曾经流传哲学家罗素 20 世纪 20 年代对中国未来发展的准确预言，将信将疑之中找来罗素的那本《中国问题》(*The Problem of China*) 来读。罗素作为一位局外人，对中国社会的观察有一种旁观者的清明。20 世纪 20 年代初，罗素在北京访问讲学一年多，与许多中国知识分子交往，与社会的各个阶层都有接触。他注意到一个我们几乎忘记了的中国特性，那就是雅致！

琴棋书画诗酒花，中国人的生活已经为数千年来积淀的文化意义所渗透。"疏影横斜水清浅，暗香浮动月黄昏"。中国人可以欣赏素墙上梅花的阴影，可以沉醉于若有若无的画像。中国人对美的欣赏是微妙的、细致的，有特别深厚的文化历史底蕴。中国人写诗若不含一些典故，那么就会少许多蕴藉；中国人练习书法，若是没有上溯到古代碑刻名帖之上，笔墨之间看不出联系来，那么纵然能够把字写得非常工整，也是不会有人欣赏的。中国人的雅致是建立在对深厚历史文化的酝酿之上，仿佛酒一样，越陈越香。这也可以追溯到中国新石器时代先民对玉石的爱好上，玉的美就是含蓄的，含蓄也成了中国审美的特征。如果不是中国文明绵延不绝，我想我们是不可能有积淀深厚的文化意义，也就不可能有如此悠长的回味。因为经历多了，中国文化不屑于那种没有余地、直截了当的表述；或者说，中国文化更多强调向内求，所谓克己复礼。中国文化的雅致是含蓄的、微妙的、深厚的。雅致是一个中国正在复兴的文化，也是值得我们发扬的文化。

文化基因是历史的产物，如果你不喜欢基因这个词，也可以称之为传统、习惯或偏好。文化不仅仅是人适应的产物，还是人自身选择的结果。人的世界是主动的，不像动物那样总是顺动或随动（钱穆先生语），这可能是文化基因论所忽视的地方。选择（包括学习、博弈与决策）仿佛是走有许多分岔路口的道路，选择了一个方向，也就意味着放弃了另外的方向。中国古人因为很早就走上了农业的道路，很早就过着人口稠密的生活，很早就生活在不同文化相互交织的生活环境中，部分原因可能是不得不，部分原因是主动的选择，甚至是追求。就像中国人的先祖很早就选择了崇玉，玉也反过来熏陶了中国文化一样。中国文化的至高梦想就是"天人合一"，在这样的思想指导下，后面的许多选择也就顺理成章了。追求人与物的和谐，自然也追求人与人的和谐，包括一个人内心的圆满与平衡，也包括与不同群体或文化交往时的包容与和平。中国文化的基因根源在此，向史前时代的追溯有助于我们理解中国文化的历史与现实。过去数千年中，大部分时候这些文化基因是有利的，近现代时则饱受诟病。正当我们要将其抛弃的时候，它似乎完成了调整，重新焕发出了生机，与当代社会的发展找到了契合点。旧邦新命，一洗沉疴，令人欢欣。近代以来，我们酷爱刀刀见血的自我剖析与批判，这里换一种视角，或可以平衡一下。即便有读者不能苟同，也或可以理解为一种期望吧。

红山文化的玉龙

中国文化基因的早期根源

中国人偏好历史，"慎终追远，民德归厚"，我们认为历史的修养是有利于民众的教化的。不过，我们追溯中国文化渊源的时候，一般也就止步于孔孟之时。再往前追溯，只有神话传说，似乎荒诞不经了。史前考古学兴起之后，追溯中国文化的渊源也就有了更切实的途径，如今我们对于中国文明的形成过程有了远远多于古史传说所记载的认识。三代（夏商周）之前，我们知道还存在古国时代，这个时代甚至可以分为早晚两个阶段：早期以良渚、石家河、红山文明为代表，晚期以石峁、陶寺为代表。可以预测的是，随着考古发现的增加，这个分期的内容还会增加。目前怎么把考古发现与古史传说联系起来，还是一个问题。不过，不管是否有这样的联系，考古发现的实物遗存都在那里，遗存所反映的中国文明发展过程都在那里。也就是说，中国许多文化传统是一脉相承的，考古发现的物质遗存所承载的中国文化传统也是可以追溯的。这些就是我们进行文化溯源的基础。

我们对于中国文化渊源的追溯并不能止步于文明起源阶段。我一直主张一个观点，中国文明起源不是某一点的突破，而是一个体系。之所以说是一个体系，是因为中国文明的根源是新石器时代形成的文化格局。这个格局是以农业起源为基础的。中国是世界上最早有农业的地区之一，早在距今 1 万多年前，史前农业在华北与长江中下游地区萌芽，其发展与西亚并驾齐驱，各有千秋。中国同时拥有两个农业起源中心，这是中国农业时代最显著的特点，其影响极为深远。按照古 DNA 的研究，当代中国人主要由两个群体混血构成，其中一个是华北群体，另一个是长江中下游群体。这两个群体在距今五千多年前开始大规模地扩散（之前也有扩散）。长江中下游群体通过台湾岛扩散到菲律宾，再进一步扩散到整个大洋洲地区。陆地线路是沿中南半岛扩散到东南亚以及南亚部分地区。华北群体向西、向北、向青藏高原扩散。当代中国文化中仍然保留着浓重的南北特色，从人的长相到饮食习惯，这些差异许多要追溯到农业起源之时。

中国新石器时代的格局是在农业起源之后形成的，基于不同地区的生态条件形成了若干文化生态区域，辽西地区从距今八千多年的兴隆洼文化开始，经由赵宝沟文化、红山文化、小河沿文化（其中还有一些支系的文化，如富河文化），构成一个文化发展序列。长江下游的宁绍平原，则有上山文化、跨湖桥文化、河姆渡文化构成的发展序列，长江下游还有太湖与宁镇区域，各有自己的序列，最后都并入良渚文明。类似的文化生态区还有长江中游、黄河下游、黄河中上游地区，每个地区中又有若干更小的文化区域，发展历史分分合合。但是，不管其中存在什么样的变化，我们现在可以确知的是，早在中国文明起源之前，它已经形成了一个由若干文化区域构成的互动体系。正是基于这样的体系，后来的中国才可能形成统一的文明！否则就会分别形成不同的文明，就像我们在欧亚大陆西侧看到的一样，受西亚农业起源的影响，分别形成了两河流域、埃及、印度与古希腊文明。

分期＼分区	黄河中上游地区					黄河下游地区				长江中游地区			长江下游地区			
	关中汉中	豫西北晋南	豫中	豫北冀南	豫西南鄂西北	鲁西南	鲁西北	胶东	苏北	洞庭湖北岸	鄂西南峡江	汉江平原	宁绍平原	太湖平原·江苏	宁镇	江淮
早期 BC10000~BC7000			新密李家沟													
裴李岗时代(中期) BC7000~BC5000	老官台文化		裴李岗文化	磁山文化		后李文化				彭头山皂市文化	城背溪文化		上山跨湖桥文化			
仰韶初期 BC5000~BC4600	北首岭类型	枣园类型	石固类型	下潘汪类型	大张庄类型	北辛类型	苑城类型	白石大伊山类型		三元宫类型	关庙山类型	油子岭类型	河姆渡文化	罗家角类型·马家浜文化	北阴阳营文化	侯家寨文化·黄鳝嘴文化
仰韶早期 BC4600~BC4000	半坡类型	东庄类型	后岗类型	八里岗类型		大汶口文化							河姆渡第二层遗存	马家浜文化		薛家岗文化
仰韶中期 BC4000~BC3500	泉护类型	庙底沟类型	阎村类型	钓鱼台类型	下王岗类型	早期·王因类型		紫荆山类型	刘林类型				河姆渡第一层遗存	崧泽文化		薛家岗一期
仰韶晚期 BC3500~BC3000	半坡四期	西王村类型	大河村类型	大司空村类型	朱寨台类型	中期·大汶口类型	五村类型	北庄呈子类型	花厅类型	屈家岭文化·划城岗类型	关庙山中层类型	屈家岭类型	良渚文化			
龙山早期 BC3000~BC2500	案板三期文化	庙底沟二期文化	大河村五期	孟庄龙山早期		晚期·西夏候类型	尚庄类型	杨家圈三里河类型	赵庄类型	石家河文化·太山庙			良渚文化			
龙山中晚期 BC2500~BC2000	客省庄二期文化	陶寺(中)·三里桥二期文化	王湾三期(晚)·煤山二期文化	后岗二期文化	王湾三期文化	尹家城类型	城子崖类型		龙山类型	季家河类型·石家河类型·后石家河文化	太山庙		良渚文化			

新石器时代分期与分区

图片来源：郑州市博物馆.

我们对于中国文化的追溯是否就止步于新石器时代呢？理论上来说，是可以进一步追溯的。文化的完整层次，从技术、社会到精神（意识形态），在旧石器时代晚期已经形成。从这个时候起，文化基因有了内核，也就是精神。但遗憾的是，很少发现有关的考古材料，标志性的物质遗存是艺术品。就艺术品的发现而言，最丰富的莫过于法国西南部与西班牙北部，那里发现了上万件壁画、雕刻与雕塑。风格都相当写实，几乎能够与后来西方的绘画艺术联系起来，让人觉得不可思议。而在中国，迄今为止，旧石器时代艺术品的发现非常少，数得出来的有宁夏水洞沟遗址的由鸵鸟蛋皮制作的圆环、北京山顶洞遗址的穿孔兽牙，以及最近在河南灵井遗址发现的雕刻鸟头。这些艺术品的风格还不够清晰，但是我们没有理由认为中国旧石器时代晚期没有艺术品，更可能是风格有所不同而已。从中国新石器时代的艺术表现来看，如陶器的形制与纹饰，有的地方还是相当丰富的，如距今八千年前高庙文化的陶器纹饰。所以，中国旧石器时代晚期的艺术表现很可能不像欧洲那样是写实主义的，很有可能是写意主义的，这就跟后来中国的艺术传统联系起来了。重其意，而不拘泥于形。当然，由于材料有限，这种说法还只能算是一种猜测。

旧石器时代遗留下来的主要遗存是石器，石器研究能够把握的更多是技术层面的东西，跟精神相关的内容很少。石器技术中我们能够看到什么呢？我发现有个东西还是很有意思的，那就是惯习（habitus）。这是法国社会学家布迪厄用的概念，近似于习性或习惯，但是这两个词在社会生活中已经有了确定的含义。如果采用它们，就在学术概念的定名上"犯了正名"，所以学界在翻译时，颠倒"习惯"一词，重新创造了"惯习"这个词。惯习是人们长期生活的产物，它能够反映社会生活中表现稳定的一面，比如在西方文化中男士给女士开门，没有什么为什么的问题，这就是惯习。通过它可以追溯西方文化的骑士传统、性别角色传统等。法国是结构主义思想的故乡，惯习也透着浓重的结构主义的味道。

石器技术可以反映生产石器工具的惯习。早在距今 2.7 万年前，细石叶技术（microblade technology）在中国华北地区出现，距今 1 万年前后在华北地区退潮，但仍旧在长城以外的地区流行，直至历史时期。这种石器技术是从经过精心修整的细小石核上剥离下来大小较为一致的细小石叶，然后把这些细小的石叶镶嵌到骨制或鹿角制的柄上，成为复合工具，可以是箭头，也可以是刻刀，还可以是标枪的边刃。

有趣的是，欧亚大陆西侧也有类似的石器技术，叫作细石器技术（microlithic technology）。这种石器技术源于石叶技术，通常是把从石核上剥离下来的石叶截断，做成不同的石器。跟细石叶技术相比，两者的实际效果相差不大，但技术路径相差比较大。欧亚大陆西侧的细石器技术偏长于分，而东侧的细石叶技术偏长于合。这一分一合仅仅是技术习惯而已。但是习惯成自然，持续近两万年的习惯会造成潜移默化的影响，成为社会文化中的惯习。至今为止，我们知道东西方思维方式各有一些偏长，西方偏长于分析，东方偏长于综合。如果说这样的偏长就来自旧石器时代，恐怕有点过于武断。更恰当的说法也许是，早期的文化根源创造了更容易接受后来发展偏长的环境。即便是偏长于分的细石器技术，也是有其渊源的。整个欧亚大陆西侧旧石器时代早中期的石器就注重不同类型工具的修理加工，相比而言，欧亚大陆东侧的石器技术更注重石片的生产，然后直接使用石片，或是用于切割，或是用于加工其他的工具。所以，欧亚大陆西侧采用了细石器技术而不是细石叶技术，也是有其根源的。旧石器考古研究中，目前只是描述了这种差别，而很少谈及其文化上的影响。从惯习层面上说，是可以成立的。不同的惯习会影响人们的行为方式与认知方式。旧石器时代留下的明确的文化证据不多，技术上的惯习是我们能够看到的。在这个方面，东西方是有差别的。

东西方的差别还有不少，其中有一个是比较显著的，那就是西方建筑多用石头，而中国，或东方文化圈，都偏好木构建筑。通常的解释是，东方竹木资源丰富，东方建筑源于黄土地带，这里石头资源相对不好找。西方的建筑源于古希腊，那里树木少，石头多。一般意义上说，这个解释是有道理的。事实上，黄土地带的树木并不繁茂，我们现在看到的距今四千多年前的石峁古城就是用毛石垒砌的，石城在这个地带很常见，辽西地区也不少。但是，这个文化传统没有流传下来。西方的地中海地区树木资源不丰富是事实，但西北欧地区的木头是相当丰富的，其早期的建筑也多用木头，后来也都改成了石头建筑。东西方不同的建筑传统都可以追根溯源，文化传统的影响是显而易见的。不同的建筑结构也影响到后世的文化，这就是吉登斯所说的"结构化"：人生产了物的构成，物的构成反过来又影响人本身。受制于一般木料的大小，木构建筑单体不可能太大，所以，要修建大的建筑，只能增加组织上的复杂性，也就是院落。院落组织的发展形成相应的社会秩序、建筑文化。西方石头建筑与宗教结合之后形成追求极致的传统，一座教堂能够建上七八百年，就像修建神庙与金字塔一样。你甚至可以说，砌石建筑大大强化了宗教思想。追求终极的思想对西方的影响是巨大的，把上帝换成真理，就成了科学精神。中国式的建筑强调组织，而非单体，与之相应，我们的社会组织也是如此。

为什么中国的先祖偏好竹木呢？中国的石头资源并不比世界其他地方少，世界其他地方的竹木资源也不少。旧石器时代考古中有一条著名的分界线叫"莫维斯线"，这条线把东亚、东南亚与欧亚大陆西侧区分开来。莫维斯线以东区域以石片／砍砸器工具为代表，莫维斯以西区域则流行手斧。为了解释这种差别，有学者提出，东亚、东南亚一带的古人类可能用了竹子做的工具。这个解释并不能完全解释莫维斯线的存在，但作为原因之一还是成立的。东亚、东南亚地区的石片／砍砸器工具，在许多地方一直用到新石器时代（华北后来用了细石叶技术）。如果没有竹木工具的帮助是难以想象的。经过石器加工后的竹刀是非常锋利的，尤其是刃部经过一定的炭化后（油炸或是火烤），民族志中有记载。石片／砍砸器工具传统持续的时间将近两百万年。它对后来人类的生活不可能丝毫没有影响。选择木构建筑跟这个传统不能说没有关系。相比而言，欧亚大陆西侧，还有东非、南非，更多是稀树草原环境。欧洲大陆在冰期时，森林也不多。其石器工具类型更多样，也是可以理解的，后来的建筑强调用石材也顺理成章。

莫维斯线还有一个意义，东亚与东南亚一带从旧石器时代早期开始就是一个相对独立的文化区。这个现象至今也没有很好的解释。按照古DNA的研究，走出非洲的现代人在距今五万年前后替代了东亚与东南亚的土著人群，然而，我们在石器文化上无法看到外来人群的扩散与替

莫维斯线

图片来源：Scarr. *The Human Past*. Thames & Hudson, 2009: 图 3-21 改编。

代，石器文化的面貌基本是一脉相承的。流行于非洲、欧亚大陆西侧的石器技术并没有出现于中国南方以及东南亚地区。如果 DNA 研究结果是正确的，那么就表明，文化传承与生物学上的传承是不一样的，文化演化遵循另外一套法则。人类文化的发展是累积性的、连续性的，同时也是适应性的，所以一个地区才可能形成连续的文化传统，包含有稳定连续的内容，也就是我们所说的文化基因。莫维斯线是个难题，石器技术与人群之间的对应关系是个难题，但不管怎么说，我们看到了东亚与东南亚地区文化发展连续的、稳定的传统。

追溯中国文化的早期根源是困难的，难点就在于我们只能提供一些线索，而不能给予充分的论证。这些蛛丝马迹并非胡思乱想，并非没有理论依据，并非没有事实材料，只是还不够充分。姑且看作探索性的思考吧，对于我们未来的研究或许有参考价值。

文化基因的精神内核

还记得 1998 年刚到美国留学的时候，我的室友中有个基督徒，于是乎跟着他一起参加了一些教会的活动，后来因为学英语的缘故，去过更多的教会。其间免不了会讨论一些宗教问题，也许是教会的朋友们觉得我有那么一点"慧根"，抑或是想进一步扩大队伍，于是耐心跟我讨论，从世界本原到人生根本。在接触基督教的过程中，我对英文"aggressive"一词有了深切的体会，这也是许多跟我有类似经历的人的共同感觉。这个词的含义有点微妙，原义是"侵略性的"，这里的意思更近似"咄咄逼人"，有很强的压迫性。教会为了扩大信众的确很拼，先是请吃请喝，营造一种友好的氛围；然后开始灌输教义，只要你承认上帝（或是相信冥冥之中有一股莫名的主宰力量），那么剩下的都好说了。它采用社会性的学习形式（每周末的团契），在你周围营造一种强烈的氛围。如果人人说空气中有股味道，估计你也会说，我好像也闻到了。于是乎，你也就接受了。作为一名研究者，我很能理解人信教的原因，它是一种寻求社会归属的活动。有那么一个群体似乎能够超越种种利益关系接受你，这在一个人遇到困难的时候是非常有吸引力的。

　　参加这些活动让我注意到中西文化的一个重要区别，那就是宗教的影响。西方文化的一个重要基础就是基督教，近代西方在进行殖民扩张的时候，其先锋就是传教士，他们能够深入到最偏远的乡村，比探险家还要积极。西方的扩张是一手拿着圣经，另一手拿着枪炮，软硬两手兼用。不过，究其本质，其实是一样的，aggressive。中国文化传统里宗教氛围不浓厚，孔夫子讲，敬鬼神而远之；子不语怪、力、乱、神。我们的祖先对自己不明白的东西始终保持一份敬意，不许乱讲，强调应该尽力抓住自己明白的东西。中国文化对宗教向来是宽容的，只要不害人害己，不危害国家，信仰什么宗教不是什么问题，很少会加以干涉。中国人的性格基本都是内敛的，己所不欲，勿施于人，孔夫子强调一个我们终生应该奉行的字，就是"恕"，即宽容。我是一个思想比较传统的中国人，对自己的文化总有些敝帚自珍，同时我本身就是研究人类演化的，这可能是我为什么没有信教的主要原因。我不反对朋友信教，也能理解为什么他会信教。我还记得自己就此写过一篇长文，手写的，稿子被一个学音乐的朋友借走了。宗教文化的差异，可能是我在美国感受到的印象特别深刻的东西。

　　宗教（或类似的意识形态）是一个社会重要的精神存在，它具有特别稳定、长久的影响力。精神的本质是能动性，或是激发能动性的东西，但宗教是一种结构性的存在。能动性与结构，具有很强的辩证关系。这也就意味着，宗教作为精神存在，会激发人的能动性；同时，作为一种结构性的东西，它又会对人产生约束。尽管西方社会已经进入后工业化社会，但宗教仍然是其文化的基础之一，仍然深深地影响民众的生活。换句话说，在技术上，西方早已远超基督教起源时代以农牧为主的生产方式。在社会组织上，也不知道经历了多少变革，从前以乡村为主的社会早已城市化。但是，在精神领域，宗教却仍然保留着原来的基本内容。可能有人会说，近代西方曾有宗教革命，宗教在社会生活中的作用也发生了翻天覆地的变化。然而，其宗教的基本内涵并没有改变，改变的是社会。简言之，在构成文化的三个层次的变量中，精神是最稳定的因素。所以我们讨论文化基因时，在精神层面上探讨是更加稳妥的。

在中国文化传统中，我最关注的莫过于中国文化精神，简称"文心"。在这个方面，中国人文学者有非常多的总结。中国每个时代都有自己的贡献，诸子百家思想两汉魏晋文赋唐诗宋词元曲明清小说是我们熟悉的，对一般民众来说，还有大量的成语，这些千百年传颂的东西，一方面直接规范引导人们的生活；另一方面把文化意义渗透到物质材料中，创造出一个为中国文化浸淫的环境，反过来以潜移默化的方式熏陶人们。海德格尔讲"人，诗意地栖居"。这诗意来自何方？这诗意体现在何处？漫步在中国园林中，我们会发现这里的诗意都是历史的产物，都存在于物质之中，松、竹、梅、太湖石……假如这些物质没有中国文化传统所赋予的意义，我们面对松竹梅时，还会有"岁寒三友"的体会么？中国传统文化意义的存在不仅可以丰富人们的精神生活，更重要的是，它们构建了我们共同的文化记忆，构建了我们共同的社会身份，构建了我们作为中国人的精神内涵；它们还意味着共同的价值，共同观照世界的方式，这关乎中国人存在于世的意义。

我们的"文心"是千百年历史积淀的产物，所以我们现在看到素墙上梅花的疏影会产生诗意，"宁可食无肉，不可居无竹"，而这些都只有在中国文化中（或受到中国文化影响的文化中）才能体会到。假如我们把这些物质上的文化意义剥离掉，这些物质并不会消失，也不会改变什么，但是作为中国人，我们也就只剩下生物意义上或技术意义上的存在了（即工具人）。我不知道有多少人意识到这个危机，我们的物质生活或许不会贫乏，但我们存在于世的意义将是极其贫乏的。事实上，更多的时候，我们存在于世的意义已经被悄悄替换，而这也是正在发生的。我们这个社会充斥着认同西方文化远胜于中国文化的人。我并不主张文化纯洁主义，我们学习西方文化的目的是取长补短，弘扬发展中国文化，而不是清除中国文化。千百年前中国人就有"邯郸学步"的寓言，警示我们应该如何学习。一个人认同西方文化，试图成为该文化的成员，但是这个梦想是不可能实现的，因为人家不可能认同他，他永远只会是这个文化边缘的存在；与此同时，他已经忘记了自身的文化，不伦不类，他该如何行走在这个世界呢？

文心影响我们的文化自信，当我们失去文心的时候，文化自信是无从谈起的。张岱年先生讲中华精神的核心内容是"自强不息,厚德载物"。他说自强不息的哲学基础是重视人格的以人为本的思想，厚德载物的哲学基础是重视整体的以和为贵的理论。张先生的归纳非常精辟，这就是贯穿于文心之中的精神内核！中华文明生生不息，绵延不绝，危难之中总有一些人站出来，舍生取义，力挽狂澜。自强不息与厚德载物相辅相成，因为包容，所以博大；因为博大，所以不乏杰出之士。我注意到这种精神是非宗教性的，中国的先祖没有乞灵于上帝，而是依靠自身的力量，尤其是团结的力量。团结就需要包容差异，从整体利益出发，尽可能化解矛盾。

这种精神的渊源极为久远，至少可以追溯至农业时代的开端。中国是人类农业最早的发源地之一，是作物农业发展最为系统的地方。作物农业需要人们勤恳耕作，春种秋收，不误农时。食物是汗水的报酬，而不像狩猎采集那样依赖机遇。中国的神话之中充满了不畏天地的斗争精神，盘古开天辟地，女娲炼石补天，后羿射日，精卫填海……历史中有更多这样的故事，修筑万里长城，开凿千里运河。如今这样的精神正化身为世界的"基建狂魔"。至于包容、博大的起点，相对要更清晰一些。这个离不开中国文明的形成过程。早在新石器时代早期，中国北方与长江中下游地区就形成了若干以农业为中心的文化区，周边还有若干多样的文化适应。中国早期文明中曾经存在一个有两千年左右历史的"古国时代"，它以玉为礼，逐渐向中原汇聚。整体观与和为贵的观念应该就是在这个阶段成型的，后来进一步发扬光大。如今的人类命运共同体与和平发展理念也正渊源于此。

文化的绵延需要的正是稳定持续的精神传承，以及基于精神内核的发扬。中国历史上"政统"更迭不断，更有混乱不堪的时候，草原部族入主中原时有发生。明末清初，反清失败的王夫之隐身山林，开始潜心治学，他不再寄希望于恢复"政统"，而是希望传承"道统"。入主中原的部族也多是着力打造自己作为文化继承者的身份，不论是元还是清，尤其是在清朝，对文化传统的整理研究，以金石学为代表，达到了前无古人后无来者的高度。也正是在这个意义上，尽管有许多朝代的更迭，我们仍然认为中国文明绵延五千年，没有中断。不过，在近代，中断的危险曾经发生过。中国遇到了"三千年未有之大变局"，对手不仅武力胜于我们，而且在文化上"优于"我们。从鸦片战争开始，其后一百多年里，除了不断遭到列强的宰割，更让人不堪回首的是，许多中国人在文化上丧失了信心。换制度，换思想，换文字，甚至想换人种。即便是在今天，还有不少跪着站不起来的人。

中华精神不死，正因为能够自强不息、厚德载物。围绕这样的精神，新的文化基因在生成，或是通过学习，或是通过创造。五四运动倡导学习德先生（民主）与赛先生（科学），民主与科学作为新的文化基因逐渐融入中国文化之中。以这次新冠疫情为例，绝大多数民众都知道尊重科学，戴口罩，相比而言，西方许多民众走向了科学的反面，将戴口罩政治化。中国也在重新阐释民主的定义，以人民为主，保障与发展人民的利益，而不是简单程序性的一人一票，投给资本集团的利益代言人。抗日战争唤醒了中华民族的民族意识，推动了爱国主义，爱国成为新的文化基因，20 世纪 50 年代前后，一批优秀的中国学者从海外归国，参加新中国的建设，在抗美援朝战争中更是把爱国精神发挥到了极致。还有一个非常宝贵的红色基因，这是中国革命过程中形成的，是在艰苦卓绝的斗争中磨炼出来的新的文化基因。国防大学的金一南先生对此有极好的解读。改革开放以来，我们正在发展一个新的文化基因：博大包容，开拓进取，它正是中华精神在新时代的表现。中国与全世界贸易往来，向全世界开放，中国商人从阿富汗、伊拉克到非洲，到处开拓市场。还有什么比这能够更好地诠释中华精神的内核呢！

　　文化基因本身有非常强的精神属性，一般地说，文化基因可能是分散的、片段的。但是，文化基因之间可以有强烈的联系，或是说，这些基因合在一起会产生整体性的特点，即 1+1>2 的效果。中国文化在千百年的发展过程中，产生了不少的优秀文化基因，其中又贯穿着"自强不息，厚德载物"的中华精神。正是这种精神，让中国成为一个超大型的文明，具有超长的历史、超大的疆域，成功克服一个个艰巨的挑战，并在不久的将来完成文化转型，成为一个充满活力的现代文明。

作为形式的文化

俄罗斯学术会议的第三天是参观，先去看考古学家阿尔塔赫的墓，我们这个会议就是以纪念他的名义召开的，然后去看克拉斯诺亚尔斯克的地标——小教堂，再去看尤金庄园博物馆及附近的阿方达瓦遗址，之后参观叶尼塞河拐弯处观景平台，最后去了位于乡村的苏联作家阿尔塔耶夫故居。这一天走马观花，穿越了几百年，既看到了十八九世纪的俄罗斯的老房子，也看到了大量苏联时代的现代主义建筑，包括大片大片废弃生锈的厂房。印象最深刻的有两个东西：一是墓地中的墓碑，这片偌大的墓地中数以千计的墓碑居然绝少相同，每个墓碑都有自己的式样；二是作家故居所在村庄的建筑，它在一个不大的范围内混杂了各个时期的房子，从最老旧的木屋到最新潮的别墅。我看到了丰富的形式，也被形式震惊了。对于来自中国的我来说，已经习惯了千城一面，建筑通常只能以上面所标的号码来区分，即便是农村的房子，除了暴发户式的小楼，绝少有特色的。因为有比较，我感受了形式的贫穷。

形式让人深思。而何其为形式呢？一般意义上，形式是一系列外在

苏联作家阿尔塔耶夫故居所在地的房子（一）

苏联作家阿尔塔耶夫故居所在地的房子（二）

可识别特征的组合，因此，它必定涉及两个要素，一是单独的特征元素，二是组织结构。我们经常提及的有器物的形制、建筑的形式等，还可以拓展开来，如行为的形式，就像操作链。就陶器而论，它可识别的特征元素包括器形、质地、色彩、纹饰等，其中器形与纹饰还可以进一步详细划分，直至最小的意义单元，比如一条直线或曲线。大多数时候我们不会去讨论这样的特征元素，而是其组织结构，不同层次的组织结构。比较中西绘画传统，就可以直观地感受到形式的巨大差异，虽然都是运用点线面、色彩，但是中国画的线条是书法的线条，在色彩的运用上计黑当白，墨分五彩。从绘画传统上我们不仅看到工具技术不同所导致的差异，更注意到背后的思想观念、审美情趣上的不同。

在考古学上讲，物质材料的形式是考古学家首先注意到的东西。文化历史考古中，形式研究是主要的内容，通过形式了解考古材料的时空分布特征；通过形式探索不同人群的往来交流，这其中暗含着一个假设：不同人群使用不同的形式，形式是群体成员心理认同的标准，形式可以部分地被接受与改造。相反，过程考古学更侧重功能的研究，更注重物质材料背后的人类行为，这里形式不过是人类行为的结果，形式的差异由功能的不同所决定。到了后过程考古那里，开始强调形式的意义，提出不同情境中形式的意义可能迥异。

形式的意义意味着什么呢？琴棋书画诗酒花，这是中国传统文化的形式。"画境文心"的中国园林是中国文人所希望的居住方式。"安得素心人，乐与数晨夕"（扬州个园秋山小亭的楹联），当年轻的我们游览个园时，一下子就记住了这句诗词。居住在这里的人们为意义所包围，我们称之为"涵泳"。人创造了形式，而形式反过来渗透人本身。需要说明的是，如今我们每天创造无数的形式，但是能够引发意义涵泳的形式微乎其微。这表明一点，形式并不是人随心所欲的创造，而是历史社会实践的积淀。换句话说，是大浪淘沙之后留下来的东西。为什么有的形式能够留存下来，有的没有呢？这可能要追溯到社会关系或思潮，就像我们的时装流行风一样。它很难为人所操控，充满了不确定性，但是确实会发生。比如中国时装流行风通常代表社会主导阶层的趣味（又受到欧美流行风的影响）。

考察当代物质形式背后的内涵是件很有意思的事情。曾经读过《百年衣裳》，一本讲中国百年服装变迁的书。从清朝旗式服装到"五四"时期的革新，到三四十年代的洋化，到五六十年代的一统化（中山装），再到七八十年代的香港化以及21世纪的多元化。一部服装形式的历史就是中国社会演变与思想文化变迁的历史。服装不仅仅反映时代的变化，同时服装也像是一种工具，它能够规范人们的行为，如军服；掩盖某些区别，如校服；促进群体的认同，如班服。设若没有形式，情况会怎样呢？的确有那么一个时期，人们梦想排除所有的形式，所有的服装都是蓝灰绿，结果演变成了另一类暴力的形式，中国的发展遇到极大的困难。

对形式的批判是现代主义的产物。的确，随着近现代工商业的发展，以建筑为例，传统的形式不符合时代的需要了，车站、工厂、商场等都需要全新的空间设计。19世纪中，建筑师们也曾努力发展新古典主义，试图在传统与现代之间找一条出路，但是这种成本高昂的做法最终在 20 世纪时被放弃了。于是，我们看到了一种一切以功能需要为目的的建筑，不需要考虑传统形式的约束。中国在近现代时期饱受过现代主义国家的欺凌，中国在接受现代主义时是全身心地拥抱。不幸的是，我们基本是在农业社会的物质基础上拥抱它的，为了应对城市居民对居住空间的基本需要，于是兴建了大量的筒子楼。由于物质条件拮据，所以只能满足最低程度的要求。如今，城市化进程飞速发展，根本来不及考虑形式问题，基本是抄袭西方只言片语的形式，大量的塔楼拔地而起，威尼斯、枫丹白露、普罗旺斯等冠以洋名的小区遍及中国，这又不过是另一类现代主义的癫狂。

失去了形式有什么影响呢？形式是意义的载体，失去了传统形式的同时，我们也失去了传统。而从另一方面说，现代主义的东西也是一种形式，但是我们的形式很多是粗制滥造的。现代主义本来秉持有科学与民主的理念，让形式摆脱传统的束缚，摆脱等级与权力约束。但是它被滥用了！变成了新兴权贵推行权力的形式，变成了机器对人的控制。在物质条件不具备的时候，它就像"国产 007"一样，几乎成了对人本身存在的一种嘲弄。

从当代物质形式回到史前时代，我们首先需要考虑的是形式的起源，即那种能够承载社会关系与意识形态的形式的起源。我们知道万物都有其形式，但不是所有的形式都具有同样的意义。我们的身体作为一种形式（许多种形式），它记录了人的生物与文化演化的进程。不过考古学家更关注外化的物质形式，人的工具以及其他所有遗留下来的物质遗存。但是我们并不把早期的石器看作承载社会关系与意识形态的东西，它们过于简单，只是身体功能的外化，比如用石片切割代替牙齿的撕咬与咀嚼。即便是看起来很规整的阿舍利的石器工业，如手斧、薄刃斧等，仍然被看作高度程式化的东西，是一种习惯的产物，就像花亭鸟筑巢一样，尽管看起来有点像艺术品，而真正的艺术品是意义多样的，为了同一目的可以采用无数的形式，这是形式的真正起源，此时人可以运用不同的形式去表达自己。

有关阿舍利手斧是否具有象征的含义，目前还是考古学中争论的问题。毕竟这只是一个个案，同时代还有不少地方没有手斧，难道说这些人有所不同？即便是后来，拿实用器物做象征物的也不多见。现有的最早证据是 7 万多年前出现于非洲带有刻划符号的石头，欧亚大陆旧石器时代晚期的"文化大爆炸"出现了壁画、雕塑、个人装饰品等等，这是形式的大爆炸。即便是细石器技术也呈现出多种多样的形态，欧亚大陆两侧各有一支，而在东亚地区，流行的细石叶技术还可以区分出若干不同的形式来。等到旧石器时代结束，新石器时代开始，陶器成为引领形式的器物。考古学家根据陶器组合的不同形态特征划分出不同的考古学文化。他们认为根据器物的形式可以区分不同的人群。形式（风格）即人！

读《美的历程》，李泽厚先生通过对形式的直观感受来讨论不同历史时期的精神形态，如魏晋风度、盛唐气象等，通过不同时代的形式可以透视出其时代精神。如果我们追溯到史前时代呢？尤其是我们把研究对象从艺术品拓展到所有物质材料之后呢？理论上说，通过形式是可以了解一个时代的！如何才能实现这个目的呢？历史时期研究可以通盘考虑特定时空情境中的各种材料，直观体验并进行比较，从中提炼出特征来。后过程考古学同样高度强调情境、直观体验，强调古今不同人群的可沟通性（否则我们是无法研究古人或其他群体的）。这样的尝试或许可以帮助考古学家探索形式的意义。

物质性与物质消费

物质性（materiality）是个有点抽象的概念，不是那么好理解。要理解这个概念，必须要跳出"心物二元论"（意识与物质）的范畴，从一元论的角度来理解。如果做不到，不妨从更辩证（即更符合中国文化传统的辩证法）的角度来看：心物一体，心外无物，无物无心，两者本就是不可剥离的。回到考古学的语境中，即物质是文化的，是有意义的存在，是历史的存在。人的实践是人的主观能动性与物质的统一，人在历史实践中创造了物质，物质也创造了人。为了研究的便利，研究者常用心物分离的概念来分析物质，而实践是整体性的，并不存在这样的分离！物质性的概念正是立足于这种新的本体论基础之上的。如果不能理解本体论上的差别，就无法理解物质性，也就无法用它来考察社会现实与人类历史。

我曾给"物质性"下过一个定义：所谓物质性，是指在一定社会历史文化情境中，人与物长期相互作用形成的稳定的、物质的社会属性。正是因为物质性是人与物长期相互作用形成的，是具有稳定性的物质存在，也就使得考古学研究可以通过对物质性的研究去探讨与之相关联的社会历史文化。当然，这是从考古学意义上来谈的。考古学擅长长时段的考察，这既是考古学的长处，也是短处。短时段的特征很难在考古材料中清晰地表现出来，或者说，即便表现出来，由于没有反复呈现，也很难被考古学家认识到。从这个角度来说，我的定义只是狭义的说法。更宽泛地说，物质性就是人与物在一定时期内相互作用形成的社会或文化属性。这样定义既放宽了这个概念在时间上的限定，也放宽了其关系属性的限定。

人们在使用物质时，既在发挥物质性的作用，也在传承和构建物质性。在当代社会的背景中，人们与物质发生关联的常见方式是物质消费活动。阿兰·德波顿（Alain de Botton）在《新闻的骚动》一书中，对有关旅游、餐饮、科技等新闻版块的划分提出质疑，提出新闻从业者应该考虑到消费者的心理需要。比如说，我们之所以选择去一家餐厅，潜在的心理基础可能是"想吸收餐厅本身代表的价值观，希望自己的气质如同这家餐厅：放松、尊贵、欢乐、易于满足，既和自然合拍，又与他人融洽"。消费从来不是为了简单的功能上的满足，在物质消费的背后，我们实际上消费的是物质暗含的东西。

德波顿在书中解析消费者的实际需求时，采用的是所谓"心理基础"的说法，没有用"物质性"这个概念，毕竟在一部流行作品中采用如此抽象的概念是不大合适的。但他说的其实就是物质性。人们在消费物质时，起决定性作用的还是物质性。十多年前，当我第一次布置家居的时候，选择了宜家的产品。这当然可以从功能上去解释，比如：它的价格不太高，产品也符合现代生活的需要。回想我第一次见到宜家产品的时候，还是很惊艳的，北欧风很契合我的审美取向，自然清新、朴素不张扬……当时，国内市场充斥着造型夸张的沙发，其硕大的外形完全是一副暴发户的样子，服务员着力推销时的用语多是"气派""上档次"。次之是一些急就章式的家具，既无设计，也无品质。当然也有一些品质好且有设计感的家具，但往往贵得吓人，而且这些家具的颜色往往偏深，装模作样，一点儿都不让人觉得亲切。我不是有钱人，当然也不是穷人，属于典型的新兴的受过教育的中间阶层。而我在消费宜家家具的同时，也接受了其物质性的熏陶。

作为"70后"，我对那个以朴素为时尚的时代还有些许记忆。小时候上学，我不爱穿新衣服，总觉得别扭。因为在那个时代，穿旧衣服意味着艰苦朴素的作风，能与劳动人民打成一片。当时流行的蓝白灰三色虽然看起来只能满足基本功能，其实也包含物质性的一面。

物质性之所以存在，其根本是因为人生活在社会之中。个体与社会的行动则受到文化的约束：文化不仅提供行动的途径，还能确定行动的边界，而文化又是历史的产物。由此，社会、文化与历史三者交融在一起，让人难以分辨彼此发挥的影响。物质性也是这三者融合的产物之一，即人的物质消费，或人在使用物质的时候，就是在参与社会、文化与历史过程。考古学上常用context（译作"情境"，或"背景关联"）一词统括。

经历了过去几十年的改革开放，国人的物质消费生活发生了很大变化，从物质紧缺走向物质繁荣，或"物质消费主义"。由于我们熟悉当代社会的背景关联，所以能较好地理解物质消费过程中包含的物质性因素。一个有趣的现象就是奢侈品消费。据麦肯锡中国 2019 年报告，中国是世界上最大的奢侈品消费市场，占到世界奢侈品消费总额的 1/3。要知道中国是一个发展中国家，绝大多数国民并不富裕，为什么会有如此之高的奢侈品消费需求呢？我们都知道改革开放之前中国是一个财富平均度非常高的国家，改革开放让一部分人先富起来，打破了平等，部分群体脱颖而出。而早自史前时代开始，外来物品就是人类社会地位的象征，由此，购买外来奢侈品就成为人们凸显社会地位变化的有效方式。人们在消费奢侈品的同时，实则是在消费它带来的社会地位。奢侈品的物质性就是它的社会地位指示意义。同时，物质指示的社会地位价值是在不断变化的，在国内，自行车曾是奢侈品，其地位后来被汽车取代了。我还记得小轿车刚刚进入中国家庭时的情景，和奔驰的车标一样，现代、福特等汽车品牌都会做一个竖立起来的车标。在当时的中国，能买得起小轿车是经济实力的体现，竖立的车标则很好地满足了购买者展示的愿望。如今，随着小轿车的普及，除了真正的豪车之外，我们很少再见到竖立的车标了。

我们从来不是在简单地消费物质的功能，消费本身就是认同，就是主张，就是有目的的行动。如今牛仔裤、T 恤衫、格子衬衣成了我们的日常衣着，人们觉得这样的服饰比较率性、自然。但当它们刚出现在中国的时候，穿这些服装的人往往被认为有流氓习气，或特别叛逆。其实，这样的服装是西方平民文化的特征之一。如今，即便一个人不懂英语，从来没有去过西方国家，但他／她仍然可能已经接受了西方平民文化的洗礼。我不想判断这样是对是错，只想说这样的现象反映了物质消费具有改造价值观的能力。物质都是有文化意义的，物质本身就是文化的载体，物质的使用过程就是价值熏陶的过程。对此，社会学家吉登斯用了一个更好的概念来说明，即"结构化"。人们在物质生活中塑造了社会与文化的结构，就像我们从一个"中山装社会"变成了一个"牛仔裤社会"一般，在这个过程中发生了深刻的价值迁移与替代，而且这些变化是在不知不觉中发生的。

那么，物质性的出现究竟始于何时？思考这样的问题有助于我们探讨物质性的本质。当物质具有象征性的时候，我们应该就可以肯定物质具有了物质性。考古学家在南非的布隆伯斯洞遗址发现了距今7万年、带有刻划符号的骨制品，这是目前已知最早的艺术品。象征性让物品拥有了超越自身的意义，一个贝壳不仅是贝壳，而且是某某人的贝壳，其中铭记了记忆，包含着情感上的联系，或承载了知识的片段。人似乎也把自身的一部分拓展到了物质上，因此，在某些情境中，物就成了人的化身。由此，我们是否就可以说物质性就是物的象征性呢？这么说过于简单化了。物质性中包括物的象征性，但并不止于此。物参与到人的生活实践之中，经过长期的历史积淀，功能与意义的联系早已与人的生活融为一体。象征性只是一个萌芽，但由此往后的发展则已是参天大树。

我们是否可以进一步追溯：为什么物质会有物质性呢？我想，当人类开始发展文化时应该就有了物质性基础。如今我们正在走向赛博格的时代，机电系统逐渐与人的生理系统连接起来，机电系统是人体功能的延伸，极大地增强了人体的功能。未来我们也许都分不清自己身上的哪个部分是自然的，哪个部分是人工的。赛博格是一个很好的隐喻，但它并不是一个新事物，文化其实就是赛博格！自从人类拥有文化之后，文化就在不断地扩展人体的功能。人虽然没有狮子的利齿，却会用锋利的石片分割食物；人没有反刍动物那样复杂的肠胃系统，但会用火来烹调食物，让食物变得容易消化；人没有鸟的翅膀，但能利用飞行工具翱翔九天……当人开始运用外物扩展自身能力的时候，可以说就迈出了其与物质融合的第一步。如今的人如果没有文化，只是一种生理的存在，我们通常不会将其视为人，至少不是真正意义上的人，他／她也无法生活在社会上。人与文化的高度融合已经让我们很难分清楚什么是人，什么是文化。因为人就是文化，文化就是人——这也应该是当代考古学理论的基础，即通过文化去研究人。

不过，在人类历史上，物质性的彰显往往和社会的不平等密切相关。道理很简单，因为社会越不平等，越需要彰显个人的身份。首先，社会的不平等会促进物质的精致化，历史上，社会上层的物质无不力求精致，比如给青铜的酒器上添加无比繁缛的纹饰，把陶器打磨得无比光滑，这些装饰都超出了实际功能的需要。文化精致化的趋势至少可以追溯到新石器时代晚期，甚至旧石器时代。目前考古学界普遍认为，至少在旧石器时代晚期，并不是每个社会都崇尚平均主义，即我们通常所说的"原始共产主义"。2019 年考古工作者在黑龙江饶河小南山遗址发现了中国最早的玉器（当年的"全国十大考古发现"之一），显示当时的社会已经出现了不平等现象。倪喜军团队有关人骨生物学的研究也支持这一结论，他们在小南山遗址发现了上万年前头骨人工变形的证据。颅形的改变也是当时的人类彰显身份的一种途径。为了维系不平等，人们需要运用物质来塑造这种关系，让它看起来像是神的旨意或是来自某种神秘的力量。

同时，在塑造物质性彰显与社会不平等的关系的过程中，不仅需要特殊的物质，通常还会伴随着一些仪式，这些仪式进而形成制度。由此，人消费物质的过程就与社会背景或情境联系起来。比如，古人佩玉是有许多讲究的，不同的仪式活动有不同的要求，人们虔信玉的文化意义。今人也佩玉，但更看重其经济价值，而非玉饰的文化传统含义。再者，如今佩玉的传统社会背景联系已经消失了，或说它正在融入新的社会背景关联中。

回到现实中来，也许我们不妨反思一下：当我们在进行物质消费时，我们究竟在消费什么？深入到物质性之中，可以帮助我们更从容地去品味所消费的物质，获得一些精神与文化上的熏陶，而不是简单地将其占有。消费物质的欲望总是暂时的，但文化是永远的，而带有文化的物质消费则是隽永的。我想，如果人们真的知道了自己在消费什么，会减少许多物质上的浪费，生活方式会更环保，生活会有更丰富的滋味！

云直播与传统文化传承

2020 年是非常特殊的一年，新冠疫情的爆发让整个社会的运作受到严重影响，时间仿佛停滞了。然而，在另外一个维度上，也就是网络空间，却是异常的火爆，电子商务订单大幅度上扬。当代中国在这个新的领域展示出无与伦比的活力，我们仿佛可以在新冠疫情的危机中看到前所未有的机遇。在过去的半年里，各个地方开启直播带货的模式，县长、县委书记带头，网红明星更是当仁不让。与此同时，各种云直播在网络空间中掀起一波又一波的热潮，与直播带货遥相呼应。在线下经济遇到严重困难的时候，线上经济是一路凯歌，新冠疫情似乎预示着线上时代的到来。作为一名考古学者，我更关注这一系列现象背后的文化因素，云直播、文化传统、直播带货、乡村振兴……这些貌似并不那么直接相关的问题之间究竟有着怎样的关联？我们如何能够激发云直播潜能，让它更好地为传统文化传承与当代经济社会的发展服务呢？通过一个学科的特殊视角考察这些问题，或许能够提供某种新的思路。

云直播与后现代性

思考云直播首先要把它放在后现代境况中来理解，网络技术与后现代的观念有内在的一致性。这个空间是开放性的、非确定性的、非中心性的，它不像在现代性的世界里，有确凿的真理等待人去揭示或构建，存在权威的表达与绝对的标准。网络空间能够接纳足够多样的意见与态度，然后在开放的状态下竞争、协商，最后形成某种主流的认识。这样的空间具有前所未有的包容性，它突破了现代性所包含的话语霸权，展现出旺盛的发展活力。包括考古学在内的许多学科都受到后现代思潮影响，并与网络科技相结合，发展多元话语，促进平权交流。云直播是这个新时代发展的产物。也正因为如此，云直播有一个非常突出的特点，就是接地气，它与大众生活有天然的亲和力。某种意义上说，它是精英话语之外的表达。虽然叫作"云"直播，它却扎根于普通生活中。就这一点而言，它具有精英话语所不具备的生命力。

在后现代境况中思考云直播还需要特别强调一个前提，这也是后现代思想本体论的基础，即从现代性的心物二元论走向心物一元论，人就是物，物就是人。在这个物质消费主义盛行的时代，人们在消费物的时候，其实消费的是物质性，即物质所包含的文化、价值观等。我们之所以去一家餐厅，除了为了吃饭之外，更在于我们认同其中所包含的价值：轻松、尊重、雅致，如此等等。进一步说：没有文化，无所谓消费；没有吸引人的价值观，无所谓消费。也就是说，云直播的商业繁荣的背后，必然是文化的繁荣，必然是价值观的推广。反过来说，没有文化的加入，没有值得发扬的价值观，那么消费就只能是价格战，就会在基本需求满足之后增长迅速跌入停滞。也正是在这个层次上，云直播、文化、物质消费、经济发展等不同领域的发展密切结合起来。

传统文化传承与云直播

云直播为传统文化的重新阐释提供了一个多元的平台，这在当代中国具有特别重要的意义。如果从五四运动算起，中国传统文化经历了一轮又一轮的批判，从思想、制度到社会习俗，从语言、文字到物质，似乎不抛弃中国传统文化，中国就不能进入现代世界。经过近百年的批判之后，中国的建筑、器用以及其他物质似乎只剩下纯粹的功能。作为一个拥有五千年文明史的国家，我们从来没有像现在这样感到文化上的需求。文化传统是通过一代又一代人不断的阐释而传承与发扬的，没有新的阐释，就不会与新的时代结合起来。每一代人有每一代人的孔子，秦汉之后，每个朝代的文人都会根据自身时代的理解重新阐释孔子，也正因为如此，这个文化传统才能薪火相传。云直播不仅能够进行多元的阐释，更在于它所阐释的对象前所未有的广阔，它所阐释的正好是文化经典之外的内容，通常是直接的物质生活。就这一点，它与考古学的精神是相通的，考古学研究的前提就是，物质是文化最直接的载体，能够弥补与纠正文化经典的载体。

也正是因为云直播能够直接触达基础物质生活，它也就更能接地气，而这正是学术研究所缺乏的。如果我们的传统文化只能存在于学术研究之中，那么它是没有生命力的。以近两年特别火爆的李子柒为例，她本是一位非常普通的女孩，并没有接受过专深的教育，也没有非同一般的家世，但是，她就从自己熟悉的生活出发，尽可能地把其中美好的东西展示出来。这些东西其实都是从传统文化中发掘出来的，她以自己切身的实践，种菜、做菜、做手工，如此等等，唤醒了观众沉睡的对美好生活的体验与追求。传统文化并不神秘，并不高深，并不遥远，在这里，它就是平实的物质生活。过去许多年里，许多人为传统文化的传承呐喊，推广了许多项目，比如孝文化，最后除了让人反感之外，什么都没有留下。即便是高大上的国学研究，给人的感觉还是文史哲的汇聚，并没有真正进入人们的生活，传统文化离我们好像越来越远了。我们现在也许还不能说云直播就能有效传承传统文化，但是我们可以肯定地说，云直播唤醒了民众对传统文化的体验，唤醒了民众沉睡已久的文化记忆。

传统文化需要更有效率的传播方式，云直播利用网络技术可以在极短的时间里引发千万计粉丝的关注。单纯以数量而论，它比传统的电视并不一定有多少优势。它与电视所不同的是，这是一种"自组织"的技术，而电视是"被组织"的技术，云直播的粉丝是自发形成的，粉丝可以自由地选择加入或退出，互动是双向的、及时的，而这些是电视所无法实现的。联系自组织群体的是其中的热情、交流，以及价值认同。没有认同，就没有自组织的粉丝群。云直播更清晰地证明了，认同之后才有消费；消费本身就是文化行为，就是价值传递的形式。如果我们想引发商业的繁荣，引发人们对传统文化的关注，首先需要引发相应的认同。

云直播与乡村传统文化

云直播流行的趋势中，乡村的表现是特别抢眼的，让人对乡村振兴产生了新的遐想。改革开放四十多年来，中国城市面貌可谓日新月异，但是乡村的面貌相对要逊色得多。尽管国家投资巨大，修建村村通工程，推动产业发展，但是农村人口日渐流失，乡村衰落似乎不可避免。不过，如果细究一下，并非所有的乡村都是如此，有的乡村表现出特别旺盛的生命力，就这一点而言，浙江乡村堪称楷模。除了有青山绿水之外，还有繁荣的产业，尤其是特色各异的产业，每个地方都竭力打造自己的特色产品与服务。我们注意到那些发展好的乡村，都是有自己特色的地方。乡村是中国社会的底层，它特别适合云直播这种能够接地气的传播手段。

每一个中国人都有一个世外桃源的梦想，那个梦想就在乡村；每一个中国人都有一个时不时会萌发的田园梦想。随着城市化的加速，这种梦想越来越强烈，已经成为浓郁的乡愁。这些梦想是数千年来中国农业文化发展的产物。中国是世界上农业起源最早的区域之一，是世界上农业文化发展最为系统的地区。这些文化铭刻在中国乡村的田间地头，铭刻在乡村传统文化中。从这个角度说，乡村传统文化是乡村生命力的源泉，能够发扬乡村传统文化的乡村才可能发展起来。

乡村也许没有多少精致的文化，但是每一个乡村都充满了往事，充满了地方的独特记忆。我想起南方老家方言中对于土地的命名，从命名中就能看出田地的位置、大小、泥土的深浅、水温的高低……每一块田地都不是纯粹自然的存在，都已经为传统文化所渗透，在这里生长出来的粮食都是有故事的。老家位于湖滨，夏季到处都是盛开的莲花，端午节会有盛大的龙舟赛事。乡村是唤醒记忆的地方，乡村是回味故事的地方。它不是一块块机械化耕作的农田，它是历史，它是文化的积累。在漫长历史中积累的文化应该是非常难得的财富，而不应该是负担，为什么要抛弃它们呢？这是许多地方梦寐以求的东西，要知道这是时间的积累，是生活实践的沉淀，不是可以简单生造的。

云直播中的乡村并不是在简单地甩卖农产品与服务，直播传递的是带有情感的文化传统。在这个新的时代中，它还包括一些新的理念，那就是田园文化，是自然的情趣，是慢生活的悠闲，而这些正好是城市生活所缺乏的。从这个意义上说，振兴乡村并不仅仅是为了乡村的发展，而且是为了生活在城市的民众有更加平衡的精神世界。我们当前对乡村云直播的理解往往都带有几分同情的意思，好像是在通过消费接济贫困者，殊不知乡村里有城市病的解药。如果每日处于焦虑中的白领离开脚步匆匆的人群，到田间地头走一走，坐在农家小院里侍弄一下菜地，品尝一下自己劳动的果实，回到简单的生活中，那么他们的焦虑会少许多。

如何更好地激发云直播的潜能？

云直播从来都不应该是售卖产品的平台，就像高明的广告从来都不是直接叫卖产品本身一样，它需要激起观看者的共鸣，某种价值观上的认同：潇洒、优雅、自由、尊重，如此等等。人们在李子柒的直播中看到自己梦想生活的某个片段，人们采购她的产品，某种意义上是希望通过这样的物质消费感受与吸收所心仪的梦想。一个好的云直播平台，必定要贯彻某种具有推广意义的价值。而这样的价值至少会有一部分来自传统文化，因为这是经过历史实践检验过的价值。表现在现实之中，它就是一种悠长的回味、隽永的暗示。这样的平台才会是有生命力的，那种哗众取宠式的知名度是经不起时间考验的。而要实现这样的目标，必定要去发掘文化传统，必定要去重新阐释其意义。文化是任何直播平台的精神内核，而不只是外在的形式。我们现在许多人在看传统文化的时候，只是把它看作吸引人的形式而已，这是拾皮毛而丢了精髓。

文化精髓不是轻而易举就能获得的东西，除了真诚的态度之外，还需要深入的研究，而这恰恰不是云直播平台所擅长的。所以，在这个时候，平台应该引入外援，深入、严谨是学术研究的长项。一个平台要想做大做强，结合多方面专业人士的努力是必然的选择。李子柒的平台就是如此，围绕她已经形成了一个专业的团队。当然，并不是每一个云直播的平台都需要做成李子柒的样子，也不可能都能实现这样的目标。除了与专业团队深入融合形成专业的团队之外，恐怕更多的是借助专业咨询，参考专业人士的建议。我之所以说"参考"而不是"遵循"，是因为专业人士通常只在某个方面比较深入，并不能真正从整体上把握云直播平台的发展。另一个原因，也是更主要的，那就是云直播平台火爆的种子不是专业、学术所播种的。

云直播作为后现代的表达形式，它的生命力来自它的自组织，来自网络空间的自由创造，来自种种不确定性的挑战。它不是设定、安置、刻意营造的产物，它的精神是自由的。这也就意味着云直播需要大胆的尝试，需要反复的、多样的尝试。成功可能会突如其来，但其过程从来都不容易。这其中特别需要提醒的是，云直播的优势在于接地气，它扎根于生活，离开了真实的生活，它就会失去生长必需的养分。生活是朴实的，忠于生活就有无穷的源泉。网络时代存在放大效应，很容易让人失去自我，飘飘然，忘乎所以。一旦失去了真实的生活，云直播平台的寿命也将结束。

直播就形式而言，一定要丰富多彩，并不必定每次都要带货。在急功近利现象比较严重的时代，要抵抗短期利益的诱惑是很困难的。但必须知道，认同是消费的基础，创造认同感就是在创造消费机会。创造认同的形式无疑是非常多的，文化传统上的认同是最容易实现的。以乡村推广为例，介绍一个地方的历史，叙述一个人种植的故事，创造一个优美的田园景观，如此等等都是在增加认同感。

网络时代与电视时代的根本差异就在于网络能够提供实时的双向互动。没有及时互动的云直播跟电视节目又有什么区别呢？吸引更多的粉丝参与，让他们有充分表达的机会，培养一批忠实的铁粉，有助于抵抗破坏性的评论。为了实现更大程度的参与和互动，网红明星是必不可少的。不过，他们更多是引子，要用他们带动新的人才的生产，否则随着网红的过气，平台就很难支撑下去。不同的新面孔也有助于吸引更多的人群参与。

增强形式吸引力的途径还包括线上与线下的结合。线上的无穷魅力也不能完全取代线下的真实体验。切实的、美好的直接体验无疑会给线上的运作加分。

结语

云直播开启了一种新的传播形式，它是后现代理念与技术的结合，具有传统媒介形式少有的特质，能够把最大多数的群体融入到交流网络中来，让最大多数人都能够参与其中，并体现自己的存在。云直播将极大地丰富中国的文化空间，而这正是我们所缺乏的。当代中国的文化空间层次比较少，与生活的契合度不够，对传统文化缺乏新颖的阐释，而这些正好是云直播的形式所擅长的。如何扶植云直播，需要开放的态度与头脑，这是一个充满活力的领域，当然，它也是新生事物，不屑者或讥其肤浅、鄙俗，似乎难登大雅之堂，但是我们要知道许多流传至今的传统经典文化在当时的时代也曾经只是流行文化。最后需要强调的是，云直播所代表的网络空间良莠不齐，需要精心的引导与培育，一方面要防止被滥用；另一方面要鼓励发展合理的淘汰机制。当代中国在互联网应用上走在世界的前列，如果我们能够维护好当前良好的发展势头，就可以利用它实现弯道超车，促进社会经济与文化生活的繁荣。

穿越时空的旅行

读书如同交友，是需要缘分的，袁中道的《游居柿录》已经买了多年，其间也曾经读过，但没有留下什么印象，远不如他的兄长袁中郎的作品给我留下的印象深刻，也许因为他的主张没有袁中郎那么爽利吧。但是新冠疫情期间，不知道基于什么原因，我又打开了这本书，泛泛之交的朋友突然变成了知心朋友。每天临睡前都会读上几页，其他时间也想拿出来读一读，以至于必须要限制一下自己的愿望才行，好久没有这样的读书感觉了。

平时并不喜欢明清人的散文，总是那么佶屈聱牙，甚至比春秋战国时的文字还难读懂。当然，公安三袁、张岱是例外。这其中三袁尤为亲切，因为他们是湖北人，还因为袁宗道到过我的家乡，写过《嘉鱼记游》，袁中道的《游居柿录》中还提到过牌洲以及嘉鱼的名人李憭。前年野外工作时去过松滋、荆州一线，对三袁的家乡公安也算是有些切身的体验。此次读《游居柿录》的同时，把三袁的年谱也看了，还如同往常一样，上谷歌地图与百度地图的街景模式，游览了三袁的家乡和《游居柿录》所提及的一些山水名胜。三袁的家乡位于湖北公安县孟溪镇的桂花台，孟溪是个古老的地名，书中也是这么称呼的，桂花台应该是后来命名的，书中没有提到过。公安、松滋、沙市等大的地名没有变，小地名变化很大。读袁中道的书，我就仿佛回到了晚明一般，我跟着他所描述的路线与景致，回到了四百年前。

公安三袁中袁中道年纪最小，宗道长他十岁，宏道（中郎）长他两岁。跟他两位少年早达的哥哥相比，袁中道花了十五年时间，前后十次才考中进士（为中举考了六次，为中进士考了四次），中进士时已经四十七岁，可谓坎坷了。不过他比两位哥哥的寿命更长一点，宗道去世时年仅四十，中郎四十三，中道活到了五十七，算是相当幸运的了。读《游居柿录》，其中有很多人生苦短的感慨。那个时候的人寿命实在是太短了，袁宗道的几个孩子没有一个活到成年的，袁中道四十出头的时候，再次游历吴越，就发现许多旧友已经不在人世了。那个时候，能够顺利地活着已经很幸福了，书中记述了许多生病的经历、许多朋友离世的消息。也许因为生命历程太难以把握，三袁都对佛教，尤其是禅宗有非常强的信仰，朋友圈中有不少僧人，他们出外旅行留宿的地方大多是寺庙，他们还给当地寺庙捐助。他们试图勘破生死关与名利关，但这些无疑太难了。无论多么虔诚，都改变不了生死。面对社会的压力，同样无法摆脱名利。

袁中道是位酷爱山水的驴友，同时也是那个时代当红的明星。试想一下，袁氏三兄弟，不仅两位少年早达，更了不得的是他们是"新文学运动"的开创者，他们反对文必秦汉，主张个性解放，主张文字要忠于自己的性灵，很像是西方文艺复兴时的文学家，是得时代潮流之先的领路人。他们有许多拥趸，所以袁中道尽管当时还只是举人，所到之处有求字的、求写序的、请喝酒的。从书中提及的众多人物来看，袁中道是个爱交友的人。作为当时的名人，朋友必定是很多的，尽管不一定都是真正的朋友（袁中郎去世后不久，就有朋友开始中伤他了）。袁中道这位驴友玩得是相当嗨的，万历三十六年（1608 年），也就是他三十八岁的时候，两次会试落榜，郁闷之余想去吴越游历。他的八舅借给他一条船，载着薪米、书画，他从公安出发，沿江一路游玩，最后抵达南京、扬州一带。这样的条件恐怕我们现在也做不到，就相当于开着私家游艇旅行。我们现在可能有不少人有实力买得起游艇，但是沿江还没有相应的服务设施，是难以成行的。

不过，最缺乏的可能还不是这些设施，而是山水。书中写道，"过车台湖，维舟于孟家溪，即长安里也。登岸，缓步过珊瑚林，穿荷叶山。山中乔木参天，松涛瑟瑟……晚饭于云泽叔园，乔松虬曲，老桂婆娑……由孟家溪发舟，至四水口。此地多松，分天隔日，莫可纪极。湖水晶莹……"长安里是袁中道的老家，即现在公安县孟家溪镇东南一两公里处的桂花台，现在从卫星照片看去，泯然湖北一极普通的农村，稀稀疏疏的房子，除此之外，就是农田与池塘，哪里还有松涛？万历三十七年，袁中道往游金陵，途中游览武陵桃源一带，"舟中望澧州嘉山，山虽不竦秀，而多深松。自此两岸多垂杨，渔家栉比。近津市愈清澈，下了了见石子，石上多绿苔如髯鬣，随流荡漾，又如麈尾披拂，故水映而成绿"。

进山之后，所见景观越发诱人，"乔松夹道十余里，流水绕其前，长桥跨之。溪涧回环，雁齿相次，中峰壁立，两山环抱，袖搴帷合，层不可数。弥入弥深，为松梵鸟声所诱，澹然忘归"。多么迷人的景致啊！真是羡煞我们现代人。我去过大兴安岭的深处，在周围上百公里都没有城市的地方，依然看不到大树。偶尔有自然景观不错的地方，因为旅游开发，游人如织，喧嚣如闹市，常常不是去看山水，而是看人去了。

除了山水，还是悠闲的心情。袁中道家有余财，兼有闲暇，更难得的是有闲心。不过从书中的记叙来看，他并不是很有钱，一个重要的证据是他要卖掉位于沙市（四五线城市）的房子，才能回公安买房子。为了进京赶考，不得不卖掉上百亩的好田（说明公安的土地不值钱或者路费太贵）。余财与闲暇，当代中国社会有不少人并不缺乏，真正缺乏的是闲心。所谓闲心，是一种超脱出世的心态、一种能够寄情山水的欣赏能力。袁氏三兄弟都深研佛学，他们认为儒家"粘带处多，不能迥脱蹊径之外，所以用世有余，超乘不足"。试想一下，品鉴山水的时候，时时想着股市的行情、升职的压力，哪里还有心思体味自然的美感！与此同时，我们这个时代学什么都是为了有用，怡情山水，能有什么用呢？人们去名胜之地更多是为了拍照，以显示自己有实力旅游，如此而已。至于说自然山水对于人之精神世界的熏陶，人们并不关心，也不大可能关心。因为闲心其实需要长期的文化训练，古人之所以能够欣赏山水，是因为传统文化，尤其是诗词歌赋中有大量有关自然山水的歌咏，他们能够体会中国自然山水的文化意义。他们会从绘画中画山的皴法来欣赏岩石的自然纹理，以水墨来解读雨后的山景，而现在的中国人极少有这样的古典文化修养了，因此，即便山水还在，但已经失去从前的韵味以及能够欣赏这种韵味的能力。

换个角度想想，假如袁中道先生穿越到现在又会如何呢？我想他即便是来到现在非常普通的城市家庭，也会惊叹不已，自来水、暖气、电灯、抽水马桶、煤气灶、热水器……明朝的皇帝也不可能享受到这么舒适的条件，更别说空调、电视、电话、汽车、电脑、手机、网络这些他们难以理解的科技发明了。当我写到这里的时候，我突然发现，所有这些物质条件其实都是最近三四十年才普及的，我小时候生活的农村还没有用上电，那种生活似乎与明朝差别还真不大。四百年的时间差距压缩在一代人之间发生了，变化真是天翻地覆。如果说有穿越的话，我自己就是这个穿越者。我还记得小时候去看在外地工作的父亲，我们都是步行的，二十多里地之外已经是外地了。袁中道当年进京多是走旱路，时间通常要以月计。有一次他从扬州走大运河赴北京，黄河（那时黄河夺淮河入海）以南还好，之后水道不畅，只好走旱路，居然频频迷路，想来是没有大道。如今高铁从北京到南京，最快三个半小时就能到达，而且十分舒适。我似乎已经习惯了当代的物质条件，觉得这一切都理所当然，然而真的回想一下的话，发现这些都是最近二三十年的事。

我相信袁中道先生一定会喜欢当代的技术文明，待在家里，就可以吃到来自全世界的水果，冰箱里储存着各式各样的食物，没有季节、没有地域的差异，袁先生想象中的蓬莱仙境、世外桃源也莫过如此。不过，我想他仍然不大可能会喜欢现在的世界，首先是污染的空气，可能会让他难以呼吸，拥挤的人群会让他产生密集恐惧症。更糟糕的是，他心仪的山水早已面目全非，从前可以航运的河流因为上游修建了水库，基本干涸。烟波浩渺的湖泊变成了田地与池塘，夹道的乔松变成了速生的白杨，让他们流连忘返的北京西直门外的高梁桥已经变成了马路，他们经常光顾的寺院绝大部分都已经消失，人们不再相信宗教的超脱……袁中道先生会非常惊奇于现在人的忙碌，所有的人都很忙碌，不论是没钱的，还是有钱的，人们绝不会容忍自己无所事事，绝不会容忍自己从事一些不产生价值的活动，所有的时间都要用金钱来衡量。唯一有闲的似乎是退休的老人，他们占领广场、公园、名胜游览地，人的一生似乎截然分为工作与休息两个阶段。游玩是为了打发时间，而不是为了深究生命的意义。袁先生一定会感到非常惶惑，这究竟是一个什么样的时代呢？如此的富足，又如此的不可思议。

折磨袁中道最厉害的莫过于十五年的科举路，十五年终于让他"得偿头巾债"，解决了社会身份地位的问题。如果他看到现在的孩子，他也许会庆幸自己没有晚生四百年。现在的孩子从幼儿园到高中毕业，十五年只能获得基础知识，还要花十五年才能获得一个领域比较高级的知识；要取得一定社会承认的话，恐怕还要再花十五年！袁先生可能发现有个东西压根儿就没有改变，那就是中国社会提升的单一路径——考试。如果他看到现在中小学生的学习强度，估计会被彻底震倒，每天十多个小时的学习，一遍一遍地练习。即使染上了新冠，即使是被困在电梯里，学生也不敢懈怠，人们对此近乎疯狂。没有最好，只有更好。对于孩子来说，优游娱乐是不被允许的。袁中道会怀念青少年时期他们兄弟与好友组织的文学社，会想念读书之外无数闲暇的时光，包括骑羊玩。每天的课程不过是练书法、背诵经典，以及作诗对对子。对于记忆力好、有文学细胞的袁氏三兄弟来说，的确算不上什么负担。相比于现在，明朝孩子的生活似乎更快乐。袁中道最终可能会说，还是回去吧！

穿越到现在的袁中道会怎么想呢？正如神游到明朝的我一样，都会觉得对方的时代无法生活。我们这个时代获得了物质上的巨大成功，但是我们牺牲了环境以及人自身的精神生活。我想这样一个对比或许可以让我们认识到，未来中国社会的发展方向，一定是要恢复生态、回归人文。我们如今拥有了宏伟的科技能力，应该运用这些能力重建生态环境，让人们可以重新欣赏自然山水。当我们不再孜孜于物质追求，开始尊重多样的人生（不是用一个标准衡量所有人），开始品味精神生活的时候，我们会重新发现人文的价值。有它，我们才可能欣赏月夜梅花的疏影，品味那浮动的暗香，希望那一天早日到来。

中国式美好生活

在家吃饭最麻烦的事就是洗碗，因为这大部分是我的活，最近想了个好办法，洗碗时看手机视频《建筑 300 秒》，建筑师高强主持的一档节目，每期讲一个建筑项目，很不错。如果考古学领域经常来个《考古 300 秒》，估计会吸引不少学生将来学考古的。建筑师是个很神奇的职业，好的建筑师有一种能力，叫作"化腐朽为神奇"。比如说上海的新天地项目，把一个破烂拥挤的里弄变成上海高大上的地方，海派文化的名片。类似的还有成都的宽窄巷子，两条没来得及拆完的老巷子成了成都的地标之一。还有目前正在大力开展的"美丽乡村建设"项目，通过对传统乡村注入文化艺术，平凡的村落也成了旅游的热点。我对这种能力很着迷，这是一种怎样的能力呢？为什么能够做到呢？它的思想基础是什么？大多数时候，我们看到的都是"化神奇为腐朽"，大自然的鬼斧神工、千百年积累的文化财富都被一扫而空，怎一个"可惜"了得！

这是一种创造美好的能力。但是，我们知道有关美好的标准是千差万别的，许多时候，因为这样的相对性，我们以为并没有什么真正美好的东西。或者以为美好就是昂贵、稀有，再不就是追溯到进化心理学上的所谓的心理残留：有曲线才是好身材，如此等等。究竟什么是美好呢？这是很深奥的哲学命题，掉书袋式的考证并不能让人理解。我想还是从生活出发吧，从具体的感受出发，也许更能够把握它。

读彼得·梅尔的普罗旺斯系列，感受到了所谓西方式的美好生活。梅尔夫妇商海沉浮之后，选择到普罗旺斯隐居，买了一栋老房子，修了游泳池，养了狗。天气和暖、阳光明媚的时候，在高大的梧桐树下摆开桌椅，喝着葡萄酒，吃着奶酪、粗粮面包。酒足饭饱之余，在树下睡个长长的午觉，沉思人生的真谛，感受生活的情趣。我曾经在一篇小文中关注过他们的生活方式，我发现这种生活方式实际上是来自古希腊：阳光、海岸、葡萄酒、奶酪、粗面包、沉思、放松……所谓西方式的美好生活莫过如此了。

类似的人还有《托斯卡纳的艳阳下》的作者梅斯，一个舍不得大学职位的美国教授，在意大利的托斯卡纳买了栋房子，利用寒暑假去享受那里的阳光。有趣的是，梅斯来自加利福尼亚，那里冬天不冷，阳光也很好，但是梅斯认为那里没有历史，没有韵味，生活总像是在打仗一样。美好的生活似乎也是需要有历史的，当然还需要有从容。我在想，假如让我去过梅尔或梅斯的生活，我会有怎样的体会呢？我喝不惯葡萄酒，更吃不惯奶酪，也不大了解地中海的风情、艺术、历史与文学，所以这样的美好生活于我而言还是有几分隔阂的。

前两天带孩子参观了位于北京灯市口西街的老舍故居。这是一套小四合院，是老舍先生20世纪50年代初购买的。院子的中间有两棵柿子树，一角有个大缸，是老舍先生养鱼的。老舍先生十分喜欢花，看那里展出的老照片，院子里、客厅里种满了花。老舍先生是老北京，他热爱生活，"琴棋书画诗酒花"，他似乎都在行，而且他还喜欢武术、品茗、厨艺，简直就是中式美好生活的代表。北京的四合院似乎也非常适合中式的美好生活。若是庭院中间有一两棵有年岁的银杏、国槐、石榴或紫藤，再加上那些盆栽的菊花、牡丹、芍药等，那简直会美爆。为什么是这些植物呢？因为它们早已与中国的诗文书画融为一体，很容易让人产生美好的联想。尽管东西方的美好生活的形式似乎不那么相同，但是体现出来的含蓄的静思之美，两者似乎又差别不大。美好都是慢慢体会得来的，而不是通过物质的堆砌。

北京的房价已经涨到了人站在这里都会抽凉气的程度，此时愈发让人怀念那容纳美好生活的庭院。的确，中国式美好生活如果离开了庭院就基本失去了灵魂。在我等草民出身的心底里，都会有一个田园梦，那都是来自陶渊明的桃源梦想。"榆柳荫后檐，桃李罗堂前"，"采菊东篱下，悠然见南山"。除了这高雅的，最好还有几畦菜地。中国人之好种菜是发自内心的，到美国也不改，到南沙群岛上也首先是种菜。从院子到庭院再到文人园林最后到皇家园林，规模不断扩大，精致程度不断提高，但基本结构是一致的。而当我们剔除了这种结构之后，我们还剩下什么呢？我们的空间、我们的物质就失去了意义，我们的生活也就失去了相应的情趣。中国式美好生活只是一种梦想了。

　　这些与考古学有什么关系呢？其实关系非常密切，它涉及人与物的关系问题。我们生活在一个科学昌明的时代，一切都是以是否科学来衡量的，不科学的一定不合理，也就不值得采纳。科学追求真理，寻找真实，这也一直是考古学的目的——揭示真实的历史，可能被文献篡改的历史。假如考古材料（实物遗存）就是一个概念，它的外延就是它真正指示的内容，它的内涵就是它所暗示的。你就会注意到，内涵是一个不断丰富的过程，内涵的意义取决于情境。从外延与内涵两个方面来说，也许能够平衡考古材料的双重意义：它是科学的，代表真实；它也是人文的，具有意义。

　　很不幸的是，我们追求科学的时候，仅仅强调前者，而剥除了后者。就像我们研究一个概念，只考虑外延，而不考虑内涵。这何其肤浅！当物质失去意义之后，就只剩下其实用的价值了，与之必然相关的就是拜金主义与消费主义。对人来说，所谓美好就是占有更多的物质；对物质来说，其唯一的意义似乎就是客观真实。动物世界具有不言而喻的真实，仅仅客观真实是不足以构成人的世界的。人的世界的本质特征是物质具有意义。曾几何时，当人类科学不发达的时候，物质的意义可能被神化，比如狩猎采集者中常常流行的"万物有灵"的观念。科学发展之后，意义就转化成了文化传统，就比如松竹梅岁寒三友所传递的传统价值。简言之，科学与意义（人文）并不一定非得是相互排斥的。科学并不是万能的，进入社会领域之后，科学只是社会行动的一小部分。在这个市场经济时代，撬动社会的往往是资本的力量，它至少应该包括政治、经济以及知识资本，科学是知识资本的组成部分。

　　资本的力量又来自什么呢？如果我们非要追根溯源的话，最后一定会回到若干基本命题：人是什么？物是什么？人与物是什么关系？如果我们在最基础层面上的观念就有问题，那么许多努力就会南辕北辙，我们越努力，处境就会越尴尬。就像我们现在拼命造假古董一样，在博物馆里摆上无数假古董，不会让博物馆生色半分，相反会愈加可笑，而且是巨大的浪费。假古董与文化建设毫不相干，它的背后不过是获取更多金钱罢了。"万物有灵"把物"人化"，如今我们不会相信了。但是现在我们把人"物化"（另一种意义上的，也就是把人客观化、机器化、商业化等），似乎又走到了另一个极端。这里人是什么呢？人不过是一种物质而已，符合自然或社会规律的机器，所有的价值都已经用货币符号量化了。这里的人没有意义了，所谓美好的生活也就是无稽之谈。

　　寻找中国式美好生活，必定要重塑我们的观念。尽管从观念到生活还很遥远，但是生活最终还是植根于观念的。我们似乎更习惯说观念来源于生活。其实，这么说并不就错了，生活与观念互为对方的产物，究竟如何很大程度上取决于我们审视问题的角度与时间尺度。只是单向度的思维，即观念是生活的副产品，是有问题的。我们当前所面临的文化财富贫乏（远甚于我们的物质贫乏）、文化的自我殖民化，都不能说与我们秉持的观念无关。

　　变革总是思想先导的。中国考古学发展到现在总不能只是一种技术层面上的学问，我们的行动植根于怎样的思想基础呢？我们又能贡献怎样的思想呢？中国式美好生活某种意义上是一种隐喻，或是一个思考中国考古学思想基础的途径。我不希望看到大大小小的城市都是"香港"的翻版——这也是中国文化建设的悲剧呈现。

萨拉乌苏：一个资源型区域的永续发展

2020 年 12 月 8—10 日赴鄂尔多斯市乌审旗参加了"河套人（鄂尔多斯人）发现 95 周年学术研讨会"。因为工作原因，我 10 号下午离会了，没有参加后面的讨论环节。会议的规模不大，五六十人，学术报告十余个，之后是遗址考察，但乌审旗非常重视，旗委书记、旗长陪同考察。会议筹备的时间不长，仅有一个月，但准备之细致，为我所仅见，小到给与会学者准备零食袋、包装饮用水、会议纪念品，上面都有会议的标签，参会者的桌屉中都准备有纸巾与湿巾，给大家准备的资料也是极其完备。9 日的晚宴中间还有著名的"中国马头琴交响乐团"与乌兰牧骑的表演。地方求贤若渴之心，由此可鉴。只是我等无尺寸之功，只能心念惭愧惭愧。很是觉得有必要写点什么，以弥补未参加讨论的缺憾。不做即兴发言也好，可以更从容地思考，能够想得更深入一点。

萨拉乌苏是中国旧石器考古发掘的开端之地，早已如雷贯耳，可惜一直没有机会到访，此次会议算是圆梦了。但我对乌审旗几乎一无所知，到了这里后，我才了解到，乌审旗名列中国县域经济百强榜第 75 位，西部第 7 位。2017 年这个面积过万平方公里、人口 13 万的旗创造了近

370 亿元的 GDP，其经济构成叫作"羊（羊绒）、煤、土（稀土）、气（天然气）"（扬眉吐气是也）。乌审旗政府所在地嘎鲁图镇街道宽阔、整洁，楼宇整齐，公园、绿地棋布，恍若美国西部。近十多年来，内蒙古西部经济发展迅猛，在中国县域经济百强中占有四席。乌审旗所属的鄂尔多斯市是一个人均 GDP 曾超香港的地方，我们的第一站就是这里，顺便参观了鄂尔多斯博物馆，一栋超现代的别致建筑。有段时间鄂尔多斯康巴什有"鬼城"之称，如今人气逐渐聚集，一片欣欣向荣的景象。这里的经济与能源市场关系密切，也就是说属于资源型的发展区域，发展的基础是资源，尤其是能源。未雨绸缪，资源总有耗尽的时候，地方也在探索永续发展的道路，开这个学术研讨会，倾听专家意见，也应该说是努力的一小部分。

萨拉乌苏遗址

赴鄂尔多斯的路上随身带了本梁启超先生的《欧游心影录》，一战后梁先生带团赴欧洲考察一年，此书为其游记与心得。其中有一段讲到欧洲的教堂，给人印象深刻。欧洲许多教堂都是花费上百年乃至数百年建设而成，梁先生感叹欧洲人做事的风格，虽不为本代人所用，无论朝政更迭，但代代坚持不辍，直至伟业完成。我们中国盛行实用主义，少有宗教上的虔敬，所以梁先生慨叹，什么时候我们中国人也能够代代相继，去完成一些伟业？而今的时代又颇有些急功近利，浮躁、浮华、浮夸，不要说千年大计，就是百年基业，考虑者也不多。永续发展是百年基业、千年大计，这在鄂尔多斯这个环境敏感的区域尤为重要。那么什么是永续发展的策略呢？什么才是百年基业、千年大计呢？这是我下面想探讨的。

从康巴什新区到乌审旗的嘎鲁图，驱车大约需要两个半小时，一级公路，路况很好。道路两旁曾经的沙地已经为植被所覆盖，因为是冬季，木叶尽脱，部分地方还能看到植物根部沙地的样子。老早在新闻中听说过这里治沙的成绩，但是亲眼所见，还是非常震撼。研讨会上李保生教授的报告带来有关萨拉乌苏遗址年代与环境的最新研究，石器地层的年代为9万至10万年，那个时候的环境类似亚热带的北部，是个水草丰美的地方，有大量的食草动物，适合人类栖居。尽管石料稀少，古人还是深入到这个区域。三四万年前，在毛乌素沙地西侧的宁夏灵武水洞沟，曾经有古人类生活，之后气候转向干冷，该地区罕有人迹。往南不远就是陕西的神木石峁古城，这是一座近五千年前的城址，也是中华文明起源的标志性遗址，考古学者尽管早就知道这里有人类遗存，但是难以想象荒凉的黄土高原上五千年前有如此发达的文明。历史上，东晋十六国时期赫连勃勃曾经在萨拉乌苏河边建统万城。成吉思汗曾经赞美这里的环境，后来埋葬在这里。然而，这里属于生态交错地带，对气候变化十分敏感，几十年前因为过度农牧，这里黄沙漫漫，沙进人退。

历史经验早已充分证明，生态环境才是永续发展的基础。绿水青山就是金山银山，在城市里读到这句话以为就是一条标语，而在这里，它是实实在在的行动与效果。这里曾有治沙英模，如今已经发展为产业治沙——治沙成为有利可图的事情，让更多的人参与到治沙行动中。随着退耕还林、退牧还草的开展，植被开始恢复，固定住了流动的沙丘。不过，还需要看到，这里的生态改善才刚刚开始，生态还十分脆弱，草地上植被类型相对单一，若不精心照顾，还可能迅速恶化。理想的状况是恢复这里的自然植被，还有恢复相应的自然动物种群。这无疑是一个漫长而艰难的事业，但它是一个功在当代、利在千秋的伟业，是值得代代相继、矢志不渝、努力完成的伟业。

去考察的路上，在一些平坦的地方，我们也看到一些田地，玉米已经收割，秸秆打包像一颗颗巧克力，散落在田野上。地里还有一些节水喷灌的设备，形如拂尘，每台长达五六十米。这种设备比传统的大水漫灌的方法节水得多，也正是因为有这样的技术设备，这里才可能种植玉米，保证每年的收成。玉米作为供给稳定的优质饲料圈养牲畜，由此退牧还草才成为可能。从生态恢复工程的背后，我们看到是科学技术的力量。不过，真正改变这里的还是工业资源，天然气、稀土、煤炭，从前的农牧业边缘地带变成了工业资源的富饶之地。技术革命改变了经济地理。每每听到内蒙古东部的人参观西部之后的羡慕与落寞，水草丰美、农牧资源丰富的东部在工业时代落后了。科学技术是第一生产力！如今又到了新的工业转型期，传统工业地带成了"锈带"，新兴的信息技术、生物技术、材料技术等如日中天。最近这些年，中国曾经最贫困的省份贵州利用那里凉爽的气候、便宜的电力，发展起大数据产业，经济与社会发展让人眼前一亮。

科学技术是永续的事业。以色列位处沙漠边缘，环境条件恶劣，也没有中东国家那么丰富的油气资源，但是它依靠科技，成为地区最强的力量。智利曾经依靠出卖硝石（制造炸药的必需原料）赚得盆满钵满，是世界上首屈一指的富国，但是自从德国人发明合成技术之后，这个国家一夜之间就坠落下来。拥有自然资源是幸运的，但是对永续发展而言，并不可靠。真正可靠的还是人的大脑，对大脑创造力的开发，换句话说，是人的发展。科学是永远不懈探索真理的精神，而不仅仅是一种解决现实问题的途径。地方政府有意将这里打造成开放的科学研究基地，这是让人乐见其成的事。我所担心的是急功近利与实用主义，这些观念只关注当下的利益，而没有真正的科学精神。我特别梦想中国什么时候有普林斯顿高等研究院、圣塔菲研究所这样的研究机构，没有什么设定的目标，让不同学科的研究者真正进行自由的探索，就像坊间流传的，普林斯顿高等研究院对受邀的爱因斯坦说，您来这里喝喝咖啡就行了。我们离真正的科学精神还有一段距离，我想只要不懈地去追求，我们也还是可以真正把握科学精神的。

比科学更久远的是文化。在科学还只是萌芽的时候，就有了灿烂的思想；在思想还很幼稚的时候，艺术已经发展了几万年。人是文化的动物。这里所说的文化是人的表达形式，也是人对意义的追求。就像前面所说的西方人建教堂，在我们中国人看来，这不免可笑，不过是造神而已。殊不知其中蕴含着对终极的追求，把上帝换成真理，这种追求就成了科学探索。我还想到当下世界的奢侈品市场，大部分的奢侈品都让中国人买走了。为什么我们要花费那么多的真金白银去买一个名牌包呢？我们仿佛旧石器时代的原始人一样还需要依赖外来物品的获取能力来展示自己的地位。不少人极度认同西方的生活方式，觉得无一不美，而我们自己的生活似乎一无是处，似乎我们存在的目的是为了反衬西方才是真正的文明。要知道，西方文明也是发展的产物，也不是一直都是现在这个样子，他们曾经无比野蛮（现在时常也虚伪），在血与火中发展资本主义。文明都是积淀的产物，是在不断反思中除去不适宜的、发扬其中美好的部分。我们的五千年中华文化呢？我们不是野蛮人，我们曾经有辉煌的文明、灿烂的文化。可惜的是，我们仿佛忘记了。

"大漠孤烟直，长河落日圆"，因为王维，我们看到了沙漠戈壁之美。每一块土地，生长于斯的人们都可能留下无数的故事。萨拉乌苏是一条黄土高原上的小河，但是因为考古学家的揭示，我们把这里的人类文化追溯到了近 15 万年前。那天在我们到遗址现场考察的时候，当地的文化学者还给我们讲述了这条河的革命故事。抗日与解放战争时期党中央位于延安，萨拉乌苏临近陕北，为了保卫党中央的安全，这里曾经发生过战斗。附近的巴图沟湾建立了第一个党支部。按他的说法，萨拉乌苏也是一条红色的河。如今更多的文化被发掘出来，在乌审旗我们了解到这里是马头琴文化之乡，有中国唯一的一支马头琴交响乐团，是苏力德（蒙古族文化中象征最高神圣的大纛）文化之乡，还是歌舞之乡、敖包文化之乡，等等。如果有更多的研究，我想还能发掘出更多的文化。这里的一草一木都会有往事，越是了解，就越有乐趣，也越有意义。会议

乌审旗的名号

结束的晚宴上，当地的马头琴交响乐团与乌兰牧骑到现场表演助兴，如此近距离听歌手表演，可以听出声音的许多细节。会议的纪念品中还有一张 CD，大部分是本地创作、由当地歌手演唱的歌曲，拿回来后我反复听了几十遍，其中有几首歌我很喜欢。不是说这些歌手的表演水准有多么了不起（确实很专业），而是因为我曾有现场的体会，对这里有了更多的了解。

乌审旗的 CD

文化是体验的，是地方的，是积淀的，也是沿着历史的脉络继续创造的。这里的人们先是用歌声来表达，后来才有了马头琴，如今在乐曲中还添加了电子音乐；萨拉乌苏只是一条小河，因为十几万年前人类的涉足而产生了意义，更因为在这里开启了中国旧石器时代考古最早的发掘，还因为几代学者的持续研究。会议期间，我们所住的勇泰国际酒店的大厅里同时有摄影展，展览的是当地的摄影爱好者围绕萨拉乌苏在不同季节拍摄的作品，那些沟湾在摄影者精心营造的视角中展现出特别美丽的瞬间。文化的形式是丰富多样的，正是通过各种各样的表达，我了解到萨拉乌苏。这些了解能够相互补充，并不只有一种权威的表达。我对它的了解越多，我越希望有更多的了解。这就是文化的魅力！这也是文化的生命力！文化永续的生命就在丰富多彩的表达之中。于其中，一个地方、一群人，在人们的记忆中永续存在。

我想讨论会一定需要特别切实的建议，我这些来自象牙塔的思考可能并没有什么帮助。也许我可以说那里应该有个考古工作站，沿着工作站（研究基地）→博物馆（文化基地）→考古公园（旅游休闲基地）（括号内的为扩大发展版）的模式发展；也许我还会说应该修好厕所，一个地方的文明水平是由厕所决定的；我可能还会说，并不需要搬迁公园里的百姓，甚至应该恢复已经废弃的窑洞，让历史留在那里，让人气留在那里……然而，与会的许多专家在这些方面比我更有经验，他们会说得更好。我的长处也许正因为我来自象牙塔，不那么关心可见的现实，而更关心看不见的事物根本；不能够打成一片，而自然有了旁观者的清明；不切合当前的需要，而多了一点历史的通达。一个地方的永续发展本来就需要长期与短期策略，需要理论的前瞻与可操作性的设计。我说了前面之前的东西。以此纪念这次会议！以此致谢会议的组织者！以此致谢萨拉乌苏！

为什么内卷化不是一个问题？

近来，内卷成为一个热门词语，尤其是在网络空间中，以至于成为现实中的热点问题。人们用内卷来描述政治、经济、学术研究，乃至一切具有类似特征的现象。但是，当我们细究这个概念的时候，却又发现它本身只是对现象特征的描述，而不是对现象性质具有穿透力的分析。我们不妨把它与马克思的"阶级斗争"、布迪厄的"惯习"、吉登斯的"结构化"等概念做一下比较，其中的差别还是一目了然的。既然如此，这个词语或概念为什么还如此流行呢？某种意义上说，可能是因为它符合互联网时代信息传播的需要——形象生动又足够新奇，便于标签化，于是就迅速成为了流行语。

我们暂且把它视为一个概念，一个重要的定义社会现实问题的概念。但是，用一个概念来描述或分析社会现象，从来都是不成功的。因为它掩盖了社会现实背后所存在的普遍关联，掩盖了社会现实所存在的社会历史文化背景；与此同时，这样做很可能会掩盖某些真正关键的问题。比如流行政治学著作《国家为什么会失败》中，作者把当代国家的成败归因于采用了"包容性制度"还是"汲取性制度"，看似合理，其实过于简单化，而且明显具有误导性——制度决定成败。

我们有必要重新审视"内卷"这个现象或概念。作为考古学研究者，我们擅长长时段的考察，特别关注现象背后的关联——我们研究的物质遗存是不会说话的，一切信息都是通过建立合理的关联获取的。从一个不同的视角考察这个问题，有助于我们更准确地、更合理地把握当前的热点关注，更深刻地理解现象背后的意义。

内卷究竟是什么？

内卷（involution）是个舶来品，它在不同学科中有不同的含义，生物学上它是"退化"的意思。引发热点关注的含义来自人类学，原指在某些群体或社会中，尽管劳动投入加大，但土地的产出非但没有提高，反而降低。后来引申使用，指事物发展到一定阶段之后，只是在内部进行不断的重复，这种重复虽然越来越精细，越来越复杂，但归根结底仍然是内在的重复，无法实现飞跃和质变，事情的发展似乎陷入了僵局或死局。近来常用于描述在政治、经济、教育、科研等领域存在的类似现象——尽管投入不断在增加，但是产出没有明显提高，实际效率在下降。

内卷是对现象的描述，并没有指出原因或关键问题之所在。从本质上说，内卷描述的是文化或社会发展的停滞现象。它描述的不是衰落、失败或崩溃，这些方面的研究非常多。相比而言，有关文化或社会发展停滞的研究比较少，大众关注度也不高。所以，当这个概念突然提出来的时候，人们的新奇感强烈，尤其是当它与现实中存在的某些发展停滞现象联系起来，不管是什么原因导致的，都会引发人们的共鸣。

人类历史上的文化停滞现象及其原因

文化或社会发展停滞是一个非常值得关注的问题，跟其失败、衰落或崩溃一样值得关注。发展停滞是走向败亡的前奏。但发展停滞可能持续的时间是非常弹性的，可能几年、几十年、几百年，乃至以万年计。以尼安德特人为例，原来我们认为这是一个与我们现代人不同的物种，新的 DNA 研究显示，尼安德特人与现代人有混血，他们的基因在我们现代人身体上还有表现，尽管比例比较低。也就是说尼安德特人不能算是一个单独的物种，应该算是人类中的一个亚群，最晚距今 3 万多年，这个群体完全被现代人取代。从石器文化研究的角度来看，尼安德特人采用莫斯特石器工业，从距今 15 万年前，典型的尼安德特人出现，到距今 3 万多年前，莫斯特石器工业都没有什么改变，尼安德特人的文化似乎陷入了长期的停滞状态。

一个更长的文化停滞的例子来自东亚与东南亚旧石器时代，这里一直流行的是以石片 - 砍砸器为主的石器工业，从旧石器时代早期一直延续到旧石器时代晚期之前，时间将近 200 万年。相比而言，包括南亚次大陆在内的欧亚大陆西部与非洲大陆先后经历了奥杜威、阿舍利、莫斯特等石器工业。考古学家克拉克把奥杜威工业称为模式 I 技术，阿舍利为模式 II 技术，莫斯特为模式 III 技术，东亚与东南亚地区似乎一直只有模式 I 技术。1949 年，美国考古学家莫维斯最早注意到东亚与东南亚存在的这种现象，后来学者将之命名为"莫维斯线"。尽管后来东亚地区偶尔也有一些类似阿舍利工业的发现，但因为材料零星，还不足以推翻莫维斯线。如果单从石器工业面貌来说，莫维斯线所描述的存在，可能是人类史上最长时间的文化停滞。

发现文化停滞现象并不难，难的是解释。有关尼安德特人文化发展停滞乃至灭绝的解释众多，目前比较有说服力的可能是语言发展上的差距。尽管尼安德特人也有一定的语言能力，但是其语言至少没有像现代人那样发展出了具有句法结构、符号意义的语言。现代人语言的间接证据就是艺术品——具有符号象征意义的物品。语言可以用于交流、信息存储，有效的语言能力帮助现代人拓展社会网络，超越了尼安德特人需要依赖面对面交往才能维系社会关系的交流方式。社会网络的扩展，对于人类生存繁衍来说，意义巨大。反过来，对尼安德特人来说，语言发展就是其关键的约束，因为没有突破这个关键的约束，所以尼安德特人最后在人类演化史上消失了。

对于莫维斯线的解释同样有不少，普伯等曾提出，东亚与东南亚地区史前人类可能更强调用竹工具，所以石器工业一直没有什么变化。但是这两个地区并不都有竹子，其他地区并非没有竹子。有一个不能否认的事实，那就是在早期人类演化格局中，东亚与东南亚是离人类发源地非洲最遥远的地方（旧石器时代晚期之前大洋洲与美洲还没有人类居住），因为地理阻隔的原因，文化交流缺乏是事实存在的情况。地理隔绝的极端版本就是海岛，大洋洲的塔斯马尼亚岛在末次盛冰期时与澳大利亚大陆连成一片，人类可以通过陆地自由往来。末次盛冰期之后，海平面上升，塔斯马尼亚岛成为与大陆隔绝的岛屿，这里的文化发展就出现了退化现象，曾经吃鱼的土著放弃了对这种丰富资源的利用。

文化或社会发展停滞不是历史时期才有的现象，在人类演化史上时有出现，导致这种情况的原因众多，而不能突破关键约束与缺乏交流是两个重要影响因素，其中关键约束的存在尤为重要。我们都知道，文明的基础是农业，如果一片大陆缺乏农业发展或是农业发展不充分，那么要形成发达繁荣的文明是非常困难的。非洲大陆是人类的发祥地，但是这片大陆却不是适合农业起源的地区，非洲绝大部分的面积都处在热带以及副热带高气压带控制下，除了热带雨林就是沙漠，适合农耕的温带环境比较小。非洲是片古老的大陆，土壤较为贫瘠。更不幸的是，这里缺乏适合大面积推广的、可以驯化的农作物；非洲东部草原上食草动物众多，但没有适合驯化的动物。非洲大陆上除了尼罗河中下游区域与西亚有较为便利的交流条件之外，其他地方往来并不方便，不仅有雨林、沙漠阻隔，还有传染病的限制。也正是基于这样的原因，非洲大陆（尼罗河河谷除外，其农业来自西亚）的农业不仅起源晚，而且发展水平较低，其文明发展更晚。类似的情况还有澳大利亚。农业发展的差异影响到近现代非洲与澳洲的命运，这里成为欧洲的殖民地。

类似的情况也发生在美洲大陆上，美洲大陆在植物驯化上成绩斐然，如今中国大地上普遍种植的作物如玉米、土豆、辣椒、花生、南瓜、向日葵等都来自美洲。但是，美洲大陆的农业发展存在一个关键的约束，那就是这里没有适合驯化的动物，北美能够驯化的只有火鸡，南美驯化的动物只有豚鼠与两种羊驼。羊驼个体较小，只能驮运少量货物。这里没有牛、马等能够役使牵引的动物，所以不能实现犁耕，车辆也不可能发挥作用。尽管南美土著也曾发明轮子，但是仅限于用作玩具。跟欧亚大陆可以沿着同一纬度、类似的环境（欧亚大草原）东西向迁徙不同，美洲大陆是南北向的，迁徙需要跨越众多不同的环境地带，因此，它在文化交流上也存在着先天条件的不足。当欧洲殖民者到来的时候，尽管印加帝国有庞大的人口，它能够用来抵御侵略者的武器只有镶嵌着石片的木棒，美洲大陆的政权被轻易瓦解。

中国历史上的"内卷"问题

当前，"内卷"的概念也用来描述中国历史，即认为历史上，中国在经济层面已经足以依靠内循环自给自足，而不再需要外部经济的介入，同时社会对于技术发展的诉求被降到了一个极低的水平，从而造成经济、人口、粮食不足等困境，随之而来的是起义造反、王朝灭亡、新王朝建立，然后进入下一个循环，直至近代被西方赶超。这是从一个角度对中国历史的描述与理解，然而，如果我们从长时段来看中国历史发展，情况可能并非如此。

在旧石器时代早中期，中国所处的东亚相对孤悬，交流条件不佳。旧石器时代晚期之后，人类的扩散能力大幅度提高，欧亚草原地形开阔，沟通东西，成为史前的"丝绸之路"。它见证了现代人的扩散，也见证了石叶技术的扩散，基于这种技术，华北地区在距今 2.7 万年前后发展出细石叶技术，并扩散到日本列岛、东北亚与北美西北部地区。其后农业起源，西亚（大小麦、羊等）与中国的华北（粟黍旱作农业）、长江中下游地区（稻作农业）成为世界上最早、最主要的农业起源中心。中国的粟黍向西传播，西亚的农业向东传播；中国稻作农业向南扩散到东南亚乃至整个大洋洲地区，这也就是著名的南岛语族扩散事件。距今 4 000 年前后，大小麦、羊（山羊与绵羊）、黄牛、车马（可能来自乌克兰大草原）、金属冶炼等传入中国，中国在此基础上发展出了世界上最发达的青铜冶炼技术，这些交流丰富了当时中国的物质条件，促进了中国古代文明的进一步复杂化，中国文明从古国阶段进入到王国阶段。

其后，随着马匹、骆驼等动物驯化，欧亚大陆东西之间的交流更加便利。尽管跟现在相比，或许不值一提，但是相比史前阶段，东西之间已经没有了绝对的阻隔。历史上东西方的交流灿若星河，有炼铁技术、马镫、弩等在军事上影响重大的发明，佛教等改变中国精神文明面貌的思想，还有影响西方近代化进程的中国四大发明。明朝时，通过海路的交流日益增加，来自美洲的玉米、红薯等植物传入中国，随之而来的是不适合农业的边缘土地的利用，人口迅速增加。简单梳理中外文明的交流史，就会发现东西方都不是完全依赖内循环生活的，交流对双方的社会与文化发展都产生了巨大影响。

不过，我们不得不承认的是，中国历史上，尤其是汉代以后，农业技术进步缓慢，汉代画像石刻画的犁耕图景一直保持到近现代，变化微小。王朝兴衰更迭，社会与文化发展进步不明显，甚至出现了倒退。小农经济自给自足，生产与消费之间保持一种稳定的平衡状态，过多生产没有必要，社会把剩余劳动更多用于奢侈品的生产，这似乎很符合"内卷"所描述的发展形态。但是，这一描述忽视了中国历史的另一面。

汉代以来，中原政权与北方、西部草原部族的交锋从未停止过。两汉为了彻底消除匈奴的威胁，采取了积极主动的军事进攻与外交合作，但是花费巨大，汉武帝时就不得不采用极端的"告缗法"来获取军费。中国历代的农民起义多与边疆防御带来的巨大人力物力消耗相关，从陈胜吴广起义到李自成起义，都是如此。两千余年的拉锯战中，每当中原政权出现较为发达的文化之后，往往是文化落后的草原部族入主中原，然后是文化的融合，相对发达的文化发展受到抑制。北宋之后的元，明之后的清，都是如此。但是，这种表面上的"内卷"不是没有收获的，长期的文化交融留给了当代中国一个举世无双的成就：中国拥有世界上最大的、内部没有通婚障碍的单一族群，留下了 960 万平方公里的陆地国土。当我们看到一个还在为简单的联盟而折腾的欧洲的时候，当我们看到许多国家为族群矛盾而头痛的时候，我们就会明白祖先给我们留下了非常宝贵的财富。

当代视角下的"内卷"

尽管如此，我们还是需要更进一步解释中国为什么没有实现近代化，族群冲突与文化融合为什么会迟滞中国的近代化进程。人类历史，按照生产方式划分，可以分为狩猎采集、农业与工商业三个阶段，由此，人们的居住方式与行为习惯、社会组织形态与制度乃至意识形态都存在重大的区别。狩猎采集时代绝不可能有城市与成文法律；没有农业，也不可能有发达的文明。同样，农业时代不大可能拥有现代财税制度，实现全民动员抵抗外侮。从狩猎采集到农业起源需要突破一系列的关键约束，除了环境条件硬约束之外，就狩猎采集社会本身而言，需要狩猎采集群体降低流动性，发展储备技术、耐用工具，以及相应的社会劳动组织能力；还需要打破平均主义，让人们有提供生产剩余的动力，如此等等。若不能突破这些关键约束，即便知道周围群体在从事农业生产，知道农业生产拥有文化适应上的优势，狩猎采集群体也不会接受农业生产。

对于中国近代化进程而言，它的关键是要突破限制工商业生产的约束。工业生产的前提是商业，没有商业，工业大规模生产是没有意义的，只能积压浪费。西方近代化的进程就是从商业开始的，西方文艺复兴起始之地意大利，分布着众多城市小国，都极度依赖商业。近代日本之所以在近代化进程上先于中国，一个重要的原因就在于江户时代的日本已有较好的商业基础，封建领主（大名）经济上已经开始依赖商业资本。中国从汉代以来的历史上，抑商是主流，后来发展成为一种结合制度与思想在内的结构。明清之时更是走向了闭关锁国的封闭状态。中国近现代革命打破了这种结构，突破了限制商业发展的关键约束。改革开放以来，具有中国特色的社会主义市场经济逐渐完善，中国经济发展取得了前所未有的伟大成就。从微观上来看当前中国各省份的经济发展，发展最好的省份都是商业发达的省份，各方面发展最均衡的浙江省在这个方面表现尤为突出。其技术、优惠政策、区位都不是最好的，但是浙商的渗透力是全国性乃至全球性的。

站在当代来看所谓"内卷"问题，不难看出，中国已经走出了农业时代，突破了农业时代的关键约束。当代中国是国际大循环中不可或缺的重要环节，中国国内已经形成了统一的大市场。尤其受互联网经济推动，从前偏远的乡村也融入市场之中，国际商品与服务同样能够惠及一般民众。中国历史上从来没有过如此开放的环境，从来没有过如此繁荣的商业，受惠于此，中国工业生产总值已经是美德日三个工业发达国家之和。过去二三十年来，中国大力推动基础设施建设，为工商业生产提供了极为重要的物质基础条件。当前中国正在努力促进法治建设，正在努力促进释放经济要素的制度改革，这些软件上的建设必将进一步促进中国工商业的发展。中华民族的伟大复兴是切实可期的未来。

从长时段考察中国当下的发展，至少在宏观的层面上，我们并没有什么"内卷"的问题。不否认我们在微观层面上、在局部领域的确存在目前不容易解决的问题，但是把这样的问题上升到宏观层面上去，无疑是把问题扩大化了，而且不利于我们去发现导致问题的原因，发现限制发展的关键约束。我们有过这样的历史教训，把局部问题当成了关键约束，搞大规模运动导致社会经济发展的巨大困难。

"内卷"作为反思视角的价值

过去多年来，我们习惯于"我陷思"（我陷入沉思）、"定体问"（一定是体制的问题）。按照这样的方式，首先预设存在一个完美的制度，有了它，一切问题都可以解决。其次，把所有的问题都归因于制度的不合理或不完善，解决问题的方案就是找到这样的制度。最后，如果找不到，那么就把世界上不同国家的优点，拼凑成一个近似完美的方案，将之视为对比、学习的对象，要像卢森堡一样富裕，像丹麦一样廉洁，像美国一样强大……这样思考问题的方式无疑过于简单、过于理想化了。从来就不存在这样一个完美无缺的制度，从来就不存在一劳永逸的解决问题的方案，从来就没有只有获得没有付出的好事。以"内卷"为中心的思考暗含着"定体问"式的逻辑。不否认当代中国存在许多社会矛盾，通过精细化、维稳化、压力化的社会治理，表面上可能缓解了社会矛盾，促成短期内的社会稳定，但并没有根本化解社会矛盾，反而使社会矛盾积累，带来更大的社会风险。不过，我们面对社会矛盾时，更需要具体问题具体分析，寻找问题的关键所在。笼统地把问题归因于体制设计，对解决现实问题是没有帮助的。

尽管"内卷"并不是一个真实存在的问题，但"内卷"可以促使我们关注文化与社会发展停滞的问题，注意到这类问题存在的普遍条件。我们从人类历史的考察中获得了两条认识，可能对当代中国社会与文化发展有重要的参考价值。第一，要保持交流的环境。当前，西方某些势力试图封锁中国，但是只要我们不自我封闭，这样的图谋是不会得逞的。党中央提出继续扩大开放的政策，是非常合理、非常有眼光的。第二，要注意突破社会与文化发展的关键约束，这也是我们不断深化改革的意义之所在。这里，准确把握什么是时代发展的关键约束至关重要。

当代中国正处在一个历史大转型之中，我们不仅摆脱了百年屈辱，正在走向繁荣富强；同时我们正在摆脱所谓"三千年未有之变局"，走向民族复兴，中国文化即将成为继西方文化之后人类文化发展的另一个高峰；我们还处在一个具有万年尺度的历史变化中，从农业时代走向工商业时代，可能建立一种新的社会与文化转型的模式。回望历史，我们能够看到先辈披荆斩棘，不断突破重重障碍的艰难；展望未来，我们也理解中国发展任重道远，需要我们保持清醒的头脑，戒骄戒躁，不慌不乱。把握关键，胜利可期！

作为文化建设的考古学

如果我们秉持一种实事求是的态度来看中国考古学的实际影响，而不是先预设一个目标，我们就中国考古学的定位更可能得出更切实的认识，更好地了解到中国考古学发展的意义与方向。改革开放以来，尤其是过去的十年左右，中国社会明显进入了一个新的发展阶段，表现在与考古学相关的领域，那就是每年有大量的观众去参观博物馆，游览考古公园，考古遗迹或遗物成为地方的文化名片。民众关注重大考古发现，并在自媒体上积极参与讨论，尤其是涉及中华文明起源的问题讨论时。考古学还成为走出国门的先锋，赴国外开展发掘，成为中外文化交流的使者。从这些社会实践来看，中国考古学在大规模地参与民众的文化生活，不仅有国内的，还有国际的。

与此同时，我们也能听到民众的微词，如展览的信息量太少、太肤浅，有的信息不严谨，或是看不懂，如此等等。从这里我们可以看出来，当前中国考古学研究与民众的文化生活需求还有差距。考古学者或认为考古学有自身发展逻辑，不是民众想知道什么，我们就能够提供什么。这似乎是说，考古学提供什么，民众就接受什么。然而，回顾考古学史，我们可以看到，考古学本身就是社会发展的产物，社会需要是考古学研究的基础与动力。脱离了这一点，考古学就可能会迷失发展方向，可能沉浸在自己的梦想中而不能自拔，就像清朝的朴学一样。我们该如何解决这个差距问题呢？

长期以来，我们把考古学视为一门科学，至少是广义上的。由此决定了考古学的目标，它就应该像科学一样。考古学除了采用科学的方法，还应该接受科学的目标，尽管考古学并不清楚这个科学的目标是什么。准确重建过去？发现人类过去演变的规律？探索人类社会发展的真理？实际上这些都没有实现，但这似乎并没有影响我们将考古学视为一门科学。有意思的是，一旦将考古学视为科学，考古学对社会现实的影响就产生了免疫！科学是自由的探索，科学探索的是真理，科学发展有自身的逻辑，于是乎作为科学的考古学构成了一个由专业术语构成的封闭的话语圈。考古学与现实社会的需求关系变成了考古学家对社会需要的"施舍"。考古学者不需要关注现实社会需要，反而认为参与到现实社会中就失去了学术的独立性，学术研究越来越像是在自说自话，日益成为一个有限范围社交圈的游戏。

这里我想提出来一项主张，考古学不只是一门科学，更是文化，一项促进文化发展的事业。考古学的最终目标不应是科学式的，探究规律与真理，这是个乌托邦，而应该是文化的，满足现实的文化需要，增加社会的福祉。科学与文化不是对立的关系，也不是平行的关系，文化高于科学，在科学的基础之上发展。作为科学的考古学是过程、是方法，而非目的，真正的目的是文化！我想把我的主张归纳为一句话，就是"作为文化的考古学"。先师宾福德曾提出"作为人类学的考古学"的主张，认为考古学要采用科学的方法，发展成为如人类学那样的学科。但是，不论是在人类学还是科学中，研究者与研究对象都是分离的，研究对象是外在的。考古学研究的是人本身，从人的技术到人的社会再到人的精神世界，这个世界是人自身的创造，所谓外在的世界已经在历史进程中为文化意义所渗透，人与物是不可能分离的。不理解文化，也不可能理解物。考古学要研究文化，它本身就是文化，本身就是在发展文化。

在金石学诞生的时候，人们把玩古物，乐在其中，不知不觉为古物所蕴含的意义所熏陶。反过来说，人们之所以欣赏这些古物而非其他的

金石学名著，提出了金石学的基本宗旨与方法

古物，就是因为这些古物更符合欣赏者自己所在时代的需要。好古的宋代学者喜欢三代时期的古物，因为那是人们心目中理想的时代，尤其是周代的古物。后来古物的内容不断扩展，秦砖汉瓦、魏晋碑刻、隋唐雕塑……好古者所欣赏的往往都是一个时代最优秀或最有代表性的物质。我自己就特别喜欢魏晋时期的碑刻，那个时代是中国楷书的形成时期，还没有固化，每个人的书写都有自己鲜明的个性，那也是极其看重书法的时代。我们从中看到了风骨、个性、浪漫、刚健，当然，最重要的是，我们在书法中看到了中国文化的从容与中庸——这可能是我们所在的时代最缺乏的。简言之，金石学

西周青铜簋（河北石家庄元氏县张村西周墓出土）

图片来源：中国出土青铜器全集·河北．北京：科学出版社，2018：49.

是一门以文化的形式存在于生活之中的学问。追根溯源，我们可以说考古学源于生活。

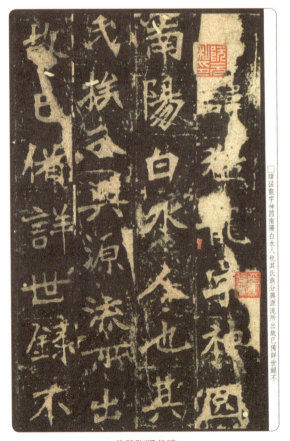

北魏张猛龙碑

　　阅读考古学史，我们可能受布鲁斯·特里格的影响最大，他说近代考古学有两个源头：北欧的史前考古与英法的旧石器考古。不知道他是有意还是无意，居然忽略了一个更早的源头，那就是西方的古典

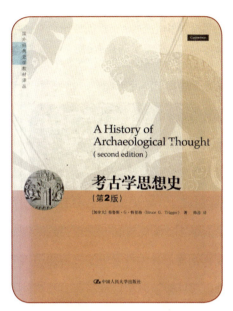

《考古学思想史》封面

考古 ①，也就是温克尔曼开创的艺术史研究。艺术史在西方的地位有点像中国的金石学，也源远流长，古希腊罗马的古物是西方人追慕欣赏的对象。我们不妨对比一下现代西方所谓美好的生活与古希腊的生活，会

---

① 古典考古是以古希腊、罗马古代遗存为研究对象的考古学研究。在近代科学考古学诞生之前，西方古物学收藏与研究的主要实物遗存就是古希腊罗马时期的古物，尤其是艺术品。1709 年那不勒斯的埃尔伯夫（Elboeuf）王子发掘赫克勒内姆（和庞贝一起为火山灰覆盖的遗址），碰巧挖到了古罗马时期的剧场，但是他只对艺术品感兴趣，还没有注意到其重要的位置信息。其后，艺术史大家温克尔曼在研究中注意到位置信息的重要性。庞贝与赫克勒内姆的发掘是古典考古的开端，19 世纪西方主要大国围绕古希腊的遗存展开了大规模的调查、发掘与文化遗产掠夺。古典考古的重要意义在于，它为西方文化提供了基本规范，包括审美标准、生活方式等。它的重要性就像中国的诗文书画，让西方人在精神文化层面上成为西方人。在考古学教育体系中，古典考古通常独立存在，是西方考古学的特色研究领域。有关庞贝的考古工作，可以参见：科林·伦福儒，保罗·巴恩.考古学：理论、方法与实践.陈淳，译.上海：上海古籍出版社，2015：6-7。

发现两者很相似，葡萄酒、橄榄油、全麦面包、奶酪、蔬菜水果沙拉……
然后在充满阳光的户外，草地上或树荫下，非常理想的生活。基本的
审美标准，如匀称的身材、结实的肌肉……都与古希腊的雕塑十分相似。

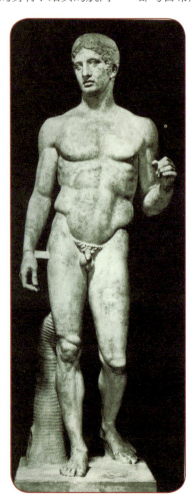

古希腊雕塑

17—19 世纪之间的英国有钱人会送子女去欧洲大陆做一次"大旅行"①,从巴黎出发,穿越阿尔卑斯山,然后到意大利,观赏西方的古典文化。在浸入式地欣赏西方古典文化的过程中,西方人完成了成为西方人的文化洗礼。

大旅行场景图(油画)

① 所谓大旅行(The Grand Tour),是指 17 世纪晚期到 19 世纪,以英国为代表的北欧国家以及美国殖民地的富裕家庭教育青年绅士(少部分为淑女)的一种方式。旅行一般会带一名老师以及若干仆人。这些有钱的旅行者会花费数年的时间,游览法国与意大利的名胜古迹,从而获得古典文化的熏陶。通常旅行从参观卢浮宫与巴黎皇家学院(Royal Academy in Paris)开始,继续向南,游历法国南部大量保存完好的罗马建筑;然后穿越阿尔卑斯山到意大利,游历威尼斯、佛罗伦萨、罗马、那不勒斯等城市,观赏宏伟壮丽的景观、精美绝伦的艺术品,参与热情洋溢的社会生活。当时这些城市里充斥着这样的群体,让来自北方的旅行者宾至如归。
Mrarilyn Stokstad.*Art History.* London: Prentice Hall,1995:931.

大旅行的路线图

　　反过来问，中国人何以成为中国人呢？最近这些年，经常听说国内有精神外国人（如精日），心里很是难受。我深切地感到，我们的文化教育有非常大的欠缺，它主要是书本的，而缺少浸入式的体验。考古学本可以提供丰富而具体的文化资源，很显然，考古学在人们的文化生活中缺位了，间接导致了部分人的文化认同发生错位。近代考古学在民族国家甚至文化身份的建构中曾经发挥过重要的影响。在民族国家构建上，最显著的例子莫过于日耳曼德国的形成，三百多个小国形成了日耳曼民族认同，成为现代德国立国的基础。没有民族认同，就没有现代国家。而考古学提供的正是民族认同的历史证明，以实物形式加以体现。在文化身份构建上，西方在文艺复兴以来的近代化过程中把古希腊塑造成了西方文明的根源。实际上，古希腊是与古埃及、西亚交往密切的文明，其农业基础来自西亚，其农业人群来自西亚，其科学来自古埃及，在文化上与西欧、北欧所谓欧洲的中心有比较大的区别。但是，通过文化身份的构建，西方世界由此产生了共同的文化传统认同。

　　考古学源于生活，因应社会现实的需要而发展。即便是把考古学视为科学，从广义的角度来说，科学本身也是一种文化。在科学的考古学兴起过程中，尤其是在旧石器－古人类考古领域，考古学的发展极大地改变了 19 世纪西方有关人类起源的认识。长期以来，受到宗教的约束，西方迷信创世论，人类只有区区数千年的历史。与进化论以及其他科学领域一起，考古学改变了人们的世界观。与此同时，种族主义、社会达尔文主义开始流行，考古学同样深受影响，这也暴露出考古学存在的一个严重问题：考古材料无论多么客观，都无法摆脱别有用心的阐释。科学是考古学的基础，但是科学并不能完全解决考古学的问题，因为现实要比科学更加复杂。考古学研究人与社会，如果不能解决现实世界扭曲考古学视角的问题，那么纵有科学的资料，也是枉然。考古学如何阐释考古材料是无法摆脱现实社会的影响的。

　　从事人文社会科学的研究者，往往都有一种迷惑：我们的最终目标是不是探究规律或真理？我们能不能得出规律或真理？它们如何有效解决现实社会的问题？我们没有在人文社会研究中看到像自然科学那样的真理，然后从原理到工程，解决现实世界的问题。人文社会研究常常是事后的解释，马后炮式的明智。人文社会研究不应该把自然科学当成发展的模板，设定一个永不可能实现的乌托邦式的目标。这本质上还是一神教式的追求，不过把"上帝"换成了"真理"而已。人文社会领域有没有规律或真理呢？一定意义上有，但程度与范围有限。更关键之处，我们的最终目标不是规律或真理，因为这是根本不可能实现的。自然科学因为不考虑人的问题，由此成为双刃剑，它可以解决现实世界的某些问题，也可能是杀人的利器。人文社科研究不能也这样，其根本意义是要解决现实世界的问题，而不只是探求规律或真理。

如果我们从这个新的理论框架来思考考古学，就不难理解为什么我们需要"作为文化的考古学"，而不能局限于"作为科学的考古学"。考古学的发展目标是由现实世界决定的，而不是由乌托邦式的规律与真理决定的，因此，考古学要回到现实中来，回到生活中来。考古学属于文化建设的范畴，考古学格物致知，既要致知识，也要致良知。忽视后者的话，考古学就可能为虎作伥，如纳粹考古 ①、种族主义考古，以及在全世界掠夺文化遗产的帝国主义考古。作为文化的考古学以作为科学的考古学为基础，以文化建设为目的，满足人们的文化生活需要，满足现实

---

① 纳粹考古是指依照希特勒的种族主义意识形态所进行的考古。按照这种思想，天赋的文化只能出于天赋的种族，日耳曼就是这样的优等种族。日耳曼种族的"文明使命"就是要通过奴役与灭绝，阻止"低等种族"不受控制的人口繁衍。纳粹考古兴盛于 1933 年希特勒上台到 1945 年德国投降期间，其源头来自泛日耳曼主义的民族主义运动。1918 年德国战败后，该思潮甚嚣尘上，西部研究研究会借此成立。纳粹考古并不仅仅见于德国，同时影响到第三帝国所征服的领土，并得到诸如法国极右阵营的喝彩。其主要运作机构为全德史前史联合会与党卫军研究院，二战后期党卫军研究院一支独大，统领德国考古学界。纳粹考古是滥用考古学的代表，战后纳粹考古的余毒还在欧洲存在，值得考古学界警惕。让·皮埃尔·勒让德尔，勒洪·奥利维，贝尔纳黛特·施妮泽勒. 纳粹考古与西欧的日耳曼化. 大众考古, 2016（4）.

社会发展的需要。从这一角度来说，作为文化的考古学也是一种社会实践。当考古学脚踏实地之后，就更可能考虑考古学实现目的的效果，而不会把助纣为虐当成成功。

回到现实中，考古学如何参与到中国文化建设之中来呢？当下的中国，中西两种文化的竞争十分激烈，即便是在考古学圈中，也存在文化认同的问题。这是可以理解的，但凡是有过殖民化历史的国家，都会存在本土文化与殖民文化认同的问题。如果是完全的殖民地，自身文化传统丧失殆尽，就只有认同殖民文化了。中国只是半殖民地，而且自身文化传统比较强大，因此中西文化之争一直存在，随着中国的崛起，这一竞争变得更加激烈了。考古学是构建中国自身文化力量的生力军，可以也应该在未来中国文化建设中发挥重要的作用。

具体来说，考古学正在揭示中国文明的形成与发展过程，展示丰富多彩的古代中国文化（文化是无形的，需要有合适的物质媒介来展示），增强文化自信。这意味着我们要更多地去探索、阐释 ① 中国古代物质文

---

① 当代考古学理论把解释（explanation）与阐释（interpretation）区分开来。解释是要寻求事物变化背后的机制、原理或规律，即寻求统一性的方面。阐释强调理解事物存在的多样性与特殊性，注重从情境、历史、文化、个人体验等方面来把握事物。前者为过程考古学所主张，后者为后过程考古学所强调。从解释到理解，是研究的深化。需要注意的是，阐释必定涉及作为主体的阐释者（相比而言，解释要求研究者置身事外、保持客观，尽管这并不可能做到），因此，阐释具有更强的主观性，必定带有价值判断。阐释的合理性必须依赖价值的合理性，如纳粹考古本身就是违背人类基本价值规范的，必定要被抛弃。当代考古学注意到以前所谓科学的解释其实也是一种阐释，一种借助科学话语霸权推销的价值，可能暗含着诸如帝国主义、殖民主义、阶级压迫等意识形态在内（将其规律化、科学化、自然化）。除此之外，考古学阐释的重要意义还在于它把物质遗存的文化意义进行转译，从而为现实社会所利用，比如金石学、古典考古，人们通过物的解读与体验（阐释的组成部分）获得文化上的熏陶与教育。这极大地丰富了物质遗存与人的关联，而不只是将其当作获取知识的科学资料。

化的意义，尤其是它们在新时代的意义。换句话说，我们把文化遗产发掘出来，不是为了摆在展柜里，而是要发挥它的文化意义，参与到当代中国文化建设中来。比如说，我们曾经从青铜器铭文中习

黄宾虹的甲骨文书法

得一种新的书法字体，甚至把甲骨文也用于书法艺术的创造中，让这些文字焕发出了新的生命力。如今考古学正努力探究中外文化的交流，增加"一带一路"沿线国家和民族的相互理解与相互欣赏，这里考古学不仅在服务人民的文化生活需要，还在服务于国家与社会的建设。最为渺远的旧石器－古人类考古，它发现人类的分化是非常晚近的，人类其实都是混血儿。这有利于反对种族主义、反对文化优越论，促进人类文化的交流，消弭仇恨，最终提高全人类的福祉。

考古学参与文化建设的形式很多很多，需要我们去关注、去创造。考古学需要摆脱"皇帝的新装"，回到现实，回到文化建设上来，而不是沉湎在虚无缥缈的"规律或真理"的探索之中，浑然忘记了考古学的初心。

图书在版编目（CIP）数据

中国文化基因的起源：考古学的视角 / 陈胜前 著
.-- 北京：中国人民大学出版社，2021.4
ISBN 978-7-300-29291-5

Ⅰ.①中… Ⅱ.①陈… Ⅲ.①中华文化 – 研究 Ⅳ.
① K203

中国版本图书馆 CIP 数据核字（2021）第 068964 号

中国文化基因的起源
考古学的视角

陈胜前 著

Zhongguo Wenhua Jiyin de Qiyuan

出版发行	中国人民大学出版社	
社　址	北京中关村大街 31 号	**邮政编码**　100080
电　话	010-62511242（总编室）	010-62511770（质管部）
	010-82501766（邮购部）	010-62514148（门市部）
	010-62515195（发行公司）	010-62515275（盗版举报）
网　址	http://www.crup.com.cn	
经　销	新华书店	
印　刷	北京瑞禾彩色印刷有限公司	
规　格	148 mm×210 mm　32 开本	**版　次**　2021 年 4 月第 1 版
印　张	11.875　插页 2	**印　次**　2021 年 11 月第 2 次印刷
字　数	242 000	**定　价**　78.00 元